D1930923

Gut Deutsch

Sprachlehre (Grammatik)

unter besonderer Berücksichtigung der Schwierigkeiten beim Wem- und Wenfall (mir oder mich) bei Verhältniswörtern und Zeitwörtern

Rechtschreiblehre (Orthographie)

und Zeichensetzung (Interpunktion), nebst einem Verzeichnis von Wörtern, deren Schreibweise besonders zu merken ist

Praktisches Lehrbuch durch

Selbstunterricht

richtig deutsch sprechen und schreiben zu lernen

Mit vielen Beispielen, Übungen und Lösungen

Von

MATTHIAS ÜBELACKER

54. Auflage

C. Bange Verlag / Hollfeld

9.80

x 1178

VORWORT ZUR NEUBEARBEITUNG

Das vorliegende Lehrbuch, „Gut Deutsch", will allen denen helfen, die noch mit Unsicherheiten im mündlichen und schriftlichen Gebrauch der deutschen Sprache zu kämpfen haben und denen ein nützlicher Ratgeber sein, die eine tiefere Kenntnis der deutschen Sprache erwerben möchten, als ihnen so mancher Schulunterricht vermitteln konnte.

Das ganze Gebiet der Sprachlehre — insbesondere die Hauptschwierigkeiten im Gebrauch von „mir" und „mich" — fand ausführliche Behandlung; ebenso die Rechtschreiblehre.

Ferner sind zum leichteren Verständnis der in unserer Muttersprache gebräuchlichen und daher in diesem Buche berücksichtigten Fremdwörter, solche mit den entsprechenden Verdeutschungen versehen worden.

Die neuzeitliche Schreibweise vieler Wörter (z. B. Fotografie usw.) und auch verdeutschte Bezeichnungen in der Sprachlehre und Zeichensetzung fanden in vorliegender Neubearbeitung Aufnahme.

So mag denn dieses bewährte Volkslehrbuch in seiner neuen Gestalt weiter zur Vertiefung im Deutschen beitragen und auch unter den Ausländern viele Freunde finden.

© by C. Bange Verlag, 8601 Hollfeld
Alle Rechte vorbehalten
Druck: Meiller Druck und Verlag GmbH., 8460 Schwandorf

Inhaltsverzeichnis

I. Teil.

1. Abschnitt. Wortlehre.

2. Abschnitt. Satzlehre.

II. Teil.

1. Abschnitt. Gebrauch der richtigen Buchstaben.

2. Abschnitt. Zeichensetzung.

Sprachlehre

(Grammatik)

1. Abschnitt: Wortlehre

I. Das Hauptwort (Substantiv)

a) Begriff.

Baum, Blume, Tier, Glaube, Liebe, Schmerz.

Hier ist der **Name** von verschiedenen sichtbaren und gedachten Gegenständen oder Dingen angegeben.

Ein Wort, das den **Namen** eines sichtbaren und wirklichen oder gedachten Dinges angibt, nennt man **Hauptwort.** — Alle Hauptwörter werden **groß** geschrieben.

b) Geschlecht.

Vor den Hauptwörtern stehen in der Regel die Wörter: **der, die, das;** diese bestimmen das Geschlecht der Hauptwörter und heißen daher **bestimmte Geschlechtswörter** (Artikel);

der bezeichnet das **männliche,**
die „ „ **weibliche** und
das „ „ **sächliche** Geschlecht.

Man erkennt daher ein Wort als Hauptwort äußerlich leicht daran, **wenn man eines der Wörter der, die, das vor das Wort setzen kann.**

Neben den bestimmten gibt es noch unbestimmte Geschlechtswörter; sie heißen: **ein, eine, ein.**

Mit Hilfe der bestimmten Geschlechtswörter ist es leicht, jedes Wort der Sprache **zu einem Hauptwort zu erheben;**

z. B. der (die, das) **Gute,** das **Lesen,** das **Wenn** usw.

Manche Hauptwörter **schwanken in ihrem Geschlecht;**

z. B.: **der** / **das** } Meter, **der** / **das** } Pony.

Manche Hauptwörter haben **doppeltes** Geschlecht, aber auch eine **zweifache Bedeutung;**

z. B.: **der** Band (des Buches). **das** Band (am Hute usw., der Liebe usw.).

der Bund (der Liebe, Freundschaft usw.). **das** Bund (Stroh, Heu usw.).

c) Zahl.

Ein Hauptwort steht in der **Einzahl,** wenn nur von **einem** Gegenstand die Rede ist, es steht dagegen in der **Mehrzahl,** wenn **mehrere** Gegenstände derselben **Art** genannt werden.

Wird ein Hauptwort aus der Einzahl in die Mehrzahl gesetzt, so muß dies auch **mit dem bestimmten Geschlechtswort geschehen, wenn dieses beim Hauptwort steht.** Es lautet in der Mehrzahl für alle drei Geschlechter **die.**

Beispiele:

Einzahl.	Mehrzahl.
der Stein,	**die** Steine,
die Blume,	**die** Blumen,
das Haus.	**die** Häuser.

Übung: Setze nachstehende Hauptwörter in die Mehrzahl!

Der Held, der Bissen, die Gegend, der Fluß, die Quelle, das Tier, die Tür, das Feld, die Ebene, das Gebirge, der Felsen.

(Vgl. Lösungen Nr. 1.)

Das **unbestimmte** Geschlechtswort kann **nicht in die Mehrzahl** gesetzt werden; denn es hat keine Mehrzahlform. Man läßt es weg und setzt das Hauptwört allein in die Mehrzahl, folglich: **ein** Garten, Gärten (nicht: **die** Gärten!).

Manche Hauptwörter sind **nur** in der **Einzahl** gebräuchlich; z. B.: das Fleisch, das Gold, der Sand. Manche sind **nur** in der **Mehrzahl** gebräuchlich; z. B.: die Ferien, die Kosten.

Manche Hauptwörter haben eine **doppelte Mehrzahlform** und eine **doppelte Bedeutung,** z B.:

Einzahl.	Mehrzahl.
das Band	die **Bande** (des Blutes, der Freundschaft, — auch: Fesseln) die **Bänder** (am Kleide usw.)
die Bank	die **Banken** (Geldanstalten). die **Bänke** (zum Sitzen).

Es gibt Hauptwörter mit **doppeltem Geschlecht, doppelter Bedeutung** und dementsprechend **doppelter Mehrzahlform**; z. B.:

Einzahl.	Mehrzahl.
der Bauer,	die **Bauern.**
das Bauer (Vogelbauer),	die **Bauer.**

d) Zusammengesetztes Hauptwort.

Ein Hauptwort, das aus zwei oder mehreren Wörtern besteht, nennt man ein **zusammengesetztes** Hauptwort. Solche Wörter sind:

Stahlfeder, Himmelskörper usw.

e) Beugung (Deklination) des Geschlechts- und Hauptwortes.

Einzahl: **der Baum.**
Mehrzahl: **die Bäume.**

1. Einzahl: **Der Baum blüht.**
   Mehrzahl: **Die Bäume blühen.**
2. Einzahl: Der Stamm **des Baumes** ist kräftig.
   Mehrzahl: Der Stamm **der Bäume** ist kräftig.
3. Einzahl: Die Nässe schadet **dem Baume.**
   Mehrzahl: Die Nässe schadet **den Bäumen.**
4. Einzahl: Der Gärtner pflanzt **den Baum.**
   Mehrzahl: Der Gärtner pflanzt **die Bäume.**

Wollten wir in den vorstehenden Sätzen immer das Hauptwort **Baum** erfragen, so würden wir fragen müssen:

1. **Wer** oder **was** blüht?
   Antwort: Einzahl: **der Baum.**
   Mehrzahl: **die Bäume.**

2. **Wessen** Stamm ist kräftig?
   Antwort: Einzahl: (der Stamm) **des Baumes.**
   Mehrzahl: (der Stamm) **der Bäume.**

3. **Wem** schadet die Nässe?
   Antwort: Einzahl: (die Nässe schadet) **dem Baume.**
   Mehrzahl: (die Nässe schadet) **den Bäumen.**

4. **Wen** oder **was?** pflanzt der Gärtner?
   Antwort: Einzahl: (der Gärtner pflanzt) **den Baum.**
   Mehrzahl: (der Gärtner pflanzt) **die Bäume.**

Wie das vorstehende Hauptwort **Baum** und das bestimmte Geschlechtswort **der** lassen sich alle Haupt- und Geschlechtswörter abändern, und zwar ebenfalls in **vierfacher** Weise Man nennt diese vierfache Abänderung in der Sprache **Beugung** (beugen = biegen, verändern), oder man sagt: das Hauptwort steht in den **vier Fällen.** Der Fall, den man mit **wer?** oder **was?** erfragt, ist der **Werfall.** Der Werfall ist zugleich der Ausdruck, mit dem man ein Wort überhaupt im allgemeinen ausspricht. Der Fall, den man mit **wessen?** erfragt, ist der **Wesfall,** den man mit **wem?** erfragt, der **Wemfall,** und den man mit **wen?** oder **was?** erfragt, der **Wenfall.** — **Die hier angewandten Fragewörter: 1. Wer?** oder **was? 2. Wessen? 3. Wem? 4. Wen?** oder **was? präge dir fest ein!**

Das **bestimmte** und **unbestimmte Geschlechtswort** in Verbindung mit **Hauptwörtern:**

Einzahl:

	a) männl. Geschl.		b) weibl. Geschl.		c) sächl. Geschl.	
Werfall: (Nominativ)	der / ein	Hund	die / eine	Blume	das / ein	Feld
Wesfall: (Genitiv)	des / eines	Hundes	der / einer	Blume	des / eines	Feldes
Wemfall: (Dativ)	dem / einem	Hund(e)	der / einer	Blume	dem / einem	Feld(e)
Wenfall: (Akkusativ)	den / einen	Hund	die / eine	Blume	das / ein	Feld

(Die Hauptwörter weibl. Geschl. bleiben in der **Einzahl unverändert.**)

Über den Wem- und Wenfall wollen wir hier schon folgendes bemerken: Eine Unzahl von Sprachfehlern wird begangen durch falschen Gebrauch dieser beiden Fälle. Es kann darum nicht genug darauf hingewiesen werden, sie mit der **größten Aufmerksamkeit** zu behandeln. Stets müssen sich die Schüler bei der Anwendung des **Wem-** und **Wenfalles die Fragen wem?** und **wen?** vorlegen, das ist der **einzige und beste Weg, hierin volle Sicherheit zu erlangen.** Wir werden später noch hierauf zurückkommen. (Vgl. die Verhältniswörter, die Ergänzung usw.!)

Mehrzahl:

Diese kann nur mit dem bestimmten Geschlechtswort gebildet werden und lautet, wie wir schon gesehen haben, für alle Geschlechter gleich. Soll aber ein Hauptwort in die Mehrzahl gesetzt und doch unbestimmt ausgedrückt werden, so muß das unbestimmte Geschlechtswort wegbleiben.

	a) männl. Geschl.		b) weibl. Geschl.		c) sächl. Geschl.	
Werfall:	die / —	Steine	die / —	Blumen	die / —	Felder
Wesfall:	der / —	Steine	der / —	Blumen	der / —	Felder
Wemfall:	den / —	Steinen	den / —	Blumen	den / —	Feldern
Wenfall:	die / —	Steine	die / —	Blumen	die / —	Felder

Denke bei der Beugung der Haupt- und Geschlechtswörter stets an die auf die vier Fälle bezüglichen Fragen:

Werfall: wer? (was?)	**Wemfall: wem?**
Wesfall: wessen?	**Wenfall: wen? (was?)**

Übung: Setze mit dem bestimmten und unbestimmten Geschlechtswort in die vier Fälle der Ein- und Mehrzahl: Kelch, Feind, Biene, Gegend, Kleid, Bild!

Die Beugung der Eigennamen.

a) Steht ein Geschlechtswort vor dem Eigennamen, so wird dieser bei der Beugung nicht verändert, z. B.: der Karl, des Karl usw. Der Rock des Wilhelm usw.

b) Eigennamen ohne Geschlechtswort erleiden nur im Wesfall eine Veränderung und erhalten die Endung **s**, oder **ens**, z. B.: Goethes Werke, Fritzens Buch, Maxens Stift, Frankreichs Lage. — Bei Eigennamen, die den Wesfall auf s nicht bilden können (meistens solche, die auf s, ß, z, tz, x endigen), wird die Beugung durch das Auslassungszeichen bezeichnet, z. B.: Tacitus' (nicht: Tacitussens) Schriften, Demosthenes' (nicht: Demosthenessens) Reden, Voß' Luise, Huß' Feuertod.

II. Das Eigenschaftswort (Adjektiv)

a) Begriff.

Ein Haus kann (wird) sein: **groß, klein, alt, neu.** Hier ist von dem Dinge (Haus) angegeben, **wie** es ist, oder **welche Eigenschaften** es hat.

Die Wörter, die uns sagen, **wie ein Ding ist,** werden **Eigenschaftswörter** genannt. Sie werden **klein** geschrieben.

b) Die Steigerung.

1. Das Eisen ist **schwer.**
2. Das Blei ist **schwerer** als das Eisen.
3. Das Gold ist aber noch schwerer als **Eisen und Blei,** wir sagen kurz: es ist **am schwersten** (von diesen drei Dingen).

Wir sehen hieraus: Mehrere Dinge können in Bezug auf eine Eigenschaft miteinander verglichen werden; ergibt sich ein **Unterschied in der betreffenden Eigenschaft,** so wird diese in verschiedenen Stufen durch die **Steigerung des Eigenschaftswortes** ausgedrückt.

Regelmäßige Steigerung:

Grundstufe (Positiv):	tapfer,
Erste Steigerungsstufe (Komparativ):	tapferer,
Höchststufe (Superlativ):	tapferst (am tapfersten).

Unregelmäßige Steigerung:

Grundstufe:	gut,
Erste Steigerungsstufe:	besser,
Höchststufe:	best (am besten).

Übung: Steigere hiernach: schlank, tief, schön, hoch, nah, viel. (Vgl. Lösungen Nr. 2.)

Manche Eigenschaftswörter können **nicht gesteigert** werden; z. B.: tot, recht, wahr, mündlich, eisern, deutsch usw.

c) Die Beugung des Eigenschaftswortes.

	Einzahl:	Mehrzahl:
Werfall:	der arme Mann	die armen Männer (wer?)
Wesfall:	des armen Mannes	der armen Männer (wessen?)
Wemfall:	dem armen Manne	den armen Männern (wem?)
Wenfall:	den armen Mann	die armen Männer (wen?)

Wenn das bestimmte Geschlechtswort (oder ein anderes Wort, das wie das bestimmte Geschlechtswort gebeugt wird) **vor dem Eigenschaftswort steht,** ändert sich letzteres in der Beugung nur wenig oder nur **schwach,** so bezeichnet man das mit **schwacher Beugung;** denn die vier Fälle werden durch das **bestimmte Geschlechtswort** (**oder ein ähnliches Wort**) **ausgedrückt.**

Verbindet man das Eigenschaftswort allein mit dem Hauptwort, so lautet die Beugung:

Einzahl:

	a) männl. Geschl.	b) weibl. Geschl.	c) sächl. Geschl.
Werfall:	alter Wein	kalte Luft	frisches Brot
Wesfall:	alten Weines	kalter Luft	frischen Brotes
Wemfall:	altem Weine	kalter Luft	frischem Brote
Wenfall:	alten Wein	kalte Luft	frisches Brot

Mehrzahl:

Werfall:	alte Weine	kalte Lüfte	frische Brote
Wesfall:	alter Weine	kalter Lüfte	frischer Brote
Wemfall:	alten Weinen	kalten Lüften	frischen Broten
Wenfall:	alte Weine	kalte Lüfte	frische Brote

Dadurch, daß dem Eigenschaftswort in der Ein- und Mehrzahl die Endlaute des bestimmten Geschlechtswortes angehängt werden, wird es **stark** verändert, wir sagen daher, es geht nach der **starken Beugung.**

Übung: Setze in die vier Fälle der Ein- und Mehrzahl: der brüllende Löwe, diese gute Beere, heiterer Morgen, frohes Wiedersehen.

Werden **beigeordnete** Eigenschaftswörter, die man durch „und zwar" verbinden kann, und welche man durch einen Beistrich trennen muß, mit dem Hauptwort in die vier Fälle gesetzt, so geht **jedes Eigenschaftswort nach der starken Beugung**; z. B.:

Einzahl:

	a) männl. Geschl.	b) weibl. Geschl.
Werfall:	**alter**, vortrefflicher Wein	sanfte, kühle Luft
Wesfall:	alten, vortrefflichen Weines	sanfter, kühler Luft
Wemfall:	altem, vortrefflichem Weine	sanfter, kühler Luft
Wenfall:	alten, vortrefflichen Wein	sanfte, kühle Luft

c)
sächl. Geschl.

schmackhaftes, frisches Brot
schmackhaften, frischen Brotes
schmackhaftem, frischem Brote
schmackhaftes, frisches Brot.

Mehrzahl:

Werfall:	alte, vortreffliche Weine	sanfte, kühle Lüfte
Wesfall:	alter, vortrefflicher Weine	sanfter, kühler Lüfte
Wemfall:	alten, vortrefflichen Weinen	sanften, kühlen Lüften
Wenfall:	alte, vortreffliche Weine	sanfte, kühle Lüfte

schmackhafte, frische Brote
schmackhafter, frischer Brote
schmackhaften, frischen Broten
schmackhafte, frische Brote.

Bei der Beugung **untergeordneter** Eigenschaftswörter (auch Mittelwörter, s. S. 12 unten!), zwischen denen kein Beistrich steht, gehen das **erste** (das untergeordnete) **und** das **zweite** (das übergeordnete) **ebenfalls nach der starken Beugung**; z. B.:

nach langem schwerem Leiden
auf geradem sauberem Wege.

Als beigeordnete Eigenschaftswörter weisen diese bei gleicher Form nur zusätzlich den Beistrich auf:

nach langem, schwerem Leiden
auf geradem, sauberem Wege.

Übung: Setze in die vier Fälle: starker, anhaltender Wind: südliche kalte Zone.

III. Das Zeitwort (Verb)

a) Begriff.

Der **Schüler.**

Hier ist der Name eines Dinges, also ein Hauptwort, genannt. Was kann ein Schüler **tun?** Ein Schüler kann:

lesen, rechnen, schreiben, lernen, arbeiten, gehen, turnen, springen, laufen, singen, spielen, essen, trinken usw.

Die Wörter, die uns sagen, was ein Ding tut oder was mit ihm getan wird, heißen Tätigkeits- oder Zeitwörter.

Sie führen den Namen Zeitwörter, weil sie auch die **Zeit,** nämlich die **Gegenwart, Vergangenheit** oder **Zukunft,** ausdrücken, in der ein Gegenstand etwas tut, oder in der ihm etwas getan wird, z. B.:

Der Schüler **lernt.** (Gegenwart, weil es gerade jetzt geschieht.)
Der Schüler **hat gelernt.** (Vollendete Gegenwart oder schlechthin Vergangenheit, weil das Lernen schon vorüber ist.)
Der Schüler **wird lernen.** (Zukunft, weil das Lernen erst folgen wird.)

Man erkennt ein Zeitwort leicht daran, daß man es mit einem der persönlichen Fürwörter: **ich, du, er, sie, es,** usw. verbinden kann, z. B. rufen — **ich** rufe. — Die Zeitwörter werden **klein** geschrieben.

b) Die verschiedenen Formen des Zeitwortes.

(Grundform, Mittelwortform und Aussageform.)

Rufen, gehen, lernen.

Diese Form des Zeitworts nennt man **Grundform** (Infinitiv). So stehen z.B. folgende Zeitwörter in der Grundform: **arbeiten, unterrichten, vergessen, bezahlen, entbehren, verstehen, bedienen, leben** usw.

Setzt man vor die Grundform das Verhältniswort **zu,** so entsteht die abhängige Grundform, z. B.: **zu rufen, zu gehen, zu lernen.**

Betrachten wir die genannten Zeitwörter in dieser Form, so drücken sie im allgemeinen die Gegenwart aus. Ebenso kann die Grundform ganz allgemein die Vergangenheit oder Zukunft ausdrücken, z. B.: **gearbeitet** (zu) **haben** (Vollendete Gegenwart oder schlechthin Vergangenheit), **arbeiten werden** (Zukunft).

Der **anweisende** Herr. Der **angewiesene** Geldbetrag.

Beide Wörter stammen vom Zeitwort **anweisen** und erscheinen als Eigenschaftswörter (was für ein Geldbetrag?); sie halten also sozusagen zwischen beiden Wortarten die Mitte, darum heißen sie **Mittelwörter,** und zwar heißt das Mittelwort, das die Gegenwart ausdrückt, **Mittelwort der Gegenwart** und das, welches die Vergangenheit ausdrückt, **Mittelwort der vollendeten Gegenwart.** Das Mittelwort der Gegenwart läßt sich sehr leicht aus der Grundform ableiten, indem man an diese ein **d** hängt, z. B. gehen — **gehend.** Das **Mittelwort** der vollendeten Gegenwart lernt sich am besten im Sprachgebrauch, z. B.: lesen — **gelesen.**

Übung: Bilde aus folgenden Zeitwörtern die beiden Mittelwörter: essen, fahren, schlafen, schwören!

(Vgl. Lösungen Nr. 3.)

Ich **rufe.** — Du **gingst.** Die Zeitwörter **rufen, gehen** stehen **nicht mehr in der Grundform,** sondern sie sind mit den persönlichen Fürwörtern ich, du verbunden. Aus der Grundform **rufen** wurde jetzt die Form **rufe.** Wenn jemand sagt: ich rufe, so ist er eben jetzt mit dem Rufen beschäftigt, das Rufen geschieht in der **Gegenwart.** In der Verbindung „ich rufe" drückt das Zeitwort die **Gegenwart** aus. In der Mehrzahl heißt es: wir rufen.

Der Satz „ich rufe" drückt eine Behauptung in der **sichersten, festesten** Form aus. In diesem Falle sagen wir, das Zeitwort drückt die **Wirklichkeit** aus. Wenn wir sagen: **(Man glaubt),** ich rufe, so wird die Begebenheit nur als **möglich** hingestellt, und das Zeitwort drückt die **Möglichkeit** aus.

Sagt man: **ruf(e)!** so drückt diese Form einen Befehl aus und wird **Befehlsform** genannt.

Sagt man: ich rufe, so führt die Person „ich" die Tätigkeit **selbst** aus, das Zeitwort steht also in der **Tatform.** — Sagt man aber: ich werde gerufen, so wird mit der Person „ich" etwas getan; sie muß etwas erleiden, das Zeitwort steht demnach in der **Leideform.** Letztere läßt sich nicht bei allen Zeitwörtern bilden (gehen, stehen, schlafen usw.).

Alle diese genannten Formen des Zeitwortes, die Verbindung mit dem Fürwort, die Angabe der Zeit, die Angabe der Aussageweise (Wirklichkeitsform, Möglichkeitsform, Befehlsform), die Angabe der Tat- oder Leideform bezeichnet man mit dem allgemeinen Ausdruck: **Aussageform** des Zeitwortes.

c) Die Bildung der Zeiten (Konjugation).

Die Hilfszeitwörter **haben, sein, werden.**

Haben.

Das Zeitwort „haben" drückt in seiner Grundform ganz allgemein einen Besitz aus, z. B.: Sorgen **haben,** Geld **haben** usw.

Grundform der Gegenwart: **haben, zu haben.**

Grundform der **vollendeten Gegenwart: gehabt haben, gehabt zu haben.**

Mittelwort der Gegenwart (Partizip Präsens): **habend.**

Mittelwort der vollendeten Gegenwart oder schlechthin der Vergangenheit (Partizip Perfekt): **gehabt.**

Wirklichkeitsform (Indikativ)			Möglichkeitsform (Konjunktiv)	

Gegenwart (Präsens).

Indikativ			Konjunktiv	
ich habe (Mühe usw.)	Einzahl	(Man glaubt),	ich habe (Mühe usw.)	Einzahl
du hast		wie oben	du habest	
er hat		usw.	er habe	
sie hat			sie habe	
es (man) hat			es habe	
wir haben	Mehrzahl		wir haben	Mehrzahl
ihr habt			ihr habet	
sie haben			sie haben	

Vollendete **Gegenwart** (Perfekt).

Indikativ				Konjunktiv		
ich habe (Mühe)	gehabt	Einzahl	(Man glaubt),	ich habe (Mühe)	gehabt	Einzahl
du hast	gehabt			du habest	gehabt	
er hat	gehabt			er habe	gehabt	
sie hat	gehabt			sie habe	gehabt	
es hat	gehabt			es habe	gehabt	
wir haben	gehabt	Mehrz.		wir haben	gehabt	Mehrz.
ihr habt	gehabt			ihr habet	gehabt	
sie haben	gehabt			sie haben	gehabt	

Einfache **Vergangenheit** (Imperfekt).

Indikativ			Konjunktiv	
ich hatte (Mühe usw.)	Einzahl	(Man glaubt),	ich hätte	Einzahl
du hattest			du hättest	
er hatte			er hätte	
sie hatte			sie hätte	
es hatte			es hätte	
wir hatten	Mehrzahl		wir hätten	Mehrzahl
ihr hattet			ihr hättet	
sie hatten			sie hätten	

Vollendete **Vergangenheit** (Plusquamperfekt).

Indikativ				Konjunktiv		
ich hatte (Mühe)	gehabt	Einzahl	(Man glaubt),	ich hätte (Mühe)	gehabt	Einzahl
du hattest	gehabt			du hättest	gehabt	
er hatte	gehabt			er hätte	gehabt	
sie hatte	gehabt			sie hätte	gehabt	
es hatte	gehabt			es hätte	gehabt	
wir hatten	gehabt	Mehrz.		wir hätten	gehabt	Mehrz.
ihr hattet	gehabt			ihr hättet	gehabt	
sie hatten	gehabt			sie hätten	gehabt	

Wirklichkeitsform (Indikativ)		Möglichkeitsform (Konjunktiv)	

Einfache **Zukunft** (Futur I).

ich werde (Mühe) haben	Einzahl	(Man glaubt), ich werde (Mühe) haben	Einzahl
du wirst haben		du werdest haben	
er wird haben		er werde haben	
sie wird haben		sie werde haben	
es wird haben		es werde haben	
wir werden haben	Mehrz.	wir werden haben	Mehrz.
ihr werdet haben		ihr werdet haben	
sie werden haben		sie werden haben	

Vollendete **Zukunft** (Futur II).

ich werde (Mühe usw.) gehabt haben	Einzahl	(Man glaubt), ich werde (Mühe usw.) gehabt haben	Einzahl
du wirst gehabt haben		du werdest gehabt haben	
er wird gehabt haben		er werde gehabt haben	
sie wird gehabt haben		sie werde gehabt haben	
es wird gehabt haben		es werde gehabt haben	
wir werden gehabt haben	Mehrz.	wir werden gehabt haben	Mehrz.
ihr werdet gehabt haben		ihr werdet gehabt haben	
sie werden gehabt haben		sie werden gehabt haben	

Sein.

Das Zeitwort „sein“ drückt im allgemeinen ein Bestehen, ein Vorhandensein eines Dinges aus.

Grundform der Gegenwart: **sein, zu sein.**

Grundform der vollendeten Gegenwart: **gewesen sein, gewesen zu sein.**

Mittelwort der Gegenwart (Partizip Präsens): **seiend.**

Mittelwort der vollendeten Gegenwart (Partizip Perfekt): **gewesen.**

Wirklichkeitsform (Indikativ)	Möglichkeitsform (Konjunktiv)

Gegenwart (Präsens).

ich bin (froh, glücklich usw.)	(Man glaubt), ich sei (froh, glücklich usw.)
du bist	du sei(e)st
er (sie, es) ist	er (sie, es) sei
wir sind	wir seien
ihr seid	ihr seiet
sie sind	sie seien

Wirklichkeitsform. (Indikativ)			Möglichkeitsform. (Konjunktiv)	
		Vollendete Gegenwart (Perfekt).		
ich bin (froh usw.)	gewesen	(Man denkt),	ich sei (froh usw.)	gewesen
du bist	gewesen		du sei(e)st	gewesen
er (sie, es) ist	gewesen		er (sie, es) sei	gewesen
wir sind	gewesen		wir seien	gewesen
ihr seid	gewesen		ihr seiet	gewesen
sie sind	gewesen		sie seien	gewesen
		Einfache Vergangenheit (Imperfekt).		
ich war (froh usw.)		(Man sagt),	ich wäre (froh usw.) (ich würde sein)	
du warst			du wär(e)st	
er (sie, es) war			er (sie, es) wäre	
wir waren			wir wären	
ihr war(e)t			ihr wär(e)t	
sie waren			sie wären	
		Vollendete Vergangenheit (Plusquamperfekt).		
ich war (froh usw.)	gewesen	(Man denkt),	ich wäre (froh usw.) (ich würde gewesen sein)	gewesen
du warst	gewesen		du wär(e)st	gewesen
er (sie, es) war	gewesen		er (sie, es) wäre	gewesen
wir waren	gewesen		wir wären	gewesen
ihr war(e)t	gewesen		ihr wär(e)t	gewesen
sie waren	gewesen		sie wären	gewesen
		Einfache Zukunft (Futur I).		
ich werde (zufrieden)	sein	(Man denkt),	ich werde (zufrieden)	sein
du wirst	sein		du werdest	sein
er (sie, es) wird	sein		er (sie, es) werde	sein
wir werden	sein		wir werden	sein
ihr werdet	sein		ihr werdet	sein
sie werden	sein		sie werden	sein
		Vollendete Zukunft (Futur II).		
ich werde (zufrieden)	gewesen sein	(Man hört),	ich werde (glücklich)	gewesen sein
du wirst	gewesen sein		du werdest	gewesen sein
er (sie, es) wird	gewesen sein		er (sie, es) werde	gewesen sein
wir werden	gewesen sein		wir werden	gewesen sein
ihr werdet	gewesen sein		ihr werdet	gewesen sein
sie werden	gewesen sein		sie werden	gewesen sein

Werden.

Das Zeitwort „werden“ drückt im allgemeinen ein Entstehen, ein Entfalten, Entwickeln aus.

Grundform der Gegenwart: **werden, zu werden.**

Grundform der vollendeten Gegenwart: **geworden sein, geworden zu sein.**

Mittelwort der Gegenwart: (Partizip Präsens): **werdend.**

Mittelwort der vollendeten Gegenwart (Partizip Perfekt): **geworden (worden).**

Wirklichkeitsform (Indikativ)	Möglichkeitsform (Konjunktiv)

Gegenwart (Präsens).

ich werde (klüger)	(Man glaubt), ich werde (klüger)
du wirst	du werdest
er (sie, es) wird	er (sie, es) werde
wir werden	wir werden
ihr werdet	ihr werdet
sie werden	sie werden

Vollendete **Gegenwart** (Perfekt).

ich bin (klüger) geworden	(Man glaubt), ich sei (klüger) geworden
du bist geworden	du sei(e)st geworden
er (sie, es) ist geworden	er (sie, es) sei geworden
wir sind geworden	wir seien geworden
ihr seid geworden	ihr seiet geworden
sie sind geworden	sie seien geworden

Einfache **Vergangenheit** (Imperfekt).

ich wurde (ward) (klüger)	(Man glaubt), ich würde klüger (ich würde werden)
du wurdest (wardst)	du würdest
er (sie, es) wurde (ward)	er (sie, es) würde
wir wurden	wir würden
ihr wurdet	ihr würdet
sie wurden	sie würden

Wirklichkeitsform (Indikativ)			Möglichkeitsform (Konjunktiv)	

Vollendete **Vergangenheit** (Plusquamperfekt).

ich war (klüger)	geworden	(Man denkt),	ich wäre (klüger) geworden (ich würde geworden sein)	
du warst	geworden		du wär(e)st	geworden
er (sie, es) war	geworden		er (sie, es) wäre	geworden
wir waren	geworden		wir wären	geworden
ihr war(e)t	geworden		ihr wär(e)t	geworden
sie waren	geworden		sie wären	geworden

Einfache **Zukunft** (Futur I).

ich werde (klüger)	werden	(Man sagt),	ich werde (klüger)	werden
du wirst	werden		du werdest	werden
er (sie, es) wird	werden		er (sie, es) werde	werden
wir werden	werden		wir werden	werden
ihr werdet	werden		ihr werdet	werden
sie werden	werden		sie werden	werden

Vollendete **Zukunft** (Futur II).

ich werde (klüger)	geworden sein	(Man denkt),	ich werde (klüger)	geworden sein
du wirst	geworden sein		du werdest	geworden sein
er (sie, es) wird	geworden sein		er (sie, es) werde	geworden sein
wir werden	geworden sein		wir werden	geworden sein
ihr werdet	geworden sein		ihr werdet	geworden sein
sie werden	geworden sein		sie werden	geworden sein

Die Wörter: haben, sein, werden heißen **Hilfszeitwörter.** Es gibt außerdem noch **Hilfszeitwörter der Art und Weise** (Modale Hilfsverben); sie heißen: können, dürfen, mögen, müssen, sollen, wollen, lassen.

Hören.

Grundform der Gegenwart: hören, zu hören.

Grundform der vollendeten Gegenwart: gehört haben, gehört zu haben.

Mittelwort der Gegenwart: hörend.

Mittelwort der vollendeten Gegenwart: gehört.

A.

Tatform (Aktiv).

Wirklichkeitsform. (Indikativ)	Möglichkeitsform. (Konjunktiv)

Gegenwart.

ich höre	(Man glaubt), ich höre
du hörst usw.	du hörest
wir hören	er (sie, es) höre
ihr hör(e)t	wir hören usw.

Vollendete **Gegenwart.**

ich habe gehört	(Man glaubt), ich habe gehört
du hast gehört usw.	du habest gehört
wir haben gehört	er (sie, es) habe gehört
ihr habt gehört usw	wir haben gehört usw.

Einfache **Vergangenheit.**

ich hörte	(Man glaubt), ich hörte
du hörtest usw.	du hörtest
wir hörten	er (sie, es) hörte
ihr hörtet usw.	wir hörten usw.

Vollendete **Vergangenheit.**

ich hatte gehört	(Man sagt), ich hätte gehört
du hattest gehört usw.	du hättest gehört
wir hatten gehört usw.	er (sie, es) hätte gehört usw

Einfache **Zukunft.**

ich werde hören	(Man denkt), ich werde hören
du wirst hören usw.	du werdest hören
wir werden hören usw	er (sie, es) werde hören
	wir werden hören usw.

Vollendete **Zukunft.**

ich werde gehört haben	(Man denkt), ich werde gehört haben
du wirst gehört haben usw.	du werdest gehört haben usw.

B.

Leideform (Passiv).

Wirlkichkeitsform (Indikativ)	Möglichkeitsform (Konjunktiv)
Gegenwart.	
ich werde gehört	(Man sagt), ich werde gehört
du wirst gehört usw.	du werdest gehört usw.
Vollendete **Gegenwart.**	
ich bin gehört worden	(Man glaubt), ich sei gehört worden
du bist gehört worden usw.	du seist gehört worden usw.
Einfache **Vergangenheit.**	
ich wurde gehört	(Man glaubt), ich würde gehört
du wurdest gehört usw.	du würdest gehört usw.
Vollendete **Vergangenheit.**	
ich war gehört worden	(Man glaubt), ich wäre gehört worden
du warst gehört worden usw.	du wär(e)st gehört worden usw.
Einfache **Zukunft.**	
ich werde gehört werden	(Man glaubt), ich werde gehört werden
du wirst gehört werden usw.	du werdest gehört werden usw.
Vollendete **Zukunft.**	
ich werde gehört worden sein	(Man denkt), ich werde gehört worden sein
du wirst gehört worden sein usw.	du werdest gehört worden sein usw.

Einige Zeitwörter können **nicht mit den persönlichen Fürwörtern verbunden werden,** sondern bloß mit dem unbestimmten Fürwort **es,** man nennt solche Zeitwörter **unpersönliche** Zeitwörter. Zu diesen gehören: regnen, schneien, blitzen, donnern, hageln usw.

Eine besondere Form in der Aussage ist die **Befehlsform.** Man lernt und erkennt sie am besten im täglichen Sprachgebrauch, z. B.: **Lern(e)** (du!) **Lernt** (ihr)! **Lernen Sie!**

Verzeichnis

aller unregelmäßigen deutschen Zeitwörter

nach der Buchstabenfolge (Alphabet) geordnet.

Alle mit Vorsilben zusammengesetzten Zeitwörter sind unter den Grundwörtern zu suchen, z. B. gebieten und verbieten unter bieten; vorschreiben unter schreiben; vorwerfen, entwerfen usw. unter werfen.

Die erste Person der Gegenwart ist immer regelmäßig, wenn sie nicht angegeben ist. Ein — statt der zweiten und dritten Person in der Gegenwart bedeutet, daß sie gleichfalls regelmäßig abgewandelt werden. Von der einfachen Vergangenheit stehen Wirklichkeitsform und Möglichkeitsform nebeneinander. Ein * deutet darauf hin, daß das damit bezeichnete Zeitwort in sachlicher Bedeutung auch regelmäßig abgewandelt wird. Die kursiv gedruckten Wörter werden von Dichtern statt der gewöhnlichen Form gebraucht.

Grundform	Gegenwart	Einf. Vergangenheit Wirklichk. u. Möglichk.	Befehlsform	Mittelwort der vollend. Gegenwart
backen	bäckst, bäckt	buk, büke*	backe	gebacken
befehlen	befiehlst, befiehlt	befahl, befähle, auch: beföhle	befiehl	befohlen
befleißen*	— —	befliß, beflisse	befleiße	beflissen
beginnen	— —	begann, begänne	beginne	begonnen
beißen	— —	biß, bisse	beiß, beiße	gebissen
bergen	birgst, birgt	barg, bärge [burge]	birg	geborgen
bersten	— —	barst [borst], börste*	birst*	geborsten*
besinnen	— —	besann, besänne	besinne	besonnen
betrügen	— —	betrog, betröge	betrüge	betrogen
bewegen**	— —	bewog, bewöge	bewege	bewogen
biegen	— —	bog, böge	biege	gebogen
bieten	— —	bot, böte	biete	geboten
binden	— —	band, bände	binde	gebunden
bitten	— —	bat, bäte	bitte	gebeten
blasen	bläst, bläst	blies, bliese	blase	geblasen
bleiben	— —	blieb, bliebe	bleibe	geblieben
bleichen [Farbe verlieren] ***	— —	blich, bliche	bleiche	geblichen
braten	brätst, brät*	briet, briete*	brate	gebraten
brechen	brichst, bricht	brach, bräche	brich	gebrochen
brennen	— —	brannte,	brenne	gebrannt
bringen	— —	brachte, brächte	bringe	gebracht
denken	— —	dachte, dächte	denke	gedacht
dingen	— —	[dang] [dänge] dung, dünge	dinge	gedungen [gedingt]
dreschen	drischst, drischt	drosch, drösche* auch drasch, dräsche	drisch	gedroschen
dringen	— —	drang, dränge	dringe	gedrungen
dürfen ebenso bedürfen	ich darf, du darfst, er darf, wir dürfen, ihr dürft, sie dürfen; Möglichk.: ich dürfe usw.	durfte, dürfte	[fehlt]	gedurft
empfangen	empfängst, empfängt	empfing, empfinge	empfange	empfangen
empfehlen	empfiehlst, empfiehlt	empfahl, empfehle auch: empföhle	empfiehl	empfohlen
empfinden	— —	empfand, empfände	empfinde	empfunden
erbleichen	— —	erblich, erbliche	erbleiche	erblichen
erküren	— —	erkor, erköre	erküre	erkoren
erlöschen****	erlischest, erlischt*	erlosch, erlösche	erlisch	erloschen
erschallen	— —	erscholl, erschölle*	erschalle	erschollen
erschrecken [ziellos]	erschrickst, erschrickt	erschrak, erschräke	erschrick	erschrocken

* sich befleißigen ist regelmäßig.
** bewegen ist nur in der Bedeutung von veranlassen unregelmäßig.
*** Das andere Zeitwort bleichen [an der Sonne weiß werden und weiß machen] ist regelmäßig.
**** löschen und auslöschen sind regelmäßig.

Grundform	Gegenwart	Einf. Vergangenheit Wirklichk. u. Möglichk.	Befehlsform	Mittelwort der vollend. Gegenwart
erwägen	— —	erwog, erwöge	erwäge	erwogen
essen	ißt	aß, äße	iß	gegessen
fahren	fährst, fährt	fuhr, führe	fahre	gefahren
fallen	fällst, fällt	fiel, fiele	falle	gefallen
fangen	fängst, fängt	fing, finge	fang[e]	gefangen
fechten	fichst, ficht*	focht, föchte	ficht*	gefochten
finden	— —	fand, fände	finde	gefunden
flechten	flichtst, flicht	flocht, flöchte	flicht	geflochten
fliegen	— —	flog, flöge	flieg[e]	geflogen
	fleugst, fleugt			
fliehen	— —	floh, flöhe	flieh[e]	geflohen
	fleuchst, fleucht		*fleug*	
fließen	— —	floß, flösse	fließ[e]	geflossen
	fleußest, fleußt		*fleuß*	
fressen	frißt	fraß, fräße	friß	gefressen
frieren	— —	fror, fröre	friere	gefroren
gären	— —	gor, göre	gäre	gegoren
gebären	gebierst, gebiert*	gebar, gebäre	gebäre	geboren
geben	gibst, gibt	gab, gäbe	gib	gegeben
gebieten	— —	gebot, geböte	gebiete	geboten
	gebeutst, gebeut		*gebeut*	
gedeihen	— —	gedieh, gediehe*	gedeihe	gediehen
gehen	— —	ging, ginge	gehe [geh]	gegangen
gelingen	— —	gelang, gelänge	gelinge	gelungen
gelten	giltst, gilt	galt, gälte	gilt	gegolten
genesen	— —	genas, genäse*	genese	genesen
genießen	— —	genoß, genösse	genieß[e]	genossen
geschehen	geschiehst, geschieht	geschah, geschähe	geschehe	geschehen
gewinnen	— —	gewann, gewänne, auch gewönne	gewinne	gewonnen
gießen	— —	goß, gösse	gieße	gegossen
gleichen	— —	glich, gliche	gleiche	geglichen
gleiten**	— —	glitt, glitte*	gleite	geglitten*
glimmen	— —	glomm, glömme*	glimm[e]	geglommen*
graben	gräbst, gräbt	grub, grübe	grabe	gegraben
greifen	— —	griff, griffe	greife [greif]	gegriffen
haben	s. S. 13 [handhaben aber geht regelmäßig]			
halten	hältst, hält	hielt, hielte	halte [halt]	gehalten
hangen***	hängst, hängt	hing, hinge	hange	gehangen
hauen	— —	hieb, hiebe*	haue	gehauen
heben	— —	hob, höbe [hübe]	hebe	gehoben
heißen	— —	hieß, hieße	heiße	geheißen
helfen	hilfst, hilft	half, hälfe [hülfe]	hilf	geholfen
kennen	— —	kannte, kenn[e]te	kenne	gekannt
klimmen	— —	klomm, klömme*	klimme	geklommen
klingen	— —	klang, klänge	klinge	geklungen
kneifen	— —	kniff, kniffe	kneife	gekniffen
kommen	— —	kam, käme	komm[e]	gekommen
können	kann, kannst, kann Möglichk. könne usw.	konnte, könnte	[fehlt]	gekonnt
kriechen	— —	kroch, kröche	kriech[e]	gekrochen
	kreuchst, kreucht			
küren	— —	kor, köre*	küre	gekoren*
laden	— —	lud, lüde*	lade	geladen

* Alle von fahren abgeleiteten Zeitwörter sind unregelmäßig, ausgenommen willfahren

** begleiten ist regelmäßig.

*** hangen ist wohl zu unterscheiden von hängen. Ebenso anhangen und anhängen.

Grundform	Gegenwart	Einf. Vergangenheit Wirklichk. u. Möglichk.	Befehlsform	Mittelwort der vollend. Gegenwart
lassen	läßt	ließ, ließe	laß	gelassen
laufen	läufst, läuft	lief, liefe	lauf[e]	gelaufen
leiden	— —	litt, litte	leide	gelitten
leihen	— —	lieh, liehe	leih[e]	geliehen
lesen	liest, liest	las, läse	lies	gelesen
liegen	— —	lag, läge	lieg[e]	gelegen
lügen	— —	log, löge	lüge	gelogen
mahlen in der Mühle*	— —	— —	mahle	gemahlen
meiden	— —	mied, miede	meide	gemieden
melken	— —	molk, mölke*	melke	gemolken*
messen	mißt, mißt	maß, mäße	miß	gemessen
mögen	mag, magst, mag, Möglichk. möge usw.	mocht, möchte	[fehlt]	gemocht
müssen	muß, mußt, muß, Möglichk. müsse usw.	mußte, müßte	[fehlt]	gemußt
nehmen	nimmst, nimmt	nahm, nähme	nimm	genommen
nennen	— —	nannte, nenn[e]te	nenne	genannt
pfeifen	— —	pfiff, pfiffe	pfeife [pfeif]	gepfiffen
pflegen z. B.: Freundschaft**	— —	pflog, pflöge	pflege	gepflogen
preisen	— —	pries, priese	preise	gepriesen
quellen	quillst, quillt	quoll, quölle	quill	gequollen
raten	rätst, rät	riet, riete	rate	geraten
reiben	— —	rieb, riebe	reibe	gerieben
reißen	— —	riß, risse	reiße [reiß]	gerissen
reiten	— —	ritt, ritte	reite	geritten
rennen	— —	rannte, renn[e]te	renne	gerannt
riechen	— —	roch, röche	rieche	gerochen
ringen	— —	rang, ränge	ringe	gerungen
rinnen	— —	rann, ränne	rinne	geronnen
ruten	— —	rief, riefe	ruf[e]	gerufen
salzen	— —	— —	salze	gesalzen
saufen	säufst, säuft	soff, söffe	saufe [sauf]	gesoffen
saugen	— —	sog, söge	sauge [saug]	gesogen
schaffen [hervorbringen] ***	— —	schuf, schüfe	schaffe	geschaffen
scheiden [als zielendes Zeitwort ist es regelmäßig]	— —	schied, schiede	scheide	geschieden
scheinen	— —	schien, schiene	scheine	geschienen
schelten	schiltst, schilt	schalt, schälte [schölte]	schilt	gescholten
scheren	— —	schor, schöre	schere	geschoren
schieben	— —	schob, schöbe	schieb[e]	geschoben
schießen	— —	schoß, schösse	schieß[e]	geschossen
schinden	— —	schund, schünde*	schinde	geschunden
schlafen	schläfst, schläft	schlief, schliefe	schlaf	geschlafen
schlagen****	schlägst, schlägt	schlug, schlüge	schlag[e]	geschlagen
schleichen	— —	schlich, schliche	schleich[e]	geschlichen
schleifen*****	— —	schliff, schliffe	schleif[e]	geschliffen
schließen	— —	schloß, schlösse	schließ[e]	geschlossen
schlingen	— —	schlang, schlänge	schling[e]	geschlungen
schmeißen	— —	schmiß, schmisse	schmeiß[e]	geschmissen
schmelzen	schmilzt, schmilzt	schmolz, schmölze	schmilz	geschmolzen

* malen [abbilden] ist regelmäßig.
** In anderen Bedeutungen, z. B. einen Kranken pflegen, ist pflegen regelmäßig.
*** In allen anderen Bedeutungen ist schaffen regelmäßig wie anschaffen.
**** ratschlagen und beratschlagen sind regelmäßig.
***** In anderen Bedeutungen, z.B. eine Festung schleifen oder zerstören, etwas auf der Erde hinziehen usw. ist schleifen regelmäßig.

Grundform	Gegenwart	Einf. Vergangenheit Wirklichk. u. Möglichk.	Befehlsform	Mittelwort der vollend. Gegenwart
schneiden	— —	schnitt, schnitte	schneide	geschnitten
schrauben	— —	schrob, schröbe*	schraub[e]	geschroben*
schreiben	— —	schrieb, schriebe	schreib[e]	geschrieben
schreiten	— —	schritt, schritte	schreite	geschritten
schreien	— —	schrie, schriee	schreie	geschrieen
schweigen	— —	schwieg, schwiege	schweig[e]	geschwiegen
schwellen [ziellos]	schwillst, schwillt	schwoll, schwölle	schwill	geschwollen
schwimmen	— —	schwamm, schwömme	schwimme	geschwom-men
schwinden	— —	schwand, schwände	schwinde	geschwunden
schwingen	— —	schwang, schwänge	schwing[e]	geschwungen
schwören	— —	schwor, schwöre auch schwur, schwüre	schwöre	geschworen
sehen	siehst, sieht	sah, sähe	siehe [sieh]	gesehen
senden	— —	sandte*, sendete	sende	gesandt*
sein	s. S. 15			
sieden*	— —	sott, sötte	siede	gesotten
singen	— —	sang, sänge	sing[e]	gesungen
sinken	— —	sank, sänke	sink[e]	gesunken
sinnen	— —	sann, sänne	sinne	gesonnen
sitzen	— —	saß, säße	sitze	gesessen
spalten	— —	— —	spalte	gespalten
speien	— —	spie, spie	speie	gespieen
spinnen	— —	spann, spänne	spinne	gesponnen
sprechen	sprichst, spricht	sprach, spräche	sprich	gesprochen
sprießen	— —	sproß, sprösse	sprieße	gesprossen
springen	— —	sprang, spränge	spring[e]	gesprungen
stechen	stichst, sticht	stach, stäche	stich	gestochen
stehen	— —	stand, stände	steh	gestanden
stehlen	stiehlst, stiehlt	stahl, stöhle	stiehl	gestohlen
steigen	— —	stieg, stiege	steig[e]	gestiegen
sterben	stirbst, stirbt	starb, stürbe	stirb	gestorben
stieben	— —	stob, stöbe	stiebe	gestoben
stinken	— —	stank, stänke	stink[e]	gestunken
stoßen	stöß[e]st, stößt	stieß, stieße	stoß[e]	gestoßen
streichen	— —	strich, striche	streich[e]	gestrichen
streiten	— —	stritt, stritte	streite	gestritten
tun	tue, tust, tut	tat, täte	tue	getan
tragen	trägst, trägt	trug, trüge	trage	getragen
treffen	triffst, trifft	traf, träfe	triff	getroffen
treiben	— —	trieb, triebe	treibe	getrieben
treten	trittst, tritt	trat, träte	tritt	getreten
triefen	— — *treufst, treuft*	troff, tröffe	trief *treuf*	getroffen*
trinken	— —	trank, tränke	trink[e]	getrunken
trügen	— —	trog, tröge	trüge	getrogen
verbleichen	— —	verblich, verbliche	verbleiche	verblichen
verderben [schlechter werden, von einer Sache]	verdirbst, verdirbt	verdarb, verdürbe	verdirb	verdorben
verdrießen	— —	verdroß, verdrösse	verdrieße	verdrossen
vergessen	vergißt, vergißt	vergaß, vergäße	vergiß	vergessen
vergleichen	— —	verglich, vergliche	vergleiche	verglichen
verlieren	— —	verlor, verlöre	verliere	verloren
wachsen	wächst, wächst	wuchs, wüchse	wachse	gewachsen
waschen	wäschst, wäscht	wusch, wüsche	wasche	gewaschen
wägen [das Gewicht einer Sache untersuchen]	— —	wog, wöge*	wäge	gewogen*
wiegen [schwer sein]	— —	wog, wöge	wiege	gewogen

* Als zielendes Zeitwort wird sieden besser regelmäßig abgewandelt.

Grundform	Gegenwart	Eint. Vergangenheit Wirklichk. u. Möglichk.	Befehlsform	Mittelwort der vollend. Gegenwart
weichen* [den Ort verändern]	— —	wich, wiche	weiche	gewichen
weisen	— —	wies, wiese	weise [weis]	gewiesen
werben	wirbst, wirbt	warb, würbe	wirb	geworben
werden	s. S. 17.			
wenden	wie senden, wenn es als Neutrum** oder auch rückbezüglich gebraucht wird, z. B.: das Blatt hat sich gewandt; aber auch regelmäßig in der Tatform; z. B.: ich habe das Heu gewendet, ich habe das Blatt umgewendet.			
werfen	wirfst, wirft	warf, würfe	wirf	geworfen
winden	— —	wand, wände	winde	gewunden
wissen	weiß, weißt, weiß	wußte, wüßte	wisse	gewußt
wollen	will, willst, will	wollte, wollte	[wolle]	gewollt
zeihen [Schuld geben]	— —	zieh, ziehe	zeihe	geziehen
ziehen	— —	zog, zöge	zieh[e]	gezogen
zwingen	— —	zwang, zwänge	zwing[e]	gezwungen

IV. Das Fürwort (Pronomen)

a) Begriff.

Das Hauptwort wird in der Sprache oft durch ein Fürwort ersetzt. — Die Wörter: **ich, du, er, sie, es** und deren Mehrzahl: **wir, ihr, sie** stehen oft für eine **Person** und werden daher **persönliche Fürwörter** genannt. — Die Fürwörter werden **klein** geschrieben.

b) Arten und Beugung.

1. Das persönliche Fürwort.

Die persönlichen Fürwörter werden eingeteilt in:

	1. Person.	2. Person.	3. Person. a) männl. Geschl.	3. Person. b) weibl. Geschl.	3. Person. c) sächl. Geschl.
Einzahl:	**ich**	**du**	**er**	**sie**	**es**
Mehrzahl:	**wir**	**ihr**		**sie**	

Die persönlichen Fürwörter werden wie die Hauptwörter in die vier Fälle der Ein- und Mehrzahl gesetzt, d. i. **gebeugt;** z. B.:

1. Person.

	Einzahl:	Mehrzahl:
Werfall:	ich	wir
Wesfall:	meiner (mein)	unser
Wemfall:	mir	uns **(wem?)**
Wenfall:	mich	uns **(wen?)**

* In dem Sinne aber von weich werden und weich machen ist weichen regelmäßig.

** weder zielend noch ziellos (siehe später).

2. Person.

	Einzahl:	Mehrzahl:
Werfall:	du	ihr
Wesfall:	deiner (**dein**)	euer
Wemfall:	dir	euch (**wem?**)
Wenfall:	dich	euch (**wen?**)

3. Person.

Einzahl:

	a) männl. Geschl.	b) weibl. Geschl.	c) sächl. Geschl.
Werfall:	er	sie	es
Wesfall:	seiner (sein)	ihrer	seiner (sein)
Wemfall:	ihm (sich)	ihr (sich)	ihm (sich)
Wenfall:	ihn (sich)	sie (sich)	es (sich)

Mehrzahl:

Werfall:	sie (Sie)
Wesfall:	ihrer (Ihrer)
Wemfall:	ihnen (Ihnen)
Wenfall:	sie (Sie)

2. Besitzanzeigende Fürwörter.

Die besitzanzeigenden Fürwörter heißen:

	1. Person	2. Person	3. Person a) männl. Geschl.	b) weibl. Geschl.	c) sächl. Geschl.
Einzahl:	**mein(e)**	**dein(e)**	**sein(e)**	**ihr(e)**	**sein(e)**
Mehrzahl:	**unser(e)**	**euer(e)**		**ihr(e)**	

Das besitzanzeigende Fürwort richtet sich in Geschlecht und Zahl nach dem Hauptworte, auf das es sich bezieht, und nimmt fast durchweg **die Endlaute des unbestimmten Geschlechtswortes** an; z. B.:

mein, dein, sein / ihr / sein } **Freund;**

meine, deine, seine / ihre / seine } **Feder;**

mein, dein, sein / ihr / sein } Buch.

Einzahl: mein Freund. Mehrzahl: **meine** Freunde.

Die Beugung:

Einzahl:

	männl. Geschl. a)	weibl. Geschl. b)	sächl. Geschl. c)
Werfall:	mein (Garten)	meine (Uhr)	mein (Kind)
Wesfall:	meines (Gartens)	meiner (Uhr) (wessen?)	meines (Kindes)
Wemfall:	meinem (Garten)	meiner (Uhr) (wem?)	meinem (Kind[e])
Wenfall:	meinen (Garten)	meine (Uhr)	mein (Kind)

Mehrzahl:

Werfall:	unser (Garten)	unsere (Uhr)	unser (Kind)
Wesfall:	unseres (Gartens)	unserer (Uhr)	unseres (Kindes)
Wemfall:	unserem (Garten)	unserer (Uhr)	unserem (Kind[e])
Wenfall:	unseren (Garten)	unsere (Uhr)	unser (Kind)

Würde auch das Hauptwort in die Mehrzahl gesetzt, so hieße es:

a)

Werfall:	meine (Gärten)	unsere (Gärten)
Wesfall:	meiner (Gärten)	unserer (Gärten)
Wemfall:	meinen (Gärten)	unseren (Gärten)
Wenfall:	meine (Gärten)	unsere (Gärten) usw.

Übung: Setze in die vier Fälle: mein Hof, meine Feder, mein Kleid, dein Garten, sein Vorgesetzter, seine Schwester, ihr Geschäft! — Sowohl das Fürwort als auch das Hauptwort soll dabei in die Ein- und Mehrzahl gesetzt werden.

Die besitzanzeigenden Fürwörter werden **klein** geschrieben; werden sie als Hauptwörter gebraucht, so werden sie **groß** geschrieben, z. B.: das Mein(ig)e habe ich getan. — Gib jedem das Sein(ig)e! — Grüße die Dein(ig)en!

3. Hinweisende Fürwörter.

Die **hinweisenden** Fürwörter sind: **dieser, jener, solcher, derjenige, derselbe, der, ersterer, letzterer.**

Auch diese Fürwörter nehmen das Geschlecht des Hauptwortes an, auf das sie sich beziehen, z. B.: dieser Knabe, diese Gegend, dieses Tuch usw. Folglich: jener, jene, jenes, solcher, solche, solches, derjenige, diejenige, dasjenige, der, die, das usw.

Die hinweisenden Fürwörter werden gebeugt wie die bestimmten Geschlechtswörter, z. B.:

	Einzahl:		
	a) männl. Geschl.	b) weibl. Geschl.	c) sächl. Geschl.
Werfall:	dieser Stuhl	diese (Feder)	dieses (Tintenfaß)
Wesfall:	dieses (Stuhles)	dieser (Feder)	dieses (Tintenfasses)
Wemfall:	diesem (Stuhl[e])	dieser (Feder)	diesem (Tintenfasse)
Wenfall:	diesen (Stuhl)	diese (Feder)	dieses (Tintenfaß)
	Mehrzahl:		
Werfall:	diese (Stühle)	diese (Federn)	diese (Tintenfässer)
Wesfall:	dieser (Stühle)	dieser (Federn)	dieser (Tintenfässer)
Wemfall:	diesen (Stühlen)	diesen (Federn)	diesen (Tintenfässern)
Wenfall:	diese (Stühle)	diese (Federn)	diese (Tintenfässer)

Stehen die Wörter der, die, das als hinweisende Fürwörter allein (ohne Hauptwörter), so haben sie folgende Beugung:

	Einzahl:			Mehrzahl:
	a) männl. Geschl.	b) weibl. Geschl.	c) sächl. Geschl.	für alle drei Geschlechter
Werfall:	der	die	das	die
Wesfall:	**dessen (des)**	**deren**	**dessen** (des)	**deren (derer)**
Wemfall:	dem	der	dem	denen
Wenfall:	den	die	das	die

Übung: Setze in die vier Fälle der Ein- und Mehrzahl: Dieser Kopf, jene Linde!

4. Rückbezügliche Fürwörter.

Die rückbezüglichen Fürwörter heißen je nach dem Geschlecht der Hauptwörter:

Einzahl:			Mehrzahl:
a) männl. Geschl.	b) weibl. Geschl.	c) sächl. Geschl.	für alle drei Geschlechter
welcher	welche	welches	welche
der	die	das	die

Alleinstehend sind: wer, was.

Die Beugung ist genau wie die der Geschlechtswörter:

	Einzahl:			Mehrzahl:
	a) männl. Geschl.	b) weibl. Geschl.	c) sächl. Geschl.	für alle drei Geschlechter
Werfall:	welcher	welche	welches (**wer?**)	welche
Wesfall:	welches	welcher	welches (**wessen?**)	welcher
Wemfall:	welchem	welcher	welchem	welchen
Wenfall:	welchen	welche	welches	welche

Werfall:	der	die	das	die
Wesfall:	dessen (des)	deren	dessen (des)	deren
Wemfall:	dem	der	dem	denen
Wenfall:	den	die	das	die

	Einzahl:		Mehrzahl:
Werfall:	wer	was	(nicht anwendbar)
Wesfall:	wessen (wes)	wessen	
Wemfall:	wem	(nicht anwendbar)	
Wenfall:	wen	was	

Anmerkung: Die Wörter **der, die, das** sind als rückbezügliche Fürwörter **nicht mit den gleichlautenden bestimmten Geschlechtswörtern zu verwechseln.** Als **rückbezügliche Fürwörter** können sie stets für **welcher, welche, welches** stehen.

5. Fragende Fürwörter.

Sie heißen:

wer? was? was für ein (eine, ein)? welcher, (welche, welches)?

Sie werden wie folgt gebeugt:

	Einzahl: a) männl. Geschl.	b) weibl. Geschl.	c) sächl. Geschl.	Mehrzahl: für alle drei Geschlechter
Werfall:	welcher?	welche?	welches?	welche?
Wesfall:	welches?	welcher?	welches?	welcher?
Wemfall:	welchem?	welcher?	welchem?	welchen?
Wenfall:	welchen?	welche?	welches?	welche?

	Einzahl:		Mehrzahl:
Werfall:	wer?	was?	(nicht vorhanden)
Wesfall:	wessen? (wes?)	wessen?	
Wemfall:	wem?	wem?	
Wenfall:	wen?	was?	

(Fragen nach den vier Fällen beim
Haupt- und Fürwort)

6. Unbestimmte (allgemeine) Fürwörter.

Sie heißen: **es, man, jemand, niemand, jeder, jedermann, jeglicher, etwas, nichts, genug, etliche, manche, alle, alles, einer, keiner, andere, selbst** (selber) usw. — Sie werden **alle klein** geschrieben, auch wenn ein Geschlechtswort davor steht, z. B.: der eine, der andere.

V. Das Zahlwort (Numerale)

a) Begriff.

Der Mann hat sich **zwölf** Mark verdient.

Hier gibt das Wort „zwölf" in **bestimmter** Weise die Zahl oder Menge der Mark an, die sich jemand verdient hat. Wir nennen ein solches Wort **bestimmtes Zahlwort.**

Man unterscheidet:

a) **Grundzahlwörter;** man findet sie, indem man einfach von der Zahl eins an zu zählen beginnt, z. B.: **eins, zwei, drei, zwanzig** usw. Sie werden erfragt mit **„wieviel?"**

b) **Ordnungszahlwörter;** sie geben die Reihenfolge oder Ordnung an, in der die Zählung zu erfolgen hat, und beginnen: (der) **erste,** (der) **zweite** usw. Sie werden erfragt mit „der, (die, das) **wievielste?**"

Er hat sich **einige** Mark verdient.

Das Wort „einige" drückt auch die Zahl der Mark aus, aber nur ganz allgemein oder **unbestimmt.** Es ist daher ein **unbestimmtes Zahlwort.**

Die unbestimmten Zahlwörter heißen: **keine, einige, einzelne, etliche, mehrere, viele, wenige, nichts, manche, alle, etwas, genug, ein bißchen, ein paar,** (d. h. **einige** — aber: ein **Paar,** d. h. **zwei zusammengehörende Stücke**). Sie antworten auf die Frage: **wieviel?**

Die Zahlwörter werden alle **klein** geschrieben; nur die Ordnungszahlwörter bei Eigennamen schreibt man groß: z. B.: Friedrich der **Z**weite.

b) Beugung.

Von den Grundzahlen werden zwei, drei und beide stark gebeugt, z. B.:

Werfall: zwei (drei, beide) Kinder **(wer? was?)**
Wesfall: zweier (dreier, beider) Kinder **(wessen?)**
Wemfall: zweien (dreien, beiden) Kindern **(wem?)**
Wenfall: zwei (drei, beide) Kinder **(wen? was?)**

Steht aber das bestimmte Geschlechtswort vor dem Zahlwort, so geht dieses, nach der schwachen Beugung, z. B.:

Werfall: die zwei Kinder **(wer? was?)**
Wesfall: der zwei Kinder. **(wessen?)**
Wemfall: den zwei Kindern **(wem?)**
Wenfall: die zwei Kinder **(wen? was?)**

Auch die Ordnungszahlen werden wie die Eigenschaftswörter schwach und stark gebeugt, z. B.:

Einzahl:

Werfall:	erster Versuch	der erste Versuch **(wer? was?)**
Wesfall:	ersten Versuches	des ersten Versuches **(wessen?)**
Wemfall:	erstem Versuche	dem ersten Versuche **(wem?)**
Wenfall:	ersten Versuch	den ersten Versuch **(wen? was?)**

Mehrzahl:

Werfall:	erste Versuche	die ersten Versuche **(wer? was?)**
Wesfall:	erster Versuche	der ersten Versuche **(wessen?)**
Wemfall:	ersten Versuchen	den ersten Versuchen **(wem?)**
Wenfall:	erste Versuche	die ersten Versuche **(wen? was?)**

Bei den unbestimmten Zanlwörtern, wie: etliche, einige, manche, viele, wenige, andere, keine, alle usw., ist die Beugung, wenn sie **vor** einem Eigenschaftswort stehen, folgende:

Werfall:	einige gute (nicht: **en**!) Bücher
Wesfall:	einiger guten Bücher
Wemfall:	einigen guten Büchern
Wenfall:	einige gute Bücher usw.

VI. Die regierenden Wörter

1. Die Verhältniswörter (Präpositionen).

1. Der Jäger geht **in** den Wald.
2. Der Jäger geht **nach** dem Walde.

Hier sind zwei Sätze, die ihrem Inhalte nach ein und dasselbe aussagen, und doch ist ein merklicher Unterschied in der Ausdrucksweise festzustellen, hervorgerufen durch die Anwendung der beiden Wörter **in** und **nach.** Beide Wörter sind zwar darin gleich, daß sie das **Verhältnis** bezeichnen, in welchem der Jäger zu dem Walde steht. Der Jäger ist **nicht in dem Walde,** er betrachtet **nicht den Wald** usw., sondern das Verhältnis ist in beiden Fällen derart, daß er sich **nach dem Walde hinbewegt.** In dieser Hinsicht besteht also kein Unterschied, wohl aber besteht ein solcher **in sprachlicher,** und dieser liegt in der Bedeutung der beiden Wörtchen **in** und **nach.** Setzen wir das Wort **in,** so muß das Hauptwort Wald stets im **Wenfall** stehen: **den** Wald. Benutzen wir das Wort **nach,** so muß das Hauptwort Wald immer im **Wemfall** stehen: **dem** Walde. Wollen wir in beiden Sätzen das Hauptwort Wald erfragen, so müssen wir sagen: Wohin geht der Jäger? Antwort:

1. in **den** Wald,
2. nach **dem** Walde.

Würde sich der Jäger bereits im Walde befinden, so stände er wieder zu ihm in einem andern Verhältnis, er bewegte sich jetzt nicht mehr nach dem Walde hin, sondern er wäre am Ziel, an Ort und Stelle; wollen wir dieses nun sprachlich ausdrücken, so würden wir sagen: Der Jäger ist (befindet sich) in **dem** (oder **im**) Walde. Wir haben jetzt ebenfalls das Wörtchen **in** angewandt, aber in einem ganz anderen Sinne, es ist ein ganz anderes Verhältnis entstanden, und wir müssen das Hauptwort Wald jetzt in den **Wemfall** setzen: **dem** Walde. Wollten wir nun das Hauptwort Wald erfragen, so müßten wir sagen: Wo ist der Jäger? Antwort:

in **dem** Walde.

Wir haben gesehen, daß die Wörter **in** und **nach** das **Verhältnis zweier Gegenstände** oder **Vorgänge** (Jäger und Wald) bestimmen. Diesem Verhältnisse entsprechend verlangen diese Wörter, daß jeweils das nächstfolgende Wort (Wald) **in einem bestimmten Fall steht.** Solche Wörter werden **Verhältniswörter** genannt. Nicht immer wird mit dem Verhältniswort ein Hauptwort verbunden; auch Fürwörter, die ja auch Stellvertreter der Hauptwörter sind, können mit diesem verbunden werden, z. B.: das Kind fragte nach **dir.**

Das Verhältniswort bestimmt das Verhältnis zweier Gegenstände oder Vorgänge zueinander und verlangt, daß das mit ihm verbundene Haupt- oder Fürwort in einem bestimmten Fall steht.

Wird ein Haupt- oder Fürwort mit einem Verhältniswort verbunden, so lassen sich die einfachen Fragewörter wer? wessen? wem? wen? nicht immer anwenden wie beim einfachen Haupt- oder Fürwort, sondern es treten mitunter ganz andere Fragewörter auf, z. B.: wo? wohin? warum? womit? usw. Es ist daher dringend notwendig, daß man, **um die richtigen Fälle zu gebrauchen, sich genau die Verhältniswörter einprägt und sich zugleich fest merkt, welchen Fall sie verlangen.** Sie haben eine ungemein große Bedeutung in der Sprache, weil das wichtige Gebiet der richtigen Anwendung der vier Fälle von ihnen beherrscht wird. Zahllose Sprachfehler entstehen durch falschen Gebrauch der Verhältniswörter. Es kann daher nicht eindringlich genug auf ihre genaue Anwendung hingewiesen werden. — Wir teilen die Verhältniswörter nach den Fällen, die sie fordern, wie folgt ein:

1. in Verhältniswörter, die stets den Wesfall fordern,
2. in Verhältniswörter, die stets den Wemfall fordern,
3. in Verhältniswörter, die stets den Wenfall fordern,
4. in Verhältniswörter, die sowohl den Wemfall, als auch den Wenfall fordern können, je nach dem Verhältnis der Gegenstände, die genannt werden.

1. Verhältniswörter, die den **Wesfall** fordern:

Unweit, mittels (mittelst, vermittelst),
kraft und **während**,
laut, vermöge, ungeachtet,
oberhalb und **unterhalb,**
innerhalb und **außerhalb,**
diesseit(s), jenseit(s), halber, wegen,
statt (anstatt), auch: **längs, zufolge, trotz**
Stehen mit dem **Wesfall**
Oder auf die Frage **wessen?**
Doch ist hier nicht zu vergessen,
Daß bei diesen **letzten drei**
Auch der **Wemfall** richtig sei.

Es kann also bei den Wörtern: **längs, zufolge, trotz** auch der **Wemfall** gebraucht werden.

Dabei ist über das Wort **zufolge** zu merken: Steht es **vor dem** Hauptworte, so setzt man den **Wesfall,** z. B.: Zufolge **des** Befehles. . .; steht es aber **nach** dem Hauptworte, so setzt man **den Wemfall,** z. B.: **dem** Befehle zufolge. . .

Für „**statt**" kann man ebenso setzen: anstatt. Letzteres kann auch getrennt werden, dann wird **Statt** aber **als Hauptwort betrachtet** und **groß** geschrieben, z. B.: Er kam an meines Bruders Statt (Stelle).

Halber steht immer **nach** dem Hauptwort, z. B.: des Friedens halber, der Wahrheit halber, der Krankheit halber (man sagt auch: krankheitshalber, aber nicht: Krankheits halber; ebenso: spaßeshalber und des Spaßes halber, aber nicht: Spaßes halber).

Wegen und **ungeachtet** stehen **vor** und **nach** dem Hauptwort. Die Verbindung **von wegen** ist nur in den Redensarten: von Rechts wegen, von Amts wegen gebräuchlich. Falsch ist also: von wegen meines Anspruchs, von wegen meines Geldes.

Als Verhältniswörter, die den **Wesfall** fordern, sind auch noch zu betrachten:

angesichts, behufs, bezüglich, einschließlich, namens (im und mit Namen), **seitens, unbeschadet, hinsichtlich, um — willen, betreffs, inmitten, infolge** (zufolge), **rechts, links, östlich, westlich** usw.

Wird **um — willen** mit einem persönlichen Fürwort verbunden, so muß dieses selbstverständlich zunächst im Wesfall stehen und heißt: meiner, deiner, seiner, ihrer, seiner. In Verbindung **um — willen** verwandelt sich aber das **r** des Fürworts in **t**, z. B.: um meinetwillen usw. Dasselbe ist der Fall bei der Zusammensetzung mit den Wörtern: **halben, wegen.**

z. B.: meinet**halben**, deine**twegen**. Bei unser, **euer** wird noch ein **t** eingefügt, z. B.: unser**twegen** usw. Falsch aber ist die Verbindung: **um** meinetwegen, **um** ihretwegen; denn **um** setzt man nur mit willen zusammen, also um meinet**willen** usw.

Anwendungsbeispiele:

(Der Wesfall ist durch Fettdruck und das Verhältniswort durch Sperrdruck hervorgehoben.)

Wir trafen ihn unweit **des** Berges (unweit der Berge — Mehrzahl — unweit eines Berges — unbest. Geschlechtswort — unweit dieses Berges — hinweis. Fürwort usw.: immer der **Wesfall**). — Man steuert das Schiff mittels (mittelst, vermittelst) **des** Steuerruders (der Steuerruder, eines Steuerruders usw.). — Er erhob kraft **alter** Verträge (der Verträge, jener Verträge usw.) Ansprüche. — Während **der** Frühlingszeit kommen die Zugvögel wieder zu uns. — Er mußte ihm zustimmen laut **des** Vertrages (der Verträge, eines Vertrages usw.). — Vermöge **seines** Reichtums (des Reichtums, der Reichtümer usw.) konnte er diese Unternehmungen wagen. — Ungeachtet **des** Verbotes (eines Verbotes, jener Verbote usw.) kehrte er in die Stadt zurück. — Oberhalb Berlins liegt Lübben an der Spree, unterhalb **der** Hauptstadt (dieser Hauptstadt) liegt Potsdam. — Innerhalb **des** Hauses (eines Hauses) befinden sich die Wohnräume, außerhalb **des**selben die Gärten und Anlagen. — Diesseit(s) **des** Berges liegen Felder und Wiesen, jenseit(s) **des**selben breiten sich Waldungen aus. — Du wirst **deiner** Nachlässigkeit halber Schwierigkeiten bekommen. — Er kann **meinet**wegen ausgehen. — Er vollendet die Arbeit statt (anstatt) **meiner** (deiner usw.). — Längs **jenes** Flusses (oder: jenem Flusse) sind schattige Wege. — Zufolge **des** richterlichen Beschlusses (aber: **dem** richterlichen Beschlusse zufolge) ist er frei. — Er entfernte sich trotz **des** Verbotes (oder: trotz **dem** Verbote). — Sie vergossen Tränen angesichts **des** Elendes. — Er trifft behufs **nötiger** Besprechung morgen ein. Ich bitte euch namens **des** Freundes um Schonung. — Es war seitens **der** Verwandten geholfen worden. — Du darfst das Geschenk unbeschadet **deiner** Ehre annehmen. — Hinsichtlich **der** Gefahr sei unbesorgt! — Um **des** Freundes willen übt Nachsicht! — Ich will bezüglich **jenes** Briefes schweigen. — Es geschah infolge **meines** Auftrages. — Einschließlich **der** Spesen kostet die Ware 200 Mark. — Aachen liegt westlich **des** Rheins (oder westlich **vom** Rhein). — Der Tod erreichte ihn inmitten **eines** tatenreichen Lebens.

Anmerkung: Unterscheide das Verhältniswort längs von dem Umstandswort längst!

Den Verhältniswörtern: zufolge, infolge, inmitten, welche aus einem Verhältnis- und einem Hauptworte bestehen, sind nachstehende Verbindungen nahe verwandt: **zu Ehren** (des Sohnes), **im Verlauf** (der Handlung), **auf Grund** (auch: **aufgrund**), **bei Gelegenheit** (dieses Festes), **nach Maßgabe** (des Gesetzes), **zu Gunsten** (auch: **zugunsten** und **zuungunsten**) seines (Freundes), **mit Hilfe** (seines Vaters), **in Kraft** (seines Rechtes) usw.

2. Verhältniswörter, die den Wemfall fordern.

Schreib: **mit, nach, nächst, nebst,** samt, **bei, seit, von, zu, zuwider. entgegen, außer, aus** stets mit dem **Wemfall** nieder!

Hierzu gehören noch: **binnen, dank, gegenüber, gemäß** und **ob,** das gleichbedeutend ist mit **über.**

Entgegen und **zuwider** stehen **stets nach** dem Hauptwort (oder Fürwort), meistens auch gegenüber (**falsch**: die Schule steht gegenüber **von der Kirche**; richtig: der Kirche **gegenüber**); **gemäß** steht bald vor, bald nach jenen Wörtern.

Bei darf nicht angewandt werden, wenn die Richtung bezeichnet werden soll; denn es antwortet nicht auf die Frage **wohin?** sondern auf die Frage **wo?** also nicht: Komm **bei** mir, sondern **zu** mir.

Zu und **nach** werden vielfach verkehrt angewandt; im allgemeinen wendet man **zu** in Verbindung mit Personen, **nach** in Verbindung mit Sachen an, doch ist der Sprachgebrauch schwankend: Der Kranke geht **zu** dem Arzte oder zum Arzt, ich gehe **zu** meinem Freunde; der Bauer fährt **nach** der Stadt, die Kinder gehen **nach** der Schule. Doch kann man auch sagen: Der Bauer fährt **zur** (nicht: zu der) Stadt, die Kinder gehen **zur** (nicht: zu der) Schule, die Leute gehen **zur** Kirche. Es ist also zu merken, daß **zu,** wenn es in Verbindung mit Sachen gebraucht wird, stets mit dem Artikel zusammengezogen werden muß.

Binnen gebraucht man auch mit dem Wesfall, z. B.: Binnen einigen (auch: einiger) Wochen muß die Arbeit fertig sein

Anwendungsbeispiele:

(Der Wemfall ist durch Fettdruck und das Verhältniswort durch Sperrdruck hervorgehoben.)

Wir bemerken zunächst über den Wemfall noch folgendes: Gegen den Wemfall wird sowohl schriftlich, als auch mündlich sehr verstoßen. — Man liest und hört oft: Ich komme aus den Garten — statt: **dem** Garten. — Ich war bei die Mutter — statt: **der** Mutter usw. Hätte der Sprechende oder der Schreibende eine Ahnung davon, **welchen ungemein abstoßenden Eindruck solche grobe Sprachfehler machen,** er würde sich mit allen Mitteln dahin zu bringen suchen, sie zu vermeiden. Wir machen daher hier abermals auf diesen Punkt aufmerksam und raten dringend, den Wemfall in den nachfolgenden Beispielen: in der Ein- und Mehrzahl sowohl beim Hauptwort als auch beim Fürwort recht genau zu beachten. (In der Mehrzahl heißt das bestimmte Geschlechtswort im Wemfall immer **den!!**)

Ich komme mit **dem** Vater (der Mutter, dem Kinde, den Kindern, dir, ihm, euch, usw.: stets der **Wemfall!!**). — Der Vorgesetzte schickte nach **mir** (dir, ihnen — dem Buche, den Schriften usw.). — Wir standen nächst **dem** Garten (einem Garten, den Gärten — dir, euch, ihr, ihm, Ihnen usw.). — Er wandert nebst **seiner** Familie (der Familie usw.) aus. — Der Schiffbrüchige wurde samt **seinem** Weibe (seiner Frau, den Kindern, seinen Kindern usw.) gerettet. — Ich halte mich nur kurze Zeit bei **dir** (ihm, Ihnen, dem Bruder, der Schwester, den Verwandten usw.) auf. — Seit **jenem** Vorfalle (dem Vorfalle, diesem Vorfalle, diesen Vorfällen usw.) habe ich ihn gemieden. — Ihr kommt **vom** (d. i. von dem) Lande (von der Stadt, einer Reise usw.). — Er sprach zu **mir** (dir, ihm, ihr, euch — zur, d. i. zu der Frau, zum, d. i. zu dem Nachbar usw.). — Handle nie **den** Gesetzen (dem Gesetze, einem Gesetze, der Anordnung, den Anordnungen usw.) deines Vaterlandes zuwider! (Schreibe zuwider **ohne e!**) — **Dem** Strome (den Strömen, einem Strome usw.) entgegen fährt der Schiffer nicht gern. — Es war außer **mir** (uns, dir, euch, ihm — dem Kinde, den Eltern, der Schwester usw.) niemand zugegen. — (Nur in dem Ausdrucke: Er geht außer **Landes** — verlangt außer den **Wesfall.**) — Er trat gerade aus **der** Tür (dem Hause, dem Hofe, der Wohnung usw.), als ich vorbeiging. — Die Angelegenheit wird binnen **einer** Woche (einem Monat, einem Jahr usw.) erledigt. — **Diesen** Worten (solchen Reden, dieser Meinung, deiner Zumutung, deinem Ansinnen usw.) **gegenüber** will ich schweigen. — **Dem** Befehle (der Anordnung, den Vorschriften usw.) gemäß wird die Abhaltung der Feier untersagt (auch: gemäß dem Befehle usw.). — Ich war ob **diesem** Verfahren sehr erstaunt.

3. Verhältniswörter, die den **Wenfall** fordern:

Bei: **durch, für, ohne,**
gegen (gen, dieses ohne Geschlechtswort, z. B.: gen **Himmel**), **um** und **wider,**
schreibe **stets den Wenfall, nie** jedoch den **Wemfall** nieder!

Auch **bis** und **entlang** haben den Wenfall. Letzteres kann aber auch den Wesfall oder Wemfall nach sich haben. **Bis** verlangt nur dann den Wenfall, wenn nicht noch ein anderes Verhältniswort folgt, z. B.: er hat es **bis** diese Stunde geglaubt; folgt ein anderes Verhältniswort, so hängt der Fall von diesem ab, z. B.: Er hat es **bis zu** dieser Stunde geglaubt.

Anwendungsbeispiele:

(Der Wenfall ist durch Fettdruck und das Verhältniswort durch Sperrdruck hervorgehoben.)

Wie bereits beim Wemfall, so können wir auch Ähnliches beim Wenfall bemerken. Auch hier entstehen im mündlichen und schriftlichen Sprachgebrauch sehr fehlerhafte Ausdrücke, z. B.: Ich gehe für dir — statt: für **dich.** — Ohne mir, statt: ohne **mich** usw. Was wir daher beim Wemfall sagten, gilt auch für den Wenfall.

Der Regen dringt durch **die** Erde (den Boden, das Laub, meinen Schirm usw.). — Ich kämpfe für **dich** (ihn, es, sie — die Wahrheit, das Recht usw.). — Er handelt ohne **mich** (dich, uns, euch, ihn, sie, (die) Überlegung, den Befehl usw.). — Sie kämpfen um **das** Vaterland (die Ehre, das Recht — um dich, mich, euch usw.). — Die Bemerkung war gegen **mich** (dich, ihn, uns, Sie — deinen Vorschlag, den Vergleich, die Bedingungen usw.) gerichtet. — Siehe **gen** Himmel! — Du wendest dich stets wider **uns** (mich, euch, dich, ihn — den Bruder, die Kameraden usw.). — Rausche, Fluß, **das** Tal entlang! (Wir jagten entlang **des** Gebirges. — Die Quellen fanden sich entlang dem Walde.)

Anmerkung: Unterscheide das Verhältniswort wider (**ohne e,** da es die Bedeutung von gegen, entgegen hat) von dem Umstandswort der Wiederholung wieder (**mit e,** was soviel bedeutet wie noch einmal).

4. Verhältniswörter, die den **Wemfall und Wenfall** fordern:

An, auf, hinter, neben, in,
über. unter, vor und **zwischen**
Setze mit dem **Wenfall** hin,
Wenn man fragen kann: **wohin?**
Mit dem **Wemfall** stehn sie so,
Daß man nur kann fragen: **wo?**

Diese eben genannten Verhältniswörter sind unstreitig die wichtigsten von allen; denn sie können in doppelter Bedeutung angewandt werden. Die beiden schwierigsten Fälle (Wemfall und Wenfall), gegen die so häufig verstoßen wird, treten jetzt plötzlich nebeneinander auf, und um sie richtig zu unterscheiden, halte man sich fest an die beiden Fragen: **wo?** und **wohin?**

Stellt man die Frage **wo?** so muß der **Wemfall** gesetzt werden, und der erwähnte Gegenstand befindet sich **an Ort und Stelle, am Ziele, er ist in Ruhe,** z. B.: Der Vogel sitzt auf **dem** Baume. **Wo** sitzt der Vogel? auf **dem** Baume: **Wemfall;** der Gegenstand (Vogel) befindet sich in Ruhe (er sitzt). — Stellt man die Frage **wohin?** so muß der **Wenfall** gesetzt werden, und der Gegenstand befindet sich **im Zustand der Bewegung,**

der Richtung, z. B.: Der Vogel fliegt auf **den** Baum. **Wohin** fliegt der Vogel? Auf **den** Baum: **Wenfall;** der Gegenstand (Vogel) befindet sich in Bewegung (er fliegt). Auch dann wird der **Wemfall** gesetzt, wenn man sich den Gegenstand nur **im Geiste als in Ruhe befindlich vorstellt,** z. B.: Ich freue mich auf **dem** Feste. (Ich befinde mich gewissermaßen in Ruhestellung; denn ich bin ja selbst auf dem Feste, also an Ort und Stelle, am Ziel.) Es wird in gleicher Weise auch der **Wenfall** gesetzt, wenn eine **Bewegung, eine Richtung nur gedacht wird,** z. B.: Ich freue mich auf **das** Fest. (Meine Freuden, meine Gedanken richten sich jetzt auf das Fest, sie befinden sich sozusagen in einer geistigen Bewegung.) Werden bei diesen Verhältniswörtern die falschen Fälle gesetzt, so kann man den größten Unsinn machen, z. B. sagt man: Der Jäger zielt auf **den** Hasen, so fragen wir: **wohin** zielt er? also muß der **Wenfall (den** Hasen) gesetzt werden. Würden wir aber den falschen Fall gebrauchen und sagen: Der Jäger zielt auf **dem** Hasen, so müßten wir fragen: **Wo** zielt der Jäger? Antwort: auf **dem** Hasen, — hiernach würde der Jäger **auf dem Hasen sitzen oder stehen** usw. und nach irgendeiner Richtung hinzielen. Ist es demnach richtig, zu sagen: Ich schreibe an **Dir?** oder: Der Brief ist an **mir?** oder: Ich denke an **Dir? Welchen Sinn** würde dies haben?

Diese Beispiele beweisen zur Genüge, daß es nötig ist, auf die genannten Verhältniswörter die äußerste Aufmerksamkeit zu verwenden.

Anwendungsbeispiele:

(Der betreffende Fall ist durch Fettdruck und das Verhältniswort durch Sperrdruck hervorgehoben.)

(1.) Er sitzt (wo?) **am** (an dem) Tisch(e) (an der Tafel, an dem Fenster usw.).
(2.) Er setzt sich (wohin?) an **den** Tisch (die Tafel, das Fenster usw.).
(1.) Das Buch liegt (wo?) auf **dem** Tisch(e) (einem Tisch(e), dem Stuhl(e), der Tafel usw.).
(2.) **Man** legt das Buch (wohin?) auf **den** Tisch (einen Tisch, den Stuhl, die Tafel usw.).
(1.) Das Kind stand (wo?) hinter **mir** (dir, uns, euch, Ihnen, — der Tür, dem Vater, den Geschwistern usw.).
(2.) Das Kind stellte sich (wohin?) hinter **mich** (dich, uns, euch, Sie, — die Tür, den Vater, die Geschwister usw.).
(1.) Das Haus steht (wo?) zwischen **dem** Garten (einem Garten, den Gärten usw.) und **dem** Brunnen (einem Brunnen, jenem Brunnen usw.)
(2.) Man baut das Haus (wohin?) zwischen **den** Garten (einen Garten, die Gärten usw.) und **den** Brunnen (einen Brunnen, jenen Brunnen usw.).

(1.) Wir saßen (wo?) in **der** Laube (im — in dem Saal(e), den Zimmern, den Anlagen usw.).
(2.) Wir setzen uns (wohin?) in **die** Laube (den Saal, die Zimmer, die Anlagen usw.).
(1.) Der Fremde stand (wo?) vor **mir** (dir, ihm, ihr, uns, ihnen, — dem Tor(e), der Stadt, dem Bahnhof usw.)
(2.) Der Fremde stellte sich (wohin?) vor **mich** (dich, ihn, [oder es], sie, uns, sie, — das Tor, die Stadt, den Bahnhof usw.).
(1.) Er wohnt (wo?) neben **mir** (dir, euch, dem Schulhause, der Allee, den Kindergärten usw.).
(2.) Er verlegt seine Wohnung (wohin?) neben **mich** (dich, euch, — das Schulhaus, die Allee, die Kindergärten usw.).
(1.) Das Gewitter steht jetzt (wo?) über **dem** Walde (der Stadt, dem Gebirge, den Bergen, einem See usw.).
(2.) Das Gewitter zieht jetzt (wohin?) über **den** Wald (die Stadt, das Gebirge, die Berge, einen See usw.).
(1.) Wir saßen (wo?) unter **dem** Dach(e) (einem Baum(e), jenen Gebüschen usw.).
(2.) Wir flüchteten uns (wohin?) unter **das** Dach (einen Baum, jene Gebüsche usw.).

Beachte noch folgende Beispiele:

Ich halte mich an **dir** fest (damit ich nicht falle). — Ich halte mich an **dich** (weil du die Schuld bezahlen kannst).
Er verlor sich in **der** Ferne.
Er verlor sich in **die** Ferne.
Ich glaube an **die** Sache.
Ich zweifle an **der** Sache.
Die Tochter geht an **der** Hand der Mutter (wo?).
Die Tochter geht der Mutter an **die** Hand (wohin?).
Der Knecht brachte das Getreide auf **dem** Wagen (gefahren; wo?).
Der Knecht brachte das Getreide auf **den** Wagen (lud es auf, wohin?)
Er hält sich über **mir** auf (d. h. er wohnt über mir)
Er hält sich über **mich** auf (d. h. er spricht über mich).
Ich habe viel an **ihm** verloren.
Ich habe viel an **ihn** verloren.
Man ergötzt (erfreut, erbaut) sich an **einer** Sache.
Man rächt (vergreift, versündigt) sich an **einer** Person.
Man kommt an (versammelt sich usw.) in **einer** Stadt (wo?).
Man nimmt jemand auf in **sein** Haus oder: in **seinem** Hause.
Man verbirgt (versteckt) sich in **einem** Raum (wenn man schon drin ist; also: wo?).
Man verbirgt (versteckt) sich in **einen** Raum (wenn man erst dorthin geht, also: wohin?).

Die Kinder sanken **im** Wasser unter (sie waren schon im Wasser; also: wo?).
Das Schiff sank in **die** Tiefe (es begab sich erst dorthin; also: wohin?)
Man schreibt in **dem** Buche (wo?).
Man schreibt etwas in **das** Buch (wohin?).
Man legt sich vor **der** festgelegten Stunde schlafen.
Gott waltet über **die** oder über **der** Welt.
Laß die Sonne nicht untergehen über **deinem** Zorn!
Man gründet (stützt) sich auf **die** Überzeugung.
Man fußt auf **der** Überzeugung.
Er schlägt mich oder mir an **den** Kopf, **ins** Gesicht.

Aus den letzten Beispielen ersehen wir, daß man bei den obigen Verhältniswörtern nicht immer mit den Fragen wo? und wohin? auskommt, daß man auf den Sprachgebrauch, sowie auf die Fragen: woran? wovon? womit? mit wem? an wem? usw. zu achten hat. Allein auch diese Fragen geben keinen sicheren Anhaltspunkt. Man merke sich daher folgende Regel:

Kann man weder wo? noch wohin? fragen, so verlangen obige Verhältniswörter den **Wemfall**, mit Ausnahme von **auf** und **über**, die dann den **Wenfall** nach sich haben.

Man sagt daher: In welcher (Wemfall) Absicht kamst Du? — Aber: Auf **welche** (Wenfall) Absicht rechnest Du?
Jedoch sagt man: Ich glaube an **Gott, den** allmächtigen Schöpfer usw. — Sei über **weniges** getreu! — Er bestand auf **seinem** Willen.

Bei den Zeitwörtern **lehnen, stützen, binden** verlangen obige Verhältniswörter den **Wenfall,** selbst wenn man (scheinbar) mit **wo?** fragen kann, z. B.: Auf **meinen** Arm gestützt, kam er langsam heran. — Er wollte sich auf **dich** stützen. — An **solche** Worte kann ich mich nicht binden.

Auf die Frage **wann?** steht stets der **Wemfall** und auf die Frage **wie lange?** der **Wenfall,** z. B.: Der Kranke war **in** dieser Nacht ziemlich ruhig (wann? **in dieser** Nacht, Wemfall). Wir leben **in einer** ruhigen Zeit (wann?). Wahre Treue dauert bis **an den** Tod (wie lange? **an den** Tod, Wenfall). Verschiebe nie die Arbeit bis **auf den** andern Tag (wie lange?)!

Unterscheide **für** und **vor** und merke darüber folgendes:

Für wird gebraucht:

1. Wenn man fragen kann: **Wem zum Nutzen oder Schaden?** z. B.: **Für** wen schuf Gott die Welt? Wir kämpfen **für** das Vaterland. Ich werde die Sache **für** dich besorgen. Ich fürchte **für** sein Leben.
2. **Wenn es das Gegenteil von wider** (d.h. gegen) **bedeutet,** z. B.: Er trat **für** das Recht ein.

3. **Wenn man für mit um vertauschen kann,** z. B.: Man muß **für** (um) sein Fortkommen bedacht sein. — **Für** (um) Geld wagt der Mensch Leben und Gesundheit.

4. **Bei Aufzählungen,** z. B.: Schritt **für** Schritt, Mann **für** Mann usw.

5. **Wenn es mit was verbunden ist und dann für welcher, welche, welches steht,** z. B.: Was **für** eine (welche) Nachricht bringst du?

NB. „**Was für ein**" darf nicht getrennt werden, also nicht: Was hast du für ein Bild? sondern: Was für ein Bild hast du?

Vor wird gebraucht:

1. **Wenn von Ort oder Zeit die Rede ist,** z. B.: Du gingst **vor** mir aus. — Er blieb dicht **vor** mir stehen. — Ich kehre nicht **vor** einer Stunde zurück.

2. **Wenn eine Furcht, ein Abscheu oder ein Hindernis bezeichnet wird,** z. B.: Wir zittern vor Kälte. Vor Angst konnten wir kaum reden. Er fürchtete sich **vor den** Folgen. Du konntest ihm **vor** Rührung nicht danken.

Oft wird das **Verhältniswort mit dem bestimmten Geschlechtswort zusammengezogen,** z. B.: **ans** (= an das), **aufs** (= auf das), **zur** usw., z. B.: **Im** Meere ertrinken keine Fische. (Im ist ein mit dem bestimmten Geschlechtswort [dem] zusammengezogenes **Verhältniswort** [in], das auf die Frage wo? den Wemfall [dem Meere] verlangt.) Durch diese Zusammenziehung darf aber in der Sprache **kein Mißklang entstehen,** also nicht etwa: aufm, statt: auf dem usw. Bei den Wörtern ans, aufs usw. wird **kein Auslassungszeichen** gesetzt.

Die Verhältniswörter werden **klein** geschrieben.

Übung: Ergänze in folgenden Beispielen die richtigen Fälle!

(1) **Mit** heiß— Tränen wirst du dich dereinst **nach** d— väterlichen Fluren sehnen. (2) **Anstatt** (statt) d— Gewehr— gebrauchte man früher die Armbrust. (3) Die Tiere sind **nächst** d— Menschen Geschöpfe der Natur. (4) Du benutztest das zu ein— Vorwand, **außer** d— Hause zu sein. (5) Er wurde **nebst** m— gefangen. (6) **Binnen** einig— Stunden kehre ich zurück. (7) Der Kandidat spricht **durch** d— Rundfunk zu uns. (8) Wir lernen **für** d— Leben. (9) **Ohne** d— Saat gibt es keine Ernte. (10) **Aus** ein— kleinen Funken entsteht oft großes Feuer. (11) **Aus** ih— wird niemals eine tüchtige Hausfrau werden. (12) Er sprach sich m— **gegenüber** nicht aus. (13) Altona liegt **unweit** d— groß— Handelsstadt Hamburg. (14) Alles kommt **an** d— Licht der Sonne. (15) Der Horcher **an** d— Wand hört seine eigene Schand'. (16) Der Arme schläft **auf** sein— harten Strohlager oft weicher als der Reiche **in** weich— Bett. (17) **Während** — **Feier soll die**

Arbeit ruhen. (18) Die Löwin kann **ungeachtet** ih— Wildheit abgerichtet werden. (19) Ich konnte kein Vertrauen **in** ih— setzen. (20) Der Wanderer stellt sich **unter** d— Baum; er sucht Schutz **unter** ih— **vor** d— Regen, aber oft **zu** sei— Unglück; denn oft sind die **unter** ein— Baum stehenden Leute **vo**— Blitz getötet worden. (21) **Laut** d— Berichte von Reisenden gibt es noch Eingeborene, die nie zuvor einen Weißen gesehen haben. (22) Er reichte **angesichts** d— Tatsache dem Feinde die Hand **zu**— Versöhnung. (23) Der Geizige darbt **trotz** sei— Reichtums. (24) Die Tiere sind nicht bloß **um** d— Menschen **willen** da. (25) Ich freue mich **über** d— Gelingen deines Versuches. (26) Wir stehen **unter** d— Herrschaft und d— Schutze der Gesetze. (27) Der Pudel sprang **in** d— Fluß und suchte **in** d— Wasser **nach** d— Kinde, das **in** d— Fluß gefallen war. (28) **Mit** d— Hute **in** d— Hand kommt man **durch** d— ganze Land. (29) Ich berufe mich **auf** d—. (30) Denke **über** d— Schicksal nach! (31) Er wich **vor** d— Feinde nicht zurück. (32) Du erschrickst **vor** jed— Geräusch. (33) Wir wohnen **diesseit**(s) d— Fluss—; **jenseit**(s) d—selben wohnt ein Fremder. (34) D— Freundschaft **halber** erfülle ich deinen Wunsch. (35) **Statt** (anstatt) d— Blut— haben die Würmer einen weißen Saft. (36) **Längs** d— Küste von England sind Häfen und Leuchttürme. (37) **Um** d— Glaub— **willen** erduldeten die ersten Christen die größten Martern. (38) **Behufs** (zwecks) ein— friedlich— Beilegung des Streites bat er um eine Unterredung. (39) **Auf** hoh— See sind hohe Wellen. (40) Der Böse sät Unkraut **unter** d— Weizen. (41) **Unter** ein— grob— Kleide schlägt oft ein gutes Herz. (42) **Mit** d— Wölfen muß man heulen. (43) **Von** ein— Streiche fällt keine Eiche. (44) Pharao ertrank **samt** (mitsamt, zusamt, mit) sei— ganz— Heere. (45) Der Tor spannt die Pferde **hinter** d— Wagen. (46) Die Schande gehört **zu**— Gefolge des Lasters. (47) Bewegt euch **innerhalb** d— Grenzen des Anstandes! (48) Sichert euch **vor** ei— Überfall! (49) **Unter** dies— Umständ— kann ich ihm nicht helfen. (50) Die Wahrheit nimmt kein Blatt **vor** d— Mund. (51) **Kraft** d— Laute, die ich rühmlich schlug, **kraft** d— Zweig—, die mein Haupt umwinden, darf ich dir ein solches Wort verkünden. (52) Der Richter verurteilte den Angeklagten **kraft** sein— Amt—. (53) Ich will dich **mit** mein— Erfahrungen unterstützen. (54) Ich vergaß meine Mappe **samt** all— Papier—. (55) Mach einen Unterschied **zwischen** mein— und dein— Fähigkeiten! (56) Dem Narren sitzt das Herz **auf** d— Zunge, dem Klugen sitzt die Zunge **in** d— Herz—. (57) **Mittels** d— Mikroskop— hat man eine ganz neue Welt entdeckt. (58) Dann kannst du **ohne** all— Tadel bestehen. (59) Er handelt nicht **nach** sein— Vernunft. (60) Der junge Mann wurde **in** d— Gesellschaft eingeführt. (61) Das Buch wurde **in** d— Schule eingeführt. (62) Ich ließ mich **in** d— Klub aufnehmen. (63) Ich wurde in d— Verein freundlich aufgenommen (empfangen). (64) Ein jeder fege **vor** seine— Tür. (65) Das Dach stürzte **über** mi— zusammen. (66) Er freute sich **über** mi—. (67) Er dünkt sich **über** mi— erhaben. (68) Seid dankbar **gegen** d— Eltern, zuvorkommend **gegen** d— Mitmenschen, unfreundlich **gegen** d— Lügner, mißtrauisch **gegen** d— Schmeichler! (69) Üb immer Treu und Redlichkeit bis **an** d— kühl— Grab! (70) **Aus** d— Wolke quillt der Segen. (71) Wer nicht **mit** mi— ist, ist **wider** mi—. (72) **Auf** d— Felsen nackte Rippen klettert sie (die Gemse) **mit** leicht— Schwung, **durch** d— Riß geborstner Klippen trägt sie der gewagte Sprung; aber **hinter**— (sie) verwogen folgt er **mit** d— Todesbogen. (73) Der Bruder schrieb **an** mi—. (74) Ich komme **zu** di—. (75) Ich bin **bei** di—. (76) Ich bitte nicht **für** mi—, sondern **für** di—; denn die Wohltat kommt nicht mi— zugute, sondern di—. (77) Laß diese Schande nicht **auf** di— sitzen! (78) Der Stuhl steht **hinter** mi—. (79) Setze di— **unter** —(er)! (80) Mein kranker Bruder verlangt **nach** mi—. (81) Hans, denk **an** mi—! (82) Ich werde **auf** di— warten. (83) Ich lebe nur **für** di—. (84) Fürchtest du di— **vor** mi—? (85) Hüte dich **vor** mi—! (86) Wollen Sie **mit** mi— sprechen? (87) Er kam **nach mi**—. (88) Er war **vor** mi— angekommen. (89) Ich warte **auf** di—! (90) Ich komme **zu** di—! (91) Du kannst nichts tun **ohne** mi—. (92) Mein Bruder hat sich gar nicht **um** mi— gekümmert. (93) **Durch** di— hat er die Stelle erhalten. (94) Wollt ihr **gegen** mi— kämpfen? (95) Es handelt sich nur noch **um** di—. (96) Deine Kinder waren undankbar **gegen** di—. (97) Wo bleibt unsere Schwester? Es ist mir bange **um** —. (98) **Aus** di— wird nichts werden. (99) Was sucht ihr **bei** mi—? Arme Leute meinen gewöhnlich, **bei** — könne das Glück nicht wohnen, und doch findet man es oft mehr **bei** — als **bei** d— Reichen. (100) Komm **mit** mi—, oder geh **mit**— (der Mutter) zurück! (101) Wo ist eure Schwester? Wollt ihr nicht **mit** — gehen? (102) **Bei** — (er) ist niemand gewesen. (103) Ich war **bei** mein— Eltern; aber sonst war niemand **bei** —. (104) Mein Bruder ist krank, eben komme ich **von** — (er). (105) Meine Schwester ist verreist, und ich habe lange keinen Brief **von** — erhalten. (106) Ich komme nicht **zu** di—, komm du lieber **zu** mi—! (107) Jetzt sind die Damen an der Reihe, **nach** — kommen wir dran. (108) Du bist noch nicht der letzte, **nach** di— kommen noch viele. (109) Unser Vater war lange fort, wir sehnten uns **nach** —. (110) Geh nicht **zu** — (er)! (111) **Zu** mi— hat der Mann nichts gesagt, was sagte er **zu** di—? (112) Ich muß den Arzt haben, geh **zu** — (er); er soll **zu** mi— kommen! (113) **Außer** mi— war niemand da. (114) **Außer** di— waren alle anwesend. (115) Er gehorchte seinen Eltern nicht und hat **außer** — (sie) noch andere unglücklich gemacht. (116) Vor Schrecken geriet ich ganz **außer** mi—. (117) **Nächst** di— danke ich deinem Bruder die Rettung. (118) **Nächst** mi— bist du sein bester Freund. (119) Meine Verwandten haben mir ihre Hilfe zugesagt; **nächst** — (sie) helfen mir auch meine Freunde. (120) Ich habe manches **an** di— zu tadeln. (121) Er berief sich **auf** di— (122) Setze dich **hinter** mi—; ich sitze **hinter** — (er) und **neben** — (sie). (123) Er stand **neben** mi—, du kannst dich **neben** — (er) stellen. (124) Er wohnt **über** di—, (mi—, — [er], — [wir], — [ihr], — [sie]). (125) Ihr habt **über** mi— gesprochen (über — [er], — [wir]). (126) Die Wolke fliegt **über** mi— hin. (127) Er ritt **über** mi— weg. (128) Ich habe **unter** mi— Rekruten. (129) Du mußt **unter** di— schauen! (130) Das Kind gehorchte seinen Eltern nicht, darum darf es nicht wieder **vor** — erscheinen. (131) Laß nicht Zank sein **zwischen** mi— und di—! (132) Setze dich **zwischen** mi— und — (er), dann sitzt du **zwischen** zwei Freund—. (133) Ich freue mich **auf** mei— Geburtstag (wohin? bildlich). (134) Ich zweifle nicht **an** sein— Aufrichtigkeit, aber man muß heutzutage **auf** d— Hut sein, darum ist es gut, ihn einmal **auf** d— Probe **zu** stellen. (135) Ein Träger weiß sich immer **hinter** ein— Vorwand **zu** stecken. (136) Die alten Deutschen verehrten **neben** ihr— Hauptgöttern noch viele überirdische Wesen. (137) Sie lebten **in** groß— Armut. (138) Die Gesundheit geht dem Kranken **über** all—. (139) Der Feldherr verfügte **über** ei— groß— Heer. (140) Wenn du jetzt **vor** ih— kommst und dich **vor** ih— demütigst, so kannst du noch **vor** ih— Gnade finden. (141) Er ist nicht gut **auf** d— zu sprechen. (142) Er versteht es, die Sache **auf** ein— geschickt— Weise zu wenden. (143) Man darf **über** kein— Mensch— Böses reden. (144) Es ist besser, wenn wir uns **über** dies— Angelegenheit in Ruhe aussprechen. (145) **Unter** ein— Dollar bekommst du das Buch nicht. (146) Er erzählte mir die Sache **unter** d— Siegel der Verschwiegenheit. (147) **Bei** dies— Tausche hat er ein gutes Geschäft gemacht (148) Sein Vermögen besteht **in** bar— Geld—. (149) Traurige Zustände herrschten **in** d— Zeit des Dreißigjährigen Krieges (wann?). (150) **In** d— Jugend soll man lernen. (151) Ich werde es noch **vor** d— Fest— besorgen. (152) Diesen Sommer war ich **über** ei— Monat verreist (wie lange?). (153) Er hat mich **auf** d— nächst— Monat vertröstet. (154) Wir gingen bis **an** d— Fluß. (155) **Zwischen** welch— beid— Festen liegen unsere Ferien? (156) **Unter** d— Regierung Georg Wilhelms brach der Dreißigjährige Krieg aus. (157) Keiner zweifelt **an** d— Liebe der Mutter. (158) Mancher plagt sich mit allerlei Gedanken **an** d— Zukunft. (159) Man darf nicht **auf** d— Geschwätz der Leute hören, sondern man verlasse sich **auf** sei— eigen— Urteil. (160) Wer sich mutwillig **in** d— Gefahr begibt, kommt leicht **in** d—selb— um.

(Vgl. Lösungen Nr. 41)

Übung: Setze die richtigen Fälle in folgendem Stück!

An d(1) Mond.

Auf di(2) blicket, **auf** di(3) weilet oft mein Aug' **in** sü(4) Lust;
An di(5) haft' ich, **an** di(6) send' ich manch Gefühl **aus** froh(7) Brust!
In di(8) setzet, **in** di(9) findet meine Phantasie viel Szenen,
Unter di(10) sie gern sich träumet, **unter** d(11) dort die schönen
Seelen, **über** dies(12) Erd' erhöhet, **über** Gräber(13) wandeln.
Vor mi(14) tritt dann, **vor** mi(15) steht dann der Entschluß, stets gut zu
handeln.

Zwischen dies(16) Sträucher(17) sitz' ich, **zwischen** —(18) **stiehlt** sich dein Strahl.

Neben mi(19) sinkt, **neben** mi(20) ruht sie, die Freundin meiner Wahl;

Hinter mi(21) still hingeschlichen, stand sie lachend **hinter** mi(22),

Und wir reden **von** d(23) Stern(24), uns(25) Lieb(26) und **von** di(27).

(Vgl. Lösungen Nr. 5!)

Übung: Ersetze den Strich durch das fehlende **für** oder **vor**!

(1) Baum — Baum wurde besichtigt. (2) Ich nahm den Hut — ihm ab. (3) Ich nahm den Hut — ihn ab. (4) Wirst du die Sache — mir besorgen? (5) Hast du die Sache — mich besorgt? (6) Du konntest — Aufregung nicht antworten. (7) Was — eine Zumutung ist das! (8) Der Brunnen ist — dem Gebäude. (9) Der Soldat stirbt für sein Vaterland. (10) Er war — Entsetzen außer sich. (11) Der Kandidat (Prüfling) legte — dem Professor seine Prüfung ab. (12) Der Vikar (Hilfsgeistliche) predigt — den Pastor. (13) Ich stehe da —. (14) Ich stehe da —. (15) Mir ist bange — meinem Nachbar. (16) Mir ist bange — meinen Nachbar. (17) Er nahm — die Arbeit nichts. (18) Er nahm — der Arbeit nichts. (19) Ich werde mich nicht — ihm beugen. (20) Ich werde mich nicht — ihn beugen. (21) Er ging — mich in die Stadt. (22) Er ging — mir in die Stadt. (23) Das ist kein Geschäft — dich. (24) Er ließ — Schreck seine Mütze fallen. (25) Der Onkel bezahlte — mich. (26) Ich habe die Zeitung — 10 Pfennig gekauft. (27) Man hielt ihn — einen ehrlichen Menschen. (28) Der Vater sorgt — seine Familie.

(Vgl. Lösungen Nr. 6!)

Übung: Ersetze den Strich durch eines der fehlenden Wörter **zu, nach, bei** und ergänze die Fälle!

(1) Er schickt den Diener — d— Kaufmann. (2) Das Volk lief — Brücke. (3) Nach der Vorstellung gingen wir — Hause. (4) In Krankheitsfällen soll man nicht erst — ein— Kurpfuscher, sondern gleich — ein Arzt gehen. (5) Wir gingen — d— Garten. (6) In den Ferien reisen die Kinder — ihr— Verwandten. (7) Trage den Brief — d— Post! (8) Trage den Brief — d— Lehrer! (9) Der Mann wohnt — ein— Bäcker. (10) Er kam — ein— Fleischer in die Lehre. (11) Die Angestellte stand — ein— Kaufmann in Diensten. (12) Die Frau trägt das Geld — d— Kaufmann. (13) Er befand sich gerade — ein— schwierigen Arbeit. (14) Er war auf dem Wege — sein— Arbeit.

(Vgl. Lösungen Nr. 7!)

Übung: Setze die richtigen Fälle in nachfolgender Erzählung!

Der Einsiedler **mit** d(1) Esel.

Vor lang(2) Zeit wohnte einmal **in** ei(3) Walde ein alter Einsiedler mit sei(4) Sohn(5) **von** etwa zwanzig Jahre(6). Was ihn **in** dies(7) Einsamkeit getrieben hatte, war der Überdruß **an** d(8) gottlos(9) Treiben der Welt; er hatte sich **in** d(10) Welt nicht finden können und die Welt sich nicht **in** ih(11). So war er denn schon so lange **in** dies(12) Einsamkeit, als der Sohn nur denken konnte. Und daher wußte dieser auch **von** d(13) ganz(14) Welt gar nichts. Jetzt aber kam ihm plötzlich die Frage **in** d(15) Sinn, ob sie, die beiden einzigen Menschen **in** d(16) ganz(17) Wildnis, denn auch etwa **in** d(18) Walde gewachsen seien wie die Bäume und Büsche. Da belehrte ihn der Vater, indem er sprach: „Du warst noch klein, mein Sohn, da zog ich **mit** di(19) **aus** d(20) bös(21), verderbt(22) Welt **in** dies(23) Einsamkeit. Ich hatte das Leben **in** d(24) Welt satt, denn man kann **mit** d(25) best(26) Willen ihr nichts **zu** Dank(27) machen. Was man auch tut, stets ist sie **mit** Scheltworte(28) und Spottrede(29) **bei** d(30) Hand". Der Sohn schwieg nun still; aber er sann Tag und Nacht **über** d(31) Rede des Vaters nach und fragte sich immer wieder, was es doch **mit** d(32) Welt wohl auf sich habe. Endlich konnte er sich nicht länger halten, sondern fing an, seinen Vater **mit** viel(33) Bitten zu quälen, ihn doch **in** d(34) Welt zurückzuführen. D(35) Vater waren dies(36) Bitten freilich durchaus **zuwider,** und er versuchte das Äußerste, seinen Sohn **von** sei(37) toll(38) Vorhaben abzubringen. Aber als er sah, daß alles umsonst war, wollte er d(39) Wunsch(40) seines Sohnes nicht länger **entgegen** sein, sondern beschloß, **mit** ih(41) **in** d(42) Welt zurückzuziehen. Also machten sie sich **mit** ih(43) Esel **auf** d(44) Weg **in** d(45) Welt. Sie trieben den Esel voraus und gingen selbst zu Fuß **hinter** ih(46) her. Da kommt — (sie)(47) ein Kriegsmann **entgegen** und ruft ihnen schon **von** weit(48) zu: „Ei, seht doch die Narren! Lassen den faulen Esel ledig gehen und trollen selbst zu Fuß **hinter** ih(49) her!" Spricht der Greis **zu** sei(50) Sohn(51): „Was sagst du **von** dies(52) erst(53) Begrüßung der Welt?" Aber der Sohn antwortet: „Nun, hilf mir **auf** d(54) Tier, dann wird man **mit** uns beide(55) schon zufrieden sein." Aber kaum sitzt der Sohn nun **auf** d(56) Esel, so kommt seitwärts **über** d(57) Feld her ein altes Weib **mit** ei(58) Bündlein Heu **auf** d(59) Rücken und schreit: „Seht doch den groben Schlingel! Hat sich keck **auf** d(60) Esel gesetzt und läßt seinen alten Vater **neben** ih(61) her stolpern. Wahrhaftig, da sitzt ein Esel **auf** d(62) andern!" „Sohn", spricht nun der Vater, „glaubst du nun, was ich dir **von** d(63) Welt erzählte?" Aber der Sohn antwortete: „Wohlan, so reite du jetzt, ich will **an** dei(64) Seite gehen." Also setzt nun der Vater sich **auf** d(65) Esel. Aber kaum sind sie eine kleine Strecke weiter gekommen, so kommt — (sie)(66) ein Bauer **entgegen** und ruft: „Schämst du dich denn gar nicht **vor** d(67) Leute(68), alter Tagedieb? Hängst da gemütlich **auf** d(69) Esel und läßt deinen Sohn **neben** di(70) her(71) Kot trappen!" „Merkst du nun wohl, mein Sohn", spricht der Vater, „daß man's **mit** d(72) Leute(73) gar nicht treffen kann?" „Ei", antwortete der Sohn, „so laß mich **zu** di(74) **auf** d(75) Esel steigen, und sind wir dann beide **auf** d—(76), so wird man ja nichts **wider** uns(77) Tun einwenden können." Als sie aber nun so dahinreiten, kommt ein Bettler **auf** —(78) zu und spricht: „Ihr beiden Narren habt es wohl durchaus **auf** d(79) Tod eures armen Esels abgesehen?" „Da siehst du nun", spricht der Vater, „**in** all(80) Dinge(81) machen wir's der Welt verkehrt". Antwortete der Sohn: „So laß uns den Esel tragen!" Also nahmen sie den Esel **auf** ih(82) Schultern und trugen ihn **über** Stock und Stein, daß ihnen der Schweiß **in** Ströme(83) **von** d(84) Stirn rann. Aber bald kommt ein Reiter daher und ruft: „Hallo, ihr Leute! Seht da zwei Narren, die **aus** d(85) Tollhaus entwischt sind!" Da spricht der Vater: „Siehst du nun, mein Sohn, daß wir **mit** all(86) uns(87) Werke(88) nichts ausrichten?" Aber der Sohn erwiderte: „So laß uns denn den Esel totschlagen, damit wir endlich Ruhe haben **vor** d(89) Leute(90)." Also wird der arme Esel erschlagen. Indem sie aber noch damit beschäftigt sind, kommt ein Jäger **auf** —(91) zugerannt und schreit: „Was! Seid ihr nicht richtig **in** eu(92) Kopf(93)? Was wollt ihr **mit** ei(94) tot(95) Esel? Nur **in** sei(96) Leben kann er euch **von** gut(97) Nutzen sein!" Da endlich reißt auch dem Sohne die Geduld, und er schreit **in** sei(98) Zorn: „Ei, hat die Welt **an** ei(99) Tag schon so viel **an** —(mir)(100) auszusetzen, was wird erst werden, wenn wir immer **in** —(101) leben wollten!" Und rasch entschlossen kehrte er **mit** d(102) Vater **in** sei(103) still(104) Wald zurück.

Merke: Wer **in** d(105) Welt leben will, der darf sich nicht **an** d(106) Leute kehren. (Vgl. Lösungen Nr. 8!)

2. Die regierenden Zeit- und Eigenschaftswörter.

Manche Zeit- und Eigenschaftswörter verlangen noch eine nähere Bestimmung (Ergänzung). Diese steht, wenn sie ein Haupt- oder Fürwort ist, im Wesfall, Wemfall oder Wenfall, mit andern Worten: das betreffende Zeit- oder Eigenschaftswort **verlangt dann den Wesfall, Wemfall und Wenfall.** Hierin haben die Zeit- oder Eigenschaftswörter eine sehr große Ähnlichkeit mit den Verhältniswörtern, die ja auch immer einen dieser Fälle fordern. Wir unterscheiden hiernach:

a) Die Ergänzung der Zeitwörter.
b) Die Ergänzung der Eigenschaftswörter.

1. Von der Ergänzung der Zeitwörter.

a) Folgende Zeitwörter verlangen den **Wesfall** auf die Frage: wessen?

aa) **Gedenken (denken), entraten, ermangeln, harren, lachen, leben, spotten, sterben** (fest einprägen!). — Diese Zeitwörter werden jedoch in

Verbindung mit einem Verhältniswort auch mit dem Wenfall angewandt, z.B.: **Gedenke deiner Eltern** (Wesfall)! **Denke an deine Eltern** (Wenfall)! — Auch das Hilfszeitwort **sein** erfordert oft eine Ergänzung im Wesfalle, z. B.: Er **war der** Ansicht; **er ist guter** Laune.

bb) Die Zeitwörter: **achten, bedürfen, begehren, brauchen, entbehren, erwähnen, genießen, hüten, pflegen, schonen, verfehlen, vergessen, warten, wahrnehmen, gewahr werden, gewohnt** (los, müde, satt, überdrüssig) **sein** oder **werden** — haben in der gehobeneren Sprache den **Wesfall** nach sich, werden aber in der gewöhnlichen Umgangssprache auch oft mit dem **Wenfall** verbunden, z. B.: Der Kranke bedarf **des** Arztes. (Wesfall.) — Der Kranke bedarf **den** Arzt. (Wenfall.)

Das Zeitwort **achten** hat in der Bedeutung von „hüten" und „wahrnehmen" den **Wesfall** nach sich, namentlich in feierlicher Rede, z. B.: **achte** deines Vermögens! — er **achtete** seiner nicht, — in der Bedeutung von „ehren" hat es den **Wenfall**, z. B.: achte **das** Alter!

Spotten verlangt den **Wesfall**, aber **verspotten** muß den **Wenfall** haben, z. B.: Er spottete **deiner**. Er verspottete **dich**.

cc) Folgende Zeitwörter verlangen den **Wesfall** neben dem **Wenfall**: **anklagen, belehren, berauben, beschuldigen, bezichtigen, entbinden, entladen, entkleiden, entheben, entlassen, entsetzen, entwöhnen, überführen, überheben, überzeugen, verweisen, würdigen, zeihen.** (**Der Wesfall** bezeichnet eine **Sache**, der **Wenfall** eine **Person.**)

dd) Den **Wesfall** fordern neben dem **Wenfall** die folgenden **rückbezüglichen** Zeitwörter: **sich annehmen, sich bedienen, sich befleißigen, sich enthalten, sich entäußern, sich besinnen, sich entledigen, sich freuen, sich erfreuen, sich rühmen, sich bemächtigen, sich erinnern, sich erdreisten, sich schämen, sich anmaßen, sich wehren, sich versichern, sich erbarmen, sich (ver)wundern, sich versehen, sich weigern.**

ee) Endlich erfordern den **Wesfall** (der Sache) neben dem **Wenfall** (der Person) die unpersönlichen Zeitwörter: **es dauert mich, es lohnt sich, es gelüstet mich.**

Anwendungsbeispiele vorstehender Zeitwörter:

Der Leichtsinnige vergißt **des** guten Rates (den guten Rat). — Der Mutige achtet nicht **der** Hindernisse (auf die Hindernisse). — Der Held achtet **des** Schmerzes (den Schmerz) nicht. — Wir ermangelten **des** genaueren Befehles. — Der Notleidende bedarf **der** Unterstützung (die Unterstützung). — (Ge)denke **mein (meiner)** (an mich)! — Wie sollt' ich **dein (deiner)** vergessen! — Dein Vorschlag entbehrt **jeder** Begründung. — Mancher Arme stirbt Hungers (vor Hunger). —

Wir ermangeln **der** Tugenden, die uns zieren sollen. — Wir harren **der** Dinge (auf die Dinge). – Ein jeder wird **seines** Glaubens leben. (Aber jeder wird **seinem** Glauben nach leben, weil das Hauptwort **Glauben** jetzt mit dem Verhältniswort nach verbunden ist und dieses den **Wemfall** fordert; ebenso: er lebte **in dem** Glauben.) — Nimm dich **des** Unglücklichen an! — Du kannst dich **meines** Geldes bedienen. — Er wurde **des** Betruges angeklagt. — Man muß ihn **eines** Besseren belehren.— Der Greis erwähnt oft **der** Tage (die Tage) seiner Kindheit. Du wirst dich doch **seiner** noch erinnern? (erinnere dich **an mich!**). — Dieser Knabe befleißigt sich **der** Musik. — Du mußt dich **des** Zornes enthalten. — Ich will mich **meines** Auftrags entledigen. — Will sich niemand **seiner** erbarmen? — Er konnte sich **des** Grauens nicht erwehren. — Freut euch **des** Lebens! (Die Kinder freuten sich **über die** Spielsachen.) — Wer sich rühmen will, der rühme sich **seiner** Stärke. — Du brauchst dich niemals **dieser** Tat (über diese Tat) zu schämen. — Ich mußte mich **meiner** Haut wehren. — Willst du ihn **der** Fahrlässigkeit beschuldigen? — Er wird noch heute **seines** Dienstes entlassen.

b) Folgende Zeitwörter verlangen den **Wemfall** auf die Frage: wem?

aa) **Auffallen, ähneln, entgehen, entsprechen, fehlen, gehören, genügen, mißfallen, obliegen, verunglücken, widerfahren, widerstehen, widersprechen, begegnen, ausweichen, behagen, antworten, bekommen, beikommen, belieben, kondolieren** (sein Beileid aussprechen), **gratulieren, beistehen, befehlen, bevorstehen, dienen, drohen, glücken, danken, folgen, fluchen, gehorchen, helfen, huldigen, nützen, schaden, schmeicheln, raten, trotzen, winken, weichen, anstehen, leuchten, einleuchten, entgehen, entfallen, entfliehen, fehlen, gebühren, gefallen, gelingen, geraten, gleichen, mangeln, passen, scheinen, schmecken, ziemen, zuhören;**

bb) **leid tun, not tun, zuteil werden, zu gute** (und: **zugute**) **kommen, zu stehen kommen, zustatten kommen, vonstatten gehen, wehe tun, kund tun (kund und zu wissen tun), preisgeben, gut stehen (kleiden, sitzen, passen), wahrsagen, weissagen,** — **von der Hand gehen, im Wege stehen, das Wort reden, Einhalt tun, Abbruch tun, Schaden tun, zu Hilfe kommen, ums Herz sein;**

cc) die **rückbezüglichen** Zeitwörter: **sich anmaßen, sich ausbedingen, sich ausbitten, sich denken, sich einbilden, sich erbitten, sich getrauen, sich vornehmen, sich herausnehmen, sich vorstellen, sich vorsetzen, sich merken, sich schmeicheln, sich Mühe geben, sich Zeit nehmen, sich den Appetit (Eßlust) verderben;**

dd) die **unpersönlichen** Zeitwörter: **es ahnt, bangt, behagt, bekommt, ekelt, fehlt, graut, gebührt, gelingt, genügt, geschieht, geziemt, gilt,**

glückt, mangelt, mißglückt, mißlingt, schaudert, schwindelt, schmeckt, träumt, ziemt mir, es tut mir leid, es schwebt mir vor, es fällt mir auf, es fällt mir ein, es geht mir gut, es kommt mir vor, es liegt mir ob.

Die Zeitwörter: **danken, dienen, drohen, folgen, glücken, helfen, leuchten, nützen, scheinen** werden mit dem **Wemfall** gebraucht; dagegen bedanken, bedienen, bedrohen, befolgen, beglücken, behelfen, beleuchten, benutzen, bescheinen erfordern den **Wenfall**; z. B.: Ich danke **dir**; ich bedanke **mich.**

ee) Folgende Zeitwörter verlangen den **Wemfall** neben dem **Wenfall: bieten, anbieten, borgen, bringen, geben, gewähren, lassen, leihen, leisten, liefern, lohnen, melden, offenbaren, raten, reichen, sagen, schenken, schicken, senden, schreiben, widmen, zahlen, bezahlen, zeigen,** usw. Der **Wemfall** bezeichnet eine **Person,** der **Wenfall** eine **Sache.** Zwar nennt der Wemfall nicht immer eine Person, aber die betreffende Sache ist dann als eine Person zu denken, z. B.: Der Herbst nimmt **dem** Baume (Wemfall als Person zu denken) **seinen Schmuck** (Wenfall).

Anwendungsbeispiele vorstehender Zeitwörter:

(Die Fälle sind durch Fettdruck und die darauf bezüglichen Zeitwörter durch Sperrdruck hervorgehoben.)

Deine Eltern sind **mir** (dir, ihm, dem Bruder usw.) begegnet. — Der Schüler antwortet **dem** Lehrer (mir, uns, ihnen usw.). — Der Diener wartet **dem** Herrn auf. — Wir gratulieren **dir** (ihm, ihnen, euch, dem Vetter usw.). — Gott hilft **dem** Armen (mir, dir, euch usw.). — Die Untertanen huldigten **ihrem** Landesherrn. — Die Begebenheit ist **mir** (dir, uns, euch, Ihnen, dem Vorgesetzten usw.) aufgefallen. — Dieses Kind ähnelt **der** Mutter (ihr, ihm usw.). — Man weicht **einem** Betrunkenen aus. — Wie gefällt es **Ihnen** (dir, dem Freunde usw.)? Antworte **mir** (ihm, uns, dem Vater usw.) frei heraus! — Ist **ihm** die Reise gut bekommen? — **Diesem** Menschen ist schlecht beizukommen. — Er hat **mir** (dir, ihm, uns, dem Herrn usw. treu gedient. — Wie wurde **ihm** (uns, Ihnen, dem Wohltäter usw.) gedankt? — Hilf **deinem** Mitmenschen (mir, ihm, euch usw.)! — Was kann er **dir** schaden? — Er winkte **dem** Wanderer (uns, euch usw.). — Lohne es **dem** Helfer (ihm, dir, euch usw.). — Ein wohlerzogenes Kind widerspricht nicht **den** Eltern. — Wir müssen **den** Versuchungen widerstehen. — Alle Unternehmungen mißglückten **dir** (mir, euch, ihnen, dem Manne usw.). — Deine Hilfe tut **mir** (ihm, ihr, uns usw.) not. — Eine große Ehre wurde **dem** Manne (dir, ihm, uns, euch, ihnen) zuteil. — Der Hut steht **mir** (dir, ihm usw.) gut. — Er kam **dem** bedrohten Freunde zu Hilfe. — Er redete **dem** neuen Gesetze das Wort. — Es geziemt **mir** nicht, andere zu richten, aber es kommt **mir** vor, als ob es **dir** an dem ernsten Willen fehlt. — Bescheidenheit ziemt **dem** Kinde. — Das Werk gelingt (mißrät, gerät, glückt, mißglückt) **dem** Meister (mir, uns, dir, euch usw.). — **Dem** Genügsamen wird nichts mangeln. — Sein Wort gleicht **dem** Donner. — Es ahnte **mir** schon lange. — Graut **dir** vor dem Gedanken? — Es schwindelt **mir** in großer Höhe. — Maße **dir** keine unbegründeten Rechte an! Was bedingst du **dir** aus? — Ich schmeichle **mir,** deinen Beifall gefunden zu haben. — Stelle **dir** das Entsetzen vor! — Getraust du **dir,** es auszuführen? — Ich bot **ihm** (wem?) eine Wohnung (was?) an. — Er borgte **uns** (wem?) **die** Ware (was?). — Du schriebst **mir** (wem?) **keine** Antwort (was?). — Wem Gott **ein** Amt (was?) gibt, **dem** gibt er auch Verstand.

c) Folgende Zeitwörter fordern den **Wenfall** auf die Frage wen? (was?).

(Der Wenfall steht bei allen zielenden Zeitwörtern.)

aa) **Bauen, führen, gewinnen, halten, loben, nehmen, schlagen, bedecken, bedauern, beleidigen, beschimpfen, beschützen, erwarten, erkennen, entblättern, verschwenden, verleiten, umkreisen, vollziehen, betragen, kosten, messen, wachsen, wiegen, dauern, gelten.**

bb) Folgende **rückbezügliche** Zeitwörter haben den **Wenfall: sich ängstigen, sich ärgern, sich benehmen, sich betrüben, sich bekümmern, sich besinnen, sich erholen, sich erinnern, sich freuen, sich grämen, sich schämen, sich täuschen, sich erkundigen, sich unterstehen, sich verstellen, sich wundern, sich widersetzen, sich irren.**

cc) Den **Wenfall** verlangen die **unpersönlichen** Zeitwörter: **es befremdet, befällt, betrifft, dauert, dünkt, dürstet, friert, gelüstet, hungert, kümmert, reut, schmerzt, sticht, verdrießt, verlangt, wundert, ärgert, freut, betrübt, juckt mich, es geht mich an.**
Auch sagt man: Mich friert, mich hungert, mich dürstet, mich ärgert, mich kränkt, mich verlangt, mich reut, mich wundert, mich freut, mich verdrießt usw.

dd) Folgende Zeitwörter verlangen einen **doppelten Wenfall: halten** (halten für, betrachten als), **heißen, nennen, rufen, schelten, schimpfen, titulieren, taufen.**

Anwendungsbeispiele.

(Die Fälle sind durch Fettdruck und die darauf bezüglichen Zeitwörter durch Sperrdruck hervorgehoben.)

Mein Nachbar baut **einen** Stall. — Der Diener führte **den** Reisenden (dich, uns usw.). — Das Werk lobt **den** Meister (mich, dich, ihn,

Sie usw.). — Ein Bösewicht schlug **das** Kind (ihn, euch, uns, dich usw.). — Der Mond umkreist **die** Erde. — Der Vater braucht **einen** Stift (mich, dich, ihn, uns, euch, sie). — Ich bitte **dich** (euch, ihn, sie, den Vater usw.) um das Buch. — Besinne **dich** nicht zu lange! — Ich habe **mich** sehr geängstigt. — Du hast **dich** tadellos benommen. — Es ärgert **ihn** die Fliege an der Wand. — Bekümmere **dich** um deine Sachen! — Diese Handlungsweise hat **mich** (dich, uns, den Vertreter usw.) befremdet. — Was **dich** (ihn, es, euch, die Kinder usw.) betrifft, sei unbekümmert! — Was gehen **mich deine** Streitigkeiten an? — Diese Tat reut **dich** (mich, uns, sie, ihn, die Schwester usw.) niemals. — Dieser Ausdruck schmerzte **ihn** (uns, euch, dich, den Vorgesetzten usw.) sehr. — Du nanntest **ihn** (Wenf.) **seinen** Freund (Wenf.). — Er schimpfte **dich** (ihn, den Freund usw.) (Wenf.) **einen** Lügner (Wenf.). — Man hält **sie** (Wenf.) für **eine** Verleumderin (Wenf.).

Anmerkungen für einzelne Zeitwörter.

Folgende Zeitwörter haben je nach **ihrer Bedeutung** den **Wemfall** oder den **Wenfall** nach sich:

bezahlen: Er bezahlt **mich** monatlich **(Wenf.)**. Er bezahlte **mir** den Anzug (**Wemf.** der Person und **Wenf.** der Sache).

dauern (d. h. währen) den **Wemfall,** z. B.: Die Arbeit dauert **mir** (dir, ihm usw.) zu lange.

dauern (d. h. bedauern) den **Wenfall, z. B.:** Dein Zustand dauert **mich** (uns, ihn usw.).

empfehlen: Er empfahl **mich** dem Herrn N. **(Wenf.).**

empfehlen: Er empfahl **mir** einen tüchtigen Gesellen **(Wemf.).**

heißen (d. h. befehlen) den **Wemfall,** z. B.: Wer hieß **dir** diese Tat? **Folgt aber ein Zeitwort in der Grundform,** so steht der **Wenfall,** z. B.: Wer hieß **dich** singen?

heißen (d. h. nennen) den **Wenfall,** z. B.: Er heißt **mich** seinen Freund.

lassen (d. h. bewirken) den **Wemfall,** z. B.: Du läßt **mir** den Brief vorlesen (d. h. du bewirkst, daß mir der Brief vorgelesen wird).

lassen (d. h. einwilligen) den **Wenfall,** z. B.: Du läßt **mich** den Brief vorlesen (d. h. du willigst ein, daß ich ihn vorlese).

nachahmen (d. h. dem Vorbild nacheifern) den **Wemfall, z. B.:** Er ahmt **dem** Helden nach.

nachahmen (d. h. etwas nachformen) den **Wenfall,** z. B.: Er ahmt **deinen** Ton nach.

nennen (d. h. jemand[em] etwas offenbaren) den **Wemfall,** z. B.: Er nannte **mir** (dir, ihm, uns, euch, ihnen) den Wohltäter.

nennen (d. h. heißen) den doppelten **Wenfall,** z. B.: Er nannte **mich** (dich, ihn, uns, euch, sie) einen Verräter.

raten (d. h. einen Rat geben) den **Wemfall,** z. B.: Er hat **mir** diesen Schritt geraten.

raten (d. h. Rätsel lösen, erraten) den **Wenfall,** z. B.: Er konnte **das** Rätsel nicht raten.

steuern (d. h. entgegenarbeiten) den **Wemfall,** z. B.: Wir werden **dem** Unfug zu steuern wissen.

steuern (d. h. lenken) den **Wenfall,** z. B.: Er steuert **das** Schiff.

stehen (d. h. kleiden) den **Wemfall,** z. B.: Dieser Hut steht **dir** gut.

stehen (d. h. ausfüllen) den **Wenfall,** z. B.: Er stand **seinen** Mann.

trauen (d. h. glauben oder vertrauen) den **Wemfall,** z. B.: Die Eltern trauen **dem** Kinde.

trauen (d. h. ehelich verbinden) den **Wenfall,** z. B.: Der Standesbeamte traut **das** Brautpaar.

überlassen (d. h. preisgeben) den **Wenfall,** z. B.: Sie überließen **mich** meinem Schicksal.

überlassen (d. h. leihen) den **Wemfall,** z. B.: Der Fremde überließ **ihm** sein Pferd.

vorstellen (d. h. vortragen) den **Wemfall,** z. B.: Die Angelegenheit wurde **dem** Vorsteher vorgestellt.

vorstellen (d. h. zeigen oder vorführen) den **Wenfall,** z. B.: Ich werde **mich** dem Herrn vorstellen.

versichern (d. h. beteuern) den **Wemfall,** z. B.: Ich versichere **dir** die Wahrheit. — Ich versichere **Ihnen** (man sagt auch **Sie**), daß es so ist. — Setzt man aber die bezeichnete **Sache** in den **Wesfall,** so steht die **Person** im **Wenfall,** z. B.: Ich versichere **dich** (Wenf. — Person) **der** Wahrheit (Wesf. — Sache).

versichern (d. h. sicher machen) den **Wenfall,** z. B.: Ich versichere **mich** in der Lebensversicherung.

Manche Zeitwörter schwanken in ihrer Ergänzung zwischen dem **Wemfall** und **Wenfall,** d. h. sie können **den Wemfall oder Wenfall nach sich haben, ohne den Sinn des Satzes zu ändern,** z. B.:

dünken: { Das Wetter dünkt **mich** so kalt.
Das Wetter dünkt **mir** so kalt.

ekeln:	Es ekelt **mir** vor dieser Speise. Es ekelt **mich** vor dieser Speise (besser!).
kosten:	Das Buch kostet **mir** drei Mark. Das Buch kostet **mich** drei Mark (besser!). Er kostet **die** Speise (nur den **Wenfall**).
lehren:	Er lehrt **mir** das Rechnen. Er lehrt **mich** das Rechnen (besser!).
getrauen:	Getraust du **dir,** die Arbeit auszuführen? Getraust du **dich,** die Arbeit auszuführen? (bess.)
ankommen:	Es kommt **mir** ein Grauen an. Es kommt **mich** ein Grauen an.

Das unpersönliche: **es gibt** verlangt den **Wenfall** und steht **immer in der Einzahl,** z. B.: Es gibt **einen** Gott; — es gibt (nicht: **geben**) Menschen.

Besonders zu merken sind noch die Ausdrücke:

Er schlägt **mich.** — Er schlägt **mir** die Hand rot. — Der Regen schlägt **mir** ins Gesicht. — Es friert **mich.** — Es frieren **mir** die Füße. — Ich wasche **mich.** — Ich wasche **mir** die Hände. — Er tritt **mich.** — Er tritt **mir** (oder **mich**) auf den Fuß. — Der Arzt heilte **mich.** — Der Arzt heilte **mir** die Wunde. Man setzt gewöhnlich den **Wenfall der Person,** wenn die **ganze Person** als Gegenstand der Tätigkeit gedacht wird und der Körperteil durch **und zwar** hinzugefügt werden kann, z. B.: Er schlägt **mich** (und zwar) auf den Rücken. — Die Biene stach **ihn** (und zwar) in die Hand. — Er trat **mich** (und zwar) auf den Fuß. — **Einem** geschenkten Gaul sieht man nicht ins Maul. — Es traten **ihm** die Tränen in die Augen.

Merke noch im allgemeinen: Um zu erfahren, welchen Fall ein Zeitwort nach sich haben muß, setze man es in die **Leideform.** Kann man dann sagen: **ich** bin worden, so fordert es den **Wenfall,** z. B.: ich bin besiegt worden — folglich: man besiegt **mich.** — Heißt die Leideform aber: **mir** ist worden, so muß das Zeitwort den Wemfall haben, z. B. mir ist gesagt worden — folglich: man sagt **mir.** — Heißt aber die Leideform: **meiner** ist worden, — so muß das Zeitwort den Wesfall haben, z. B.: meiner ist gedacht worden — folglich: er gedenkt **meiner.**

Übung: Ergänze in nachstehenden Beispielen den Strich durch den richtigen Fall!

(1) Kinder **bedürfen** d— Pflege. (2) Der Reiche soll auch d— Armen **gedenken.** (3) Der Gefangene **entbehrt** d— Freiheit. (4) **Harret** d— Dinge! (5) **Wir leben** d— Hoffnung, daß wir uns wiedersehen. (6) Der Hungrige

begehrt d— Speise. (7) Aus Großmut **schone** s—! (8) Er **erwähnte** im Vorbeigehen ih—. (9) Jeder **warte** sein— Amt—. (10) **Bedient** euch bess— Mittel! (11) **Entledige** dich d— Auftrag— pünktlich, sonst wirst du d— Dienst— **entlassen!** (12) Er **rühmte** sich noch sein— Leichtsinn—. (13) Die Truppen **bemächtigten sich** sämtlich— Landesteile. (14) Ich kann mich d— Wortlaut— nicht mehr **erinnern.** (15) Die Polizeibehörde **versichert sich** d— Verbrech—. (16) **Nehmt** euch d— Meinig— **an!** (17) Er **wurde** zwar d— Diebstahl— **angeklagt,** man konnte ihn jedoch nicht d— selben **überführen.** (18) **Entsinnst** du d— noch uns—? (19) Deine Verwandten **sind** m— **begegnet.** (20) Ein— Lärmenden muß man **ausweichen.** (21) Möge ih— die Arz(e)nei gut **bekommen!** (22) **Beliebt** es Ih—, Platz zu nehmen? (23) Wir **gratulieren** D— zum neuen Jahre. (24) Es **steht** m— wahrscheinlich ein Unglück **bevor.** (25) Was ich bin, und was ich habe, **dank'** ich d—, mein Vaterland! (26) W— nicht zu **raten** ist, d— ist nicht zu **helfen.** (27) **Widersteh(e)t** d— Versuchung! (28) Wie kannst du fragen, woran es dies— Arm— **not tut!** (29) Das herrliche Wetter **kommt** d— blühend— Bäumen **zugute.** (30) Wir **entgingen** mit knapper Not d— Sturme. (31) Ehre, d— Ehre **gebühr(e)t!** (32) Gott ist mein Helfer, m— wird nichts **mangeln.** (33) Ein Ei **gleicht** d— andern. (34) **Fehlt** d— sogar die Hoffnung? (35) **Maß** d— kein fremdes Eigentum **an.** (36) Ich möchte m— die Quittung **ausbitten.** (37) Was bildest du d— **ein?** (38) Ich **hatte** m— heute diese Arbeit **vorgenommen.** (39) Ich **habe** ih— deinetwegen sehr **betrübt.** (40) **Hat** er s— genügend **erholt?** (41) Über diesen Zustand muß ich m— **wundern.** (42) Willst du d— **widersetzen?** (43) **Irre** ich m— nicht, so haben wir den rechten Weg verfehlt. (44) Dein Auftreten **hat** d— Vorsitzend— **befremdet.** (45) Solches Verfahren **ärgert** u— ungemein. (46) Während des Verhörs **befiel** ih— eine Ohnmacht. (47) Niemals **reut** m— diese Tat. (48) **Kümmere** d— nicht um fremde Sachen! (49) Man muß d— ein— Bess— **belehren.** (50) Wer konnte den Heiland ein— Sünde **zeihen?** (51) Man **beraubte** mei— Bruder sein— Geld— und sei— Kostbarkeiten. (52) Das Gericht **hat** ih— sein— Eid— und sein— Pflicht **entbunden.** (53) Der Meister **hat** d— Gesellen d— Dienstes **entlassen.** (54) Ein Löwe **würdigte** ein— Hasen sein— näh— Bekanntschaft. (55) Du darfst d— nicht so früh d— Geschäft— **entwöhnen.** (56) Der Handelsmann **borgt** d— Kund— d— Ware. (57) **Leihe** m— d— Buch. (58) **Melde** dei— Vater d— Ankömmling! (59) **Liefern** Sie m— recht bald d— Getreide! (60) **Zahlt** m— recht bald d— ganz— Betrag! (61) Er **liefert** d— Besteller den Rock. (62) **Laß** m— deinen Koffer tragen, ich **tue** d— gerne den Gefallen. (63) **Hast** du di— schon **gewaschen?** Ich **habe** m— nur die Hände **gewaschen.** (64) **Laß** m— die Zeitung holen, ich kann m— jetzt nicht **entfernen!** (65) Wieviel **kostet** d— das Haus? Es kostet m— nicht viel; ich **habe** es ein— Verwandten **abgekauft.** (66) Wenn d— **friert**, so wärme d— doch. Nur die Hände will ich m— ein wenig **wärmen.** (67) Du **hast** m— schon wieder auf den Fuß **getreten.** (68) M— **dünkt, du hättest** es besser machen können. (69) Es **gereicht** d— nicht zum Lobe, daß du d— d— erwies— Gefälligkeiten **rühmst.** (70) Du **wohntest** doch d— Hochzeit **bei;** welcher Pfarrer **hat** ih— **getraut?** (71) Ich will Sie Ihr— Vergnüg— nicht **berauben.** (72) Er **versicherte** m—, daß es ihm lieb sei, wenn er d— **dienen** könnte. (73) Er hat m— aus Versehen ins Gesicht **geschlagen,** ich **wandte** m— gerade **um,** sonst **hätte** m— der Schlag i— Auge **getroffen.** (74) Diesem Menschen wird es schwer, sich ein— regelmäß— Leben— zu **befleißigen.** (75) Ich möchte d— ei— wahr— Glückskind **nennen.** (76) **Überhebe** di— nicht! (77) Der bescheidene Mensch **freut sich** zwar sein— Einsichten und Kenntnisse, aber er rühmt **sich** d—selb— nie. (78) **Halte** nicht jed— sogleich für dein— wahr —Freund, der di— sein— Freundschaft **versichert!** (79) Ich kann mi— nicht im Spiegel **ansehen,** ohne mi— zu **erschrecken,** wie sehr ich mi— **verändert** habe. (80) **Diene** ander— Menschen und sei — nützlich, so werden sie di— wieder gefällig sein! (81) **Gib** jed— das Seine, aber **laß** auch jed— das Seine! **Erlaube** di— kein Vergnügen, das and— Mißvergnügen **verursacht!** (82) **Dauert** di— nicht der Arme, d— jetzt **hungert** und **friert?** (83) D— **nenne** ich mein— Freund, der mi— die **Wahrheit sagt** und mi— das **lehrt,** was ich zu wissen nötig habe; wer mi— aber **schmeichelt,** d— **heiße** ich mei— Feind. (84) Ich **stelle** m— sein— Person noch lebhaft **vor.** (85) Er **diente** treu sein— Könige und **nützte** d— Vaterlande. (86) Die Zeit **dauert** mi— nie zu lange, wenn ich in guter Gesellschaft bin. (87) Ich **nenne** di— mein— Freund; aber ich kann di— nicht alle d—jenig— **nennen,** die mi— als Freunde **begegnen.** (88) **Traue** nicht d— Heuchler, der d— **schmeichelt** und d— die Wahrheit nicht sehen **läßt!** (89) **Laß** mi— nicht zu lange auf Antwort warten, sondern mi— lieber durch jemand sagen, was ich tun soll! (90) We— nicht zu **raten** ist, de— ist nicht zu **helfen.** (91) Er **ließ** mi— lange raten, welche unerwartete Freude er genossen hatte. (92) Er **riet** mi— von meinem Vorhaben ab. (93) Gestern **stach** mi— eine Biene in die Hand, und gleich darauf **stach** ich mi— ein— Splitter in den Finger. (94) Ich glaube, di— einen Dienst zu **erweisen,** wenn ich di— auf deine Fehler **aufmerksam mache,** und du **nimmst** mi— dies **übel!** (95) Glauben Sie nicht, daß ich mi— über Sie **aufhalte,** wenn mi— etwas lächerlich **vorkommt.** (96) Ich hoffte, di— zu mein— Nachbarn zu **bekommen;** aber die Hoffnung hat mi— **getäuscht.** (97) Deine Arbeit hat mi— gar nicht **befriedigt.** (98) Ich **bitte** di—, **besuche** mi— doch bald einmal! (99) Ich **kannte** di— gleich wieder; aber du hast mi— nicht **erkannt.** (100) **Lehr** es mi—, ich **bitte** di—! (101) Du **wunderst** di— über mi—, daß selbst die Feinde mi— **dauern?** (102) Es **freut** mi— sehr, daß auch andere ih— Kameraden **helfen.** (103) Du kannst d— nicht über deinen Zustand **beklagen.** (104) Du sollst dein— Vater und dein— Mutter **gehorchen.** (105) Ich **danke** di— herzlich für das schöne Geschenk; es **gefällt** mi— außerordentlich. (106) Wenn di— die bösen Buben **locken,** so **folge** — nicht! (107) Diese Leistung **genügt** mi— nicht.

([108]) Dort hinter jenen Fenstern **verträumt'** ich d— erst— Traum. ([109]) Die Mutter **lehret** d— Mädchen und **wehret** d— Knaben. ([110]) Ihr **nennt** mi— Meister und Herr. ([111]) Ach Meister, lieber Meister mein, **laß** du mi— dein— Gesell— sein! ([112]) **Vergiß** m— nicht! ([113]) **Erbarme** dich uns—! ([114]) Das Werk **lobt** d— Meister. ([115]) Die Zeit **lindert** d— Schmerz. ([116]) Warum **betrübst** du di—, mein Herz, warum **bangt** di— und **ahnt** di— Übles? ([117]) **Schlägt** di— d— Hoffnung **fehl,** nie **fehle** di— d— Hoffen! ([118]) Wo di—, o Mensch, Gottes Sonne zuerst **schien,** wo di— die Sterne des Himmels zuerst **leuchteten,** wo seine Blitze d— zuerst sein— Allmacht **offenbarten** und seine Sturmwinde di— zuerst mit heilig— Schreck— durch d— Seele **brausten:** da ist deine Liebe, da ist dein Vaterland! ([119]) **Reiche** mi— ein Glas frisches Wasser! ([120]) Es **liegt** mi— nichts **daran,** daß er kommt. ([121]) Es **lag** mi— sehr **an** s— Besuche. ([122]) An di—, o Herr, ist alles **gelegen!** ([123]) Eine Kugel kam geflogen, **gilt** es mi—, oder **gilt** es di—? ([124]) Der Lehrer **bezeichnete** mi— als den besten Schüler, ([125]) Der Lehrer **bezeichnete** mi— den besten Schüler. ([126]) **Laß** mi— gehen! ([127]) **Laß** mi—, mein Sohn, dein Herz! ([128]) Er **ließ** sich als Anwärt—eintragen. ([129]) **Laß** (einwilligen) mi— die Zeitung vorlesen! Aber: **Laß** (bewirken) mi— die Zeitung vorlesen! ([130]) So **nenne** mi— das große Land! ([131]) **Gehorcht** eur— Lehrern und **folgt** —! ([132]) Deine fortgesetzten Klagen **mißfallen** mi— und — (sie). ([133]) Deine Aufrichtigkeit gefällt mi—. ([134]) Kannst du mi— nicht mit einer kleinen Summe **aushelfen?** ([135]) Willst du mi— nicht bald einmal durch deinen Besuch **erfreuen?** ([136]) Es ist di— **geglückt,** die Stelle zu erhalten. ([137]) Ich kann di— wohl **trösten,** aber **helfen** kann ich di— nicht. ([138]) Du sollst mi— nicht **widersprechen.** ([139]) Ich **danke** d—, daß du gekommen bist. ([140]) Der Prediger **traute** ei— Brautpaar. ([141]) **Traue** nicht jed— Mensch—. ([142]) Das Bad war mi— nicht gut **bekommen.** ([143]) **Getraust** du di— das Unternehmen gut zu Ende zu führen? ([144]) Darf ich mi— das Buch **ausbitten?** ([145]) Ich **beeile** mi—, di— **mitzuteilen,** daß ich mi— sehr wohl **befinde?** ([146]) **Behilf** di— lieber kümmerlich, aber **vergreife** di— nicht an fremd— Eigentum! ([147]) Er **drohte** mi— mit Strafe. ([148]) Der Feind **bedrohte** d— Land. ([149]) Für die empfangenen Wohltaten mußt du di— **bedanken.** ([150]) Für deine Bereitwilligkeit **danke** ich di— bestens. ([151]) Der Wahrsager **deutete** d— Fremden d— Träume. ([152]) Doch di— ist die Strafe **erlassen.** ([153]) Eine Krähe **hackt** d— and— d— Augen nicht **aus.** ([154]) Des Vaters Segen **baut** d— Kinder— Häuser. ([155]) Übung **macht** d— Meister. ([156]) Der Meister **lehrt** mi— d— Handwerk. ([157]) Herr, **lehrt** mi— ander— Sachen! ([158]) So **gehorchet** mi— nun, meine Kinder! ([159]) Ein Frevler **lockt** sei— Nächsten und **führt** — (er) auf kei— gut— Weg. ([160]) **Bemühe** di— nicht reich zu werden! ([161]) Zweierlei **bitte** ich von di—, das wollest du mi— nicht **verweigern;** Lüge **laß** ferne von mi— sein; Armut und Reichtum **gib** mi— nicht; **laß** mi— aber mein bescheiden Teil Speise dahinnehmen. ([162]) Frauen und Krankenschwestern **pflegten** d— Verwundeten.

([163]) **Pflege** dein— Vater im Alter! ([164]) Du mußt dein— Rock **schonen!** ([165]) Kann auch eine Mutter i— Kind **vergessen?** ([166]) Im Schlafe **vergißt** der Kranke sei— Schmerz und der Trauernde sei— Kummer. ([167]) Harre, meine Seele, **harre** d— Herr—! ([168]) Schlechte Menschen **spotteten** d— gut— Tat. ([169]) Die Kriegsknechte **verspotteten** d— Gekreuzigten. ([170]) **Nimm** mein— Leben— gnädig **wahr!** ([171]) **Nimm** d— Zeit **wahr**, denn sie entrinnt schnell! ([172]) Man **entsetzt** d— unwürdig— Beamten sein— Amt—. ([173]) Welcher unter euch kann mi— ein— Sünde **zeihen?** ([174]) Niemand kann di— dein— Pflicht **entbinden.** ([175]) Der Mann **versicherte** mi— sein— Unschuld. ([176]) Ich habe mi— in der Lebensversicherung **versichert.** ([177]) Der Feind hatte sich d— Stadt **bemächtigt.** ([178]) Ich habe mi— mein— Auftrage— **entledigt.** ([179]) **Schämst** du di— nicht d— Lüge? ([180]) Er **erfreute** — ein— sonnig— Alter—. ([181]) Dein— Klagen **entbehren** jeglich— Grund—. ([182]) **Rühme** di— nicht d— folgend— Tag—; denn du weißt nicht, was heute sich begeben mag! ([183]) Es **frommt** di— nicht, daß du gaffest nach dem, was di— nicht **befohlen** ist. ([184]) **Freue** di— nicht d— Tod— deiner Feinde, sondern **gedenke** dein— eigen— Tod—! ([185]) **Geselle** di— nicht zu dem Gewaltigen, du **ladest** sonst ei— schwer— Last auf di—! Solange du ih— **nütze** bist, **braucht** er di—, aber wenn du nicht kannst, so **läßt** er di— fahren, und es **bekümmert** ih— nicht ([186]) **Brich** d— Hungrig— dei— Brot! ([187]) Der Richter **überführte** d— Verbrecher d— Mord—. ([188]) Gott **nannte** d— Licht Tag und die Finsternis Nacht. ([189]) Er **trat** mi— auf den Fuß. ([190]) Er **trat** mi— auf das Kleid. ([191]) Der Hund **biß** mi— ins Bein. ([192]) Der Hund **biß** mi— einen Finger ab. ([193]) Der Vorgesetzte **hieß** mi— zu sich kommen. ([194]) Der Vorgesetzte hat mi— **geheißen**, dies zu tun. ([195]) Das Pferd **trug** mi— durch die öde Steppe. ([196]) Er **trug** mi— die Angelegenheit vor ([197]) Zu deiner neuen Stelle **wünsche** ich di— Glück. ([198]) Ich **beglückwünsche** di— zu deiner neuen Stelle. ([199]) Der Arzt **verband** mi—. ([200]) Der Arzt **verband** mi— die Wunde.

(Vgl. Lösungen Nr. 9!)

2. Von der Ergänzung der Eigenschaftswörter.

a) Folgende Eigenschaftswörter verlangen den **Wesfall** auf die Frage: wessen?

ansichtig, bar, bedürftig, beflissen, begierig, beraubt, bewußt, eingedenk, fähig, frei, froh, gewärtig, gewohnt, genug, gewiß, geständig, gewahr, habhaft, inne, kundig, ledig, mächtig, müde, satt, schuldig, sicher, teilhaftig, überdrüssig, verdächtig, verlustig, voll, würdig, wert, los, quitt usw. (auch **un**bedürftig, **un**bewußt, **un**fähig usw.).

Statt **„voll“** sagt man auch **voller**, wenn das Wort allein vor dem Hauptwort steht, z. B.: voller Hohn, voll**er** Sorgen, voller Blüten usw.;

nicht aber, wenn noch ein anderes Eigenschaftswort **vor** dem Hauptworte steht, (... also nicht: voller bitteren Hohnes, voller banger Sorgen, voller schöner Blüten, sondern: **voll** bitteren Hohnes, **voll** banger Sorgen, **voll** schöner Blüten ..). Auch gebraucht man „voll" ohne Bezeichnung des Falles, z. B.: ein Glas voll Wasser (auch: ein Glas voll von Wasser), voll Blut, voll Rauch, voll Zorn usw.

Alle Eigenschaftswörter, die aus Zeitwörtern gebildet sind, welche den Wesfall nach sich haben, verlangen ebenfalls den Wesfall, z. B.: angeklagt, beschuldigt, entlassen, entsetzt, beraubt usw.

Die Wörter: bewußt, gewiß, beständig, schuldig, sicher, überdrüssig, verdächtig, verlustig, wert verlangen auch den Wemfall der Person, z. B.: Ich war **mir** meiner Sache wohl bewußt. — Der Mensch war **dem** Richter verdächtig. — Ich bin **dir** nichts schuldig usw.

Bei manchen Eigenschaftswörtern wird der Wesfall durch ein Verhältniswort umschrieben oder durch die unabhängige Grundform ersetzt, z. B.: Ich bin unschuldig **an** dem Blute (**des** Blutes). — Er ist **zu** allen Torheiten fähig (**aller** Torheiten fähig). — Der Müde ist froh, schlafen **zu können.** — Der Verleumder ist nicht würdig, geehrt **zu werden.**

Anwendungsbeispiele.

(Die Fälle sind durch Fettdruck und die darauf bezüglichen Eigenschaftswörter durch Sperrdruck hervorgehoben.)

Wir wurden gerade **seiner** (deiner, euer, ihrer usw.) ansichtig. — Du warst **meiner** (unser, seiner, der Hilfe, seines Geldes usw.) bedürftig. — Bist du dir **des** Auftrages (der Antwort, des Briefes usw.) noch bewußt? — Seid **der** Mahnung (der Worte, eurer Pflicht usw.) eingedenk! — Der ist **des** Mordes fähig (aber: **zu** allem fähig — zu verlangt den **Wemfall!**) — Bald war er **seines** Lebens froh, bald wieder satt. — Wir sind **des** Angriffes gewärtig. — Ich war kaum **seiner** (eurer, Ihrer, des Mannes usw.) gewahr geworden. — Er ist **seiner** Sache gewiß. — Der Schmied ist **der** Funken (auch: **die** Funken) gewohnt. — Die Polizei suchte **seiner** (ihrer, des Verbrechers, der Diebe usw.) habhaft zu werden. — War der Führer **des** Weges kundig? — Jetzt sind wir **aller** (alle) Verpflichtungen los und ledig. — Der Zornige war **seiner** (seiner Sinne usw.) nicht mehr mächtig. — Ich bin **des** langen Wartens (auch: das lange Warten) jetzt müde. — Er war wirklich **des** Mordes (auch: an dem Morde) schuldig. — Du kannst **des** Gelingens sicher sein. — Du bist dann auch **des** Nutzens (des Gewinnes usw.) teilhaftig. — Wir sind jetzt **seiner** (ihrer, des Zankes usw.) überdrüssig. — Der Schüler muß **des** Lernens beflissen sein (oder: beflissen sein **zu** lernen). — Die Pflanze ist **des** Lichts begierig (oder: **nach** Licht begierig). — Der Arme war **des** Lebens (auch: das Leben) satt. — Der Gefangene war **der** Spionage verdächtig. — Er ging auch **der** Ehrenrechte (des guten Namens usw.) verlustig. — Jedermann ist **seines** Lobes voll (auch: voll von seinem Lobe). — Es ist nicht **des** Aufhebens wert. — Er war **dieser** Auszeichnung würdig.

b) Folgende Eigenschaftswörter verlangen den **Wemfall** auf die Frage: wem?

abgeneigt (geneigt), abhold, abtrünnig, ähnlich, ärgerlich, angeboren, angemessen, angenehm, anstößig, bange, bedenklich, behilflich, bewußt, bequem, böse, dankbar, dienlich, eigen, einleuchtend, entbehrlich, beschwerlich, ergeben, erinnerlich, erwünscht, gehorsam, gelegen, getreu, gewachsen, gewogen, gleich, gleichgültig, gnädig, günstig, feind, freund, hinderlich, heilsam, lieb, nachteilig, nahe, recht, schädlich, überlegen, unausstehlich, unerträglich, untertänig, unvergeßlich, unverantwortlich, verhaßt, verdächtig, verwandt, vorteilhaft, wert, widerwärtig, willkommen, wohl, zuträglich, zugetan, zuwider usw.

Bei manchen dieser Eigenschaftswörter wird der **Wemfall** durch ein Verhältniswort umschrieben, das der Bedeutung des Falles entspricht, z. B.: Bist du **mir** (**auf** mich) böse? — Der König war **mir** (**gegen** mich) gnädig. — Er ist **mir** (**mit** mir) befreundet.

Merke: **Mir** ist wohl (falsch: **ich bin** wohl).

Anwendungsbeispiele.

(Die Fälle sind durch Fettdruck und die darauf bezüglichen Eigenschaftswörter durch Sperrdruck hervorgehoben.)

Diese Mitteilung ist **mir** (dir, uns, euch, den Verwandten usw.) angenehm. — Solche Ausdrücke sind **mir** (uns, dir, Ihnen, den Frauen usw.) anstößig. — Er ist **seinen** Freunden abtrünnig geworden. — Das war **mir** ängstlich. — Der Verweis ist **ihm** (dem Leichtsinnigen, auch: **für** den Leichtsinnigen) ganz heilsam. — Das Kind ist **den** Eltern zugetan. — **Dieser** Anforderung ist er gewachsen. — Die Folgen sind **der** Tat ähnlich. — Das Kleid sitzt **mir** (dir, ihm, euch, dem Kinde usw.) bequem. — Die Treue ist **dem** Deutschen (ihm, ihr, usw.) eigen. — Guter Rat ist **dem** Unerfahrenen (ihm, euch, usw.) dienlich (auch: **für** den Unerfahrenen). — Der Engländer ist **dem** Deutschen (auch: **mit** dem Deutschen) verwandt. — Die Knaben waren **den** Mädchen überlegen. — Er ist **mir** (dir, uns, dem Meister usw.) verantwortlich. — Das milde Klima ist **ihm** (ihr, dem Kranken usw.) zuträglich (auch: **für** ihn, **für** den Kranken). — Deine Handlungen sind **dir** (mir, euch, dem Unternehmer usw.) nachteilig. — Dieser Sturm bleibt **mir** (uns, euch, den Einwohnern usw.) unvergeßlich. — Deine Nähe ist **ihm** (ihnen, uns, dem Vater usw.) widerwärtig. — Wir sind **ihm** ergeben. — Wie angenehm ist **dem** Auge (mir, dir, ihm usw.) das Grün der Wiese (auch: **für** das Auge, **für** mich, dich, ihn usw.)! — Er war **dem** Nebenbuhler feind. — Die Zeit war **ihm** (dir, mir, uns) ganz gelegen (auch: **für** ihn, dich, mich, uns usw.). — Das Glück war **dem** Feldherrn (mir, dir, ihm, euch usw.) günstig (auch: **für** den Feldherrn, **für** mich, dich, ihn, euch usw.). — Er war **mir** (dir, euch, ihm, ihnen usw.) befreundet (auch: **mit** mir, dir, euch, ihm, ihnen).

c) Folgende Eigenschaftswörter verlangen den **Wenfall** auf die Fragen: wie lang? wie hoch? wie alt? wieviel wert? usw.

(wenn ihnen die Angaben des Alters, Gewichts, Preises usw. beigefügt sind):

alt, breit, dick, groß, hoch, lang, schwer, tief, teuer, wert usw.

Anwendungsbeispiele.

(Die Fälle sind durch Fettdruck und die betr. Eigenschaftswörter durch Sperrdruck hervorgehoben.)

Das Mädchen war bloß **einige** Tage alt. — Dieses Zimmer ist **vier** Meter breit. — Jener Herr ist **eine** Million reich. — Dieser Graben ist **zwei** und **einen** halben Meter tief. — Dieser Stoff ist **keinen** Pfennig wert. — Der Sack ist **einen** Zentner schwer.

Übung: Ersetze in nachfolgenden Beispielen den Strich durch die richtige Endung!

(1) Die Römer erschraken, als sie zum erstenmal d— urkräft— Deutschen **ansichtig** wurden. (2) Der Notleidende ist d— Hilfe **bedürftig.** (3) Bist du d— Geschäft— schon **überdrüssig?** (4) Die Begebenheit ist m— noch **erinnerlich.** (5) Durch die Verordnung wurde er d— Hilfsmittel **beraubt.** (6) Sein Betragen war u— **unausstehlich.** (7) Dieser Mann ist m— **unbekannt.** (8) Es scheint, das Stehlen war d— Mensch— **angeboren.** (9) Er war sich d— best— Absichten **bewußt.** (10) Sei stets d— Tod— **eingedenk!** (11) Dieser Diener ist sei— Herrn treu **ergeben.** (12) Dein Vorschlag wird d— Gesellschaft **unbegreiflich** sein. (13) Seid ihr d— Kauf— **einig** geworden? (14) Die meisten Verluste sind d— Ersatz— **fähig**, nur die Verluste der Zeit sind d—selben **unfähig.** (15) Deine Beihilfe war ih— sehr **angenehm.** (16) Man war herzlich **froh** d— errungenen Sieg—

(17) Seit jenem Unfalle wird er kei— Augenblick— mehr **froh.** (18) Bist du ein— günst— Erfolg— schon gewiß? (19) Ja, ich bin dess— **sicher.** (20) Wir wurden sei— nicht **mächtig.** (21) Ich bin d— Treib— **müde.** (22) Das zu hören, war m— sehr **lieb.** (23) Du warst all— Anwesend— **fremd.** (24) Man ist d— entsprungenen Verbrecher— wieder **habhaft** geworden. (25) Die Richter sprachen ihn d— Totschlag— **schuldig.** (26) Wenn du so handelst, gehst du d— errungen— Vorteile wieder **verlustig.** (27) Sie waren alle d— Anerkennung **voll.** (28) Die Sache ist nicht d— Rede **wert.** (29) Er ist d— Tod— **schuldig.** (30) Das Schreiben war d— Vater sehr **willkommen.** (31) Bist du ih— **abgeneigt?** (32) Die Kinder sind d— Eltern **ähnlich.** (33) Er ist d— Gebräuche **unkundig.** (34) Die Sprache ist d— Mensch— weder **angeboren,** noch **anerschaffen.** (35) Es war ih— niemals **bange.** (36) Deine Handlung war d— Umständ— **angemessen.** (37) Ihr Besuch ist u— sehr **angenehm.** (38) Es wird ein— hier **angst** und **bange.** (39) Dein Vorhaben scheint m— **bedenklich.** (40) Die Tochter ist d— Mutter **behilflich.** (41) Wir sind u— kein— Schuld **bewußt.** (42) Man muß d— Wohltätern **dankbar** sein. (43) Solche Taten sind ih— **eigen.** (44) Die Nahrung ist kei— Tiere **entbehrlich.** (45) Schierling ist d— Zieg— nicht **schädlich.** (46) Das Knäblein ist ein— Monat **alt.** (47) Der Baum ist vier und einhalb— Meter **hoch.** (48) Dein Kram ist kein— Pfennig **wert.** (49) Diese Schnur ist ein— Zentimeter **länger** als jene. (50) **Bar** all— Trost— und **ledig** all— Zweifel—, ergab er sich in sein Schicksal. (51) Ein gutes Wort **voll** heiter— Sinn— erobert die Herzen der Menschen. (52) Der Fleißige ist d— Lob— **würdig.** (53) Er ist — (du) **überdrüssig.** (54) Das wird di— sehr **unangenehm** sein. (55) Ich bin mi— mein— Schuld sehr wohl **bewußt.** (56) Munter entbrennet, d— Eigentum— **froh,** das freie Gewerbe. (57) D— Leib— bist du **ledig,** Gott sei d— Seele **gnädig!** (58) Die Stelle ist mi— ganz **sicher.** (59) Es ist mi— **gleichgültig,** was du unternimmst. (60) Der Vorgesetzte war mi— sehr **gewogen.** (61) Sie liebt mi— treu, sie ist mi— **gut.** (62) Er ist mi— noch immer ein— groß— Summe **schuldig.** (63) Seine Ankunft war mi— sehr **erwünscht.** (64) Da kam ih— einer vor, der war ih— zehntausend Gulden **schuldig.** (65) Hier an dies— Orte ist man sein— Leb— nicht mehr **sicher.** (66 Seid **untertan** all— menschlich— Obrigkeit. (67) Sei fleißig, so wird d— das Glück **hold** sein! (68) Seine Hartnäckigkeit war mi— **unbegreiflich.** (69) Es war mi— **peinlich,** Zeuge dieses Vorfalles sein zu müssen. (70) Man soll d— Nächsten stets **gefällig** sein. (71) Jetzt ist mi— alles **klar.** (72) Allzu früh und **fern** d— Heimat mußten sie ihn hier begraben. (73) Der Tod ist d— Menschen **sicher.** (74) Es gibt eine Höflichkeit des Herzens; sie ist d— Liebe **verwandt.** (75) Das Buch ist etwa ein— Finger **dick.** (76) Dieser Halm ist ein— Meter **hoch.** (77) D— kindlich— Gemüte ist Lüge und Verstellung völlig **fremd.** (78) Ich begreife nicht, was di— in dies— Angelegenheit noch **unklar** sein kann; mi— ist alles völlig **klar.** (79) Das Glück war mi— immer **abhold.** (80) Der Sohn war sein— Eltern **folgsam.** (81) Seine Verleumdun-

gen können mi— nicht **gleichgültig** sein. (82) Er war di— in keiner Beziehung **gewachsen.** (83) Wir waren — (ihr) in allen Punkten **überlegen.** (84) Dies Lob war mi— äußerst **schmeichelhaft.** (85) Diese Nachricht war m— ganz **unglaublich.** (86) Die Minister sind d— Präsidenten **verantwortlich.** (87) Die Leiden sind d— Menschen oft **heilsam.** (88) Die Angelegenheit war — (er) völlig **rätselhaft.** (89) Das Lernen wird mi— viel **schwerer** als di—. (90) Das Kind war kaum ein— Monat **alt.** (91) Der Vorfall ist di— wohl nicht mehr **erinnerlich.** (92) Die Ausschmückung der Stadt war d— wichtig— Feste durchaus **angemessen.** (93) Trinke nicht zu hastig; denn das ist di— **schädlich!** (94) Deine Antwort schien ih— **unbequem** zu sein. (95) Die Armen waren di— sehr **dankbar.** (96) Ich bitte di—, bleibe mi— auch ferner **gewogen.** (97) Dein Besuch ist mi— sehr **lieb.** (98) Er ist mi— ganz **nahe.** (99) Deine Unbeholfenheit kann di— leicht **verderblich** werden.

(Vgl. Lösungen Nr. 10!)

Mir oder Mich?

Statt „**mir** oder **mich**" könnten wir ebenso gut als Überschrift setzen: **dir** oder **dich**? **dem** oder **den**? **ihm** oder **ihn**? **einem** oder **einen**? usw.; alle diese Wörter stehen im Wemfall und Wenfall. Die Anwendung dieser beiden Fälle geschieht aber oft sehr fehlerhaft, sie sind ein wahres Schmerzenskind in der Sprachlehre, weshalb wir, obwohl im Vorausgegangenen bereits die Anwendung der vier Fälle hinreichend erklärt wurde, dennoch den Wemfall und Wenfall nochmals besonders behandeln. Wir betrachten zunächst die genannten beiden Fälle beim Hauptwort und persönlichen Fürwort in der Ein- und Mehrzahl ohne den Gebrauch der Verhältniswörter und stellen daher die entsprechenden Geschlechts- und persönlichen Fürwörter nochmals in einer Übersicht dar.

Die bestimmten Geschlechtswörter.

Einzahl.

	männl. Geschl.	weibl. Geschl.	sächl. Geschl.
Wemfall	de**m**	de**r**	de**m**
Wenfall	de**n**	die	da**s**

Mehrzahl.

Wemfall	de**n**
Wenfall	die

Die unbestimmten Geschlechtswörter.

Wemfall	eine**m**	eine**r**	eine**m**
Wenfall	eine**n**	eine	ei**n**

Die persönlichen Fürwörter.

Einzahl.

	1. Pers.	2. Pers.	3. Pers. männl. G.	3. Pers. weibl. G	3. Pers. sächl. G.
Wemfall	mir	dir	ihm	ihr	ihm
Wenfall	mich	dich	ihn	sie	es

Mehrzahl.

	1. Pers.	2. Pers.	3. Pers.
Wemfall	uns (wem?)	euch (wem?)	ihnen
Wenfall	uns (wen?)	euch (wen?)	sie

Die richtige Anwendung dieser Fälle wird nur dadurch erreicht, daß man sich fest an die hierüber bestehenden Sprachgesetze hält; auf dem Wege des gedankenlosen Auswendiglernens, wie man dies bisweilen zu erreichen versucht, ist hier nicht viel zu erzielen. Wir haben schon gesehen, daß die vier Fälle des Haupt- und Fürwortes (ohne Gebrauch der Verhältniswörter) auf bestimmte Fragewörter antworten, und wir sahen zugleich, daß der Wemfall stets mit **wem**?, der Wenfall stets mit **wen**? (oder was?) erfragt wurde. An **diese beiden Fragen** halte man sich vor allem, sie sind der sicherste Wegweiser. Man muß daher diese Fragen stets im Geiste hören, wenn man diese Fälle anwendet. Es bleibt aber als Hauptschwierigkeit nun, daß man diese beiden Fragen nicht miteinander verwechselt, d. h. statt wem? wen? oder umgekehrt gebraucht. Wer dieses täte, der würde in der Sache auch keinen Schritt weiter kommen, und er würde nach wie vor falsch sprechen und schreiben. Über diese Schwierigkeit hilft aber richtiges Denken zuerst hinweg. Wer nur einigermaßen richtig urteilt, der wird unmöglich fragen: Wen fehlt ein Buch? sondern: Wem fehlt ein Buch? Er wird also auch unmöglich sprechen oder schreiben: Das Buch fehlt mi**ch**, sondern: Das Buch fehlt mi**r** (1. Pers.), di**r** (2. Pers.), i**hm**, ih**r**, i**hm** (3. Pers.), **uns** (1. Pers. Mehrz.), **euch** (2. Pers. Mehrz.), **ihnen** (3. Pers. Mehrz.) — oder wenn wir ein Hauptwort anwenden: Das Buch fehlt de**m** Knaben (Mehrz.: den Knaben — männl. G.), de**r** Lehrerin (Mehrz.: de**n** Lehrerin**n**en — weibl. G.), de**m** Kinde (Mehrz.: de**n** Kindern — sächl. G.) usw.; wir mußten immer den **Wemfall** gebrauchen. Wir wollen noch ein Beispiel über den Wemfall anführen und sowohl die Fürwörter, als auch Hauptwörter dabei anwenden. Wir wollen die Frage bilden: We**m** mißfällt sein Betragen?

Sein Betragen mißfällt mi**r** (Mehrz. **uns** — 1. Pers.).

Sein Betragen mißfällt di**r** (Mehrz. **euch** — 2. Pers.).

Sein Betragen mißfällt { i**hm** / ih**r** / i**hm** } (Mehrz. **ihnen** — 3. Pers. männl. G.) / 3. Pers. weibl. G.) / 3. Pers. sächl. G.)

Sein Betragen mißfällt de**m** Vorgesetzten (Mehrz. de**n** Vorgesetzte**n**, männl. G.).

Sein Betragen mißfällt de**r** Schwester (Mehrz. de**n** Schwester**n**, weibl. G.).

Sein Betragen mißfällt de**m** Kinde (Mehrz. de**n** Kinder**n**, sächl. G.).

Wir behandeln in gleicher Weise jetzt den **Wenfall**. Kann man wohl die Frage stellen: Wem lobt der Vater? Antwort: nein, sondern die

Frage muß heißen: Wen lobt der Vater? Wenden wir nun Fürwörter oder Hauptwörter in der Einzahl oder in der Mehrzahl an, immer müssen wir den **Wenfall** setzen, z. B.:

		1. Pers. für die 3 Geschlechter	2. Pers. für die 3 Geschlechter	3. Pers.		
				männl.G.	weibl.G.	sächl.G.
Der Vater lobt	Einzahl	**mich**	**dich**	**ihn**	**sie**	**es**
	Mehrzahl	**uns**	**euch**	**sie**		

		männl. G.	weibl. G.	sächl. G.
Der Vater lobt	Einzahl	**den** Sohn (einen „)	**die** Tochter (eine „)	**das** Mädchen (ein „)
	Mehrzahl	**die**		
		Söhne	Töchter	Mädchen

Wer also in der Fragestellung mit **wem?** oder **wen?** sicher ist, dem wird die richtige Anwendung des Wem- oder Wenfalles keine Schwierigkeiten bereiten. Zu dieser Sicherheit gelangt man am gründlichsten und nachhaltigsten in der Kindheit durch richtigen Sprachgebrauch in der Familie. Wie die Mutter spricht, so wird es das Kind nachsprechen und später beibehalten. Wer so glücklich ist, in seinen Jugendtagen nur die Sprache in ihrer Reinheit zu hören, dem wurde schon früh ein großer Schatz mit in die Welt gegeben. Wer umgekehrt dieses Glück nicht hatte, der hat später doppelt Mühe, das Gute zu erreichen: er muß erstens das Falsche erkennen und niederkämpfen, zweitens das Richtige an dessen Stelle setzen. Daß dieses nicht leicht ist, das sehen wir täglich. Trotz aller Schule und aller Lehrer finden wir oft und sogar in den besseren Kreisen eine Unsicherheit hierin. die uns wundern muß. Und doch muß das Richtige mit allen Mitteln erstrebt werden, denn nichts wirkt auf das gebildete Ohr oder Auge so abstoßend wie eine falsche Sprache in Wort oder Schrift, sie wird gewissermaßen als geistige Ohrfeige empfunden, wovon der Unwissende oder Leichtsinnige keine Ahnung hat.

Hat man aber bei der Anwendung der betreffenden Fragen dennoch eine gewisse Unsicherheit, dann bleibt nur übrig, sich die **betreffenden Wortarten**, die mit den Fragen **wem?** oder **wen? in Verbindung gebracht werden können, recht fest einzuprägen.** Diese Wortarten sind die betreffenden **Zeit-** oder **Eigenschaftswörter.** Wir haben diese Wortarten an entsprechender Stelle bereits angeführt und können hier nur nochmals dringend auf ihren Gebrauch hinweisen; auch auf die Abweichungen des Wem- und Wenfalles haben wir an anderer Stelle bereits aufmerksam gemacht. Lediglich mit dem Einprägen dieser Wörter ist aber noch nicht viel getan, **die Hauptsache bleibt ihre richtige Anwendung,** und daher haben wir sie auch an der bereits bezeichneten Stelle in zahlreichen Beispielen veranschaulicht, und wir können nur nachdrücklichst raten, diese Beispiele **recht aufmerksam durchzulesen, ja sogar nach Möglichkeit mehrmals durchzuarbeiten** und die gegebenen Bemerkungen **zu beachten;** nur dadurch geht das Richtige, wie man sagt, **in Fleisch und Blut über und wird bleibendes geistiges Eigentum.**

Wir betrachten nun den Wem- und Wenfall in Verbindung mit **Verhältniswörtern,** obwohl wir auch hierauf an anderer Stelle bereits eingehend aufmerksam gemacht haben. Bei diesen lassen sich die reinen Fragen wem? oder wen? nicht gebrauchen, man muß sich daher den Gebrauch auf andere Weise klarmachen. Das kann man am besten dadurch, daß man sich die betreffenden **Verhältniswörter recht fest einprägt** und deren Gebrauch genau beachtet. Wer gelernt hat, daß das Verhältniswort „mit“ stets den Wemfall fordert, der wird nie sprechen oder schreiben: Ich gehe mit dich, oder: ich gehe mit meinen Freund, sondern er wendet den richtigen (Wem-)Fall an und sagt: Ich gehe mit dir — oder: ich gehe mit meinem Freunde. Es ist kaum zu glauben, wie zahllose und grobe Sprachfehler gerade in der Anwendung der Verhältniswörter gemacht werden. Wir wiederholen daher nochmals, **daß diese genau eingeprägt werden müssen,** und wir weisen daher auf die bereits vorausgegangene Behandlung derselben, besonders derjenigen, welche den Wem- und Wenfall, sowie derjenigen, welche sowohl den Wemfall als auch den Wenfall fordern können, hin. Auch empfehlen wir, **die dort aufgeführten Anwendungsbeispiele, sowie auch die schwierigeren und mitunter gleichlautenden, aber doch doppelsinnigen Fälle sorgfältig durchzuarbeiten und recht genau zu beachten;** auch wollen wir hier noch einige Anwendungsbeispiele folgen lassen.

„Nach“ verlangt den

Wemfall, daher: Ich gehe **nach der** Stadt.

„In“ verlangt den

Wenfall auf die Frage **wohin?** daher: Ich gehe **in die** Stadt.

„In“ verlangt den

Wemfall auf die Frage **wo?** daher: **Ich bin in der** Stadt.

„Mit“ verlangt den **Wemfall,** daher:

Er sprach mit

	1. Pers. für die 3 Geschlechter	2. Pers. für die 3 Geschlechter	3. Pers.		
			männl. G.	weibl. G.	sächl. G.
Einzahl	**mir**	**dir**	**ihm**	**ihr**	**ihm**
Mehrzahl	**uns**	**euch**	**ihnen**		

Er sprach mit

	männl. G.	weibl. G.	sächl. G.
Einzahl	**dem** Freunde (**einem** „)	**der** Schülerin (**einer** „)	**dem** Kinde (**einem** „)
Mehrzahl	**den**		
	Freunden	Schülerinnen	Kindern

„Für“ verlangt den **Wenfall,** daher:

Er sprach für

	1. Pers. für die 3 Geschlechter	2. Pers. für die 3 Geschlechter	3. Pers.		
			männl. G.	weibl. G.	sächl. G.
Einzahl	**mich**	**dich**	**ihn**	**sie**	**es**
Mehrzahl	**uns**	**euch**	**sie**		

Er sprach für

	männl. G.	weibl. G.	sächl. G.
Einzahl	**den** Freund (**einen** „)	**die** Schülerin (**eine** „)	**das** Kind (**ein** „)
Mehrzahl	**die**		
	Freunde	Schülerinnen	Kinder

Zum weiteren **Einprägen** des richtigen Gebrauches der 4 Fälle beim Verhältnis-, Zeit- und Eigenschaftswort diene noch folgende Fabel, in der die mit Strichen bezeichneten Stellen durch die richtigen Fälle zu ersetzen sind.

Geschichte des alten Wolfs.

In sieben Fabeln.
(Lessing.)

I. Der böse Wolf war zu Jahr—(1) gekommen und faßte d—(2) gleisend—(3) Entschluß, mit de—(4) Schäf— (Mehrz.)(5) auf ein—(6) gütlich—(7) Fuß—(8) zu leben. Er machte sich also auf d—(9) Weg und kam zu d—(10) Schäfer, de—(11) Herden sei—(12) Höhle die nächsten waren. „Schäfer", sprach er, „du nennst mi—(13) d—(14) blutgierig—(15) Räuber, d—(16) ich doch wirklich nicht bin. Freilich muß ich mi—(17) an dein—(18) Schaf—(19) halten, wenn mi—(20) hungert; denn Hunger tut weh. Schütze mi—(21) nur vor d—(22) Hunger; mache mi—(23) nur satt, und du sollst mit mi—(24) recht wohl zufrieden sein; denn ich bin wirklich das zahmste, sanftmütigste Tier, wenn ich satt bin." „Wenn du satt bist? Das kann wohl sein," versetzte der Schäfer, „wann aber bist du satt? Du und der Geiz werden es nie. Geh dein—(25) Weg!"

II. Der abgewiesen—(1) Wolf kam zu ein—(2) zweit—(3) Schäfer. „Du weißt, Schäfer," war sein—(4) Anrede, „daß ich d—(5) d—(6) Jahr durch manch—(7) Schaf würgen könnte. Willst du mi—(8) überhaupt in jed—(9) Jahre sechs Schafe geben, so bin ich zufrieden. Du kannst alsdann sicher schlafen und d—(10) Hunde ohne irgend welche —(11)Bedenken abschaffen." „Sechs Schafe?" sprach der Schäfer, „das ist ja ein—(12) ganz—(13) Herde!" — „Nun, weil du es bist, so will ich mi— (14) mit fünf begnügen," sagte der Wolf. „Du scherzest; fünf Schafe! Mehr als fünf Schafe opfere ich kaum i—(15) ganz—(16) Jahre d—(17) Pan*)." „Auch nicht vier?" fragte der Wolf, und der Schäfer schüttelte spöttisch d—(18) Kopf. „Drei? — Zwei?" „Nicht ein einziges", fiel endlich der Bescheid; denn es wäre ja wohl töricht, wenn ich mi—(19) ein—(20) Feind—(21) zinsbar machte, vor welch—(22) ich mi—(23) durch mei—(24) Wachsamkeit sichern kann."

III. All—(1) gut—(2) Dinge sind drei, dachte der Wolf und kam zu ein—(3) dritt—(4) Schäfer. „Es geht mi—(5) recht nahe", sprach er, „daß ich unter — (ihr)(6) Schäf—(7) als d—(8) grausamste, gewissenloseste Tier verschrieen bin. Di—(9), Montan, will ich jetzt beweisen, wie unrecht man mi—(10) tut. Gib mi—(11) jährlich ei—(12) Schaf, so soll dei—(13) Herde in jen—(14) Wald—(15), d—(16) niemand unsicher macht als ich, frei und unbeschädigt weiden dürfen. Ein Schaf, welch—(17) Kleinigkeit! Könnte ich großmütiger, könnte ich uneigennütziger handeln? — Du lachst, Schäfer? Worüber lachst du denn?" „O, über nichts! Aber wie alt bist du, gut—(18) Freund?" sprach der Schäfer, „Was geht di—(19) mei—(20) Alter an? Immer noch jung genug, di—(21) dein—(22) liebst—(23) Lämmer zu würgen." „Erzürne di—(24) nicht, alter Isegrim. Es tut mi—(25) leid, daß du mit dein—(26) Vorschlag—(27) einig—(28) Jahr—(29)

---

*) Pan = griechischer Gott.

zu spät kommst. Deine ausgebissenen Zähne verraten d—(30). Du spielst d—(31) Uneigennützigen, bloß um di—(32) desto gemächlicher, mit desto wenig—(33) Gefahr nähren zu können.“

IV. Der Wolf war ärgerlich, faßte sich aber doch und ging auch zu d—(1) viert—(2) Schäfer. Dies—(3) war eben sein treu—(4) Hund gestorben, und der Wolf machte sich d—(5) Umstand zunutze. „Schäfer“, sprach er, „ich habe mi—(6) mit mein—(7) Brüder—(8) in d—(9) Wald—(10) veruneinigt und so, daß ich mi—(11) in Ewigkeit nicht wieder mit — (sie)(12) aussöhnen werde. Du weißt, wie viel du von — (sie)(13) zu fürchten hast. Wenn du mi—(14) aber anstatt dein—(15) verstorben—(16) Hund—(17) in dei—(18) Dienst nehmen willst, so stehe ich di—(19) dafür, daß sie kein—(20) dein—(21) Schafe auch nur scheel ansehen sollen.“ „Du willst sie also“, versetzte der Schäfer, „gegen dein—(22) Brüder i—(23) Wald—(24) beschützen?“ „Was meine ich denn sonst? Freilich!“ „Das wäre nicht übel! Aber wenn ich di—(25) nun in mein—(26) Hürden einnähme, sage mi—(27) doch, wer sollte alsdann mein—(28) arm—(29) Schafe gegen d—(30) beschützen? Ein—(31) Dieb in—(32) Haus nehmen, um vor d—(33) Dieb—(34) außer d—(35) Hau—(36) sicher zu sein, das halten wir Menschen ....“ „Ich höre schon“, sagte der Wolf, „du fängst an, zu moralisieren, lebe wohl!“

V. „Wäre ich nicht so alt!“ knirschte der Wolf, „aber ich muß mi—(1) in d—(2) Zeit schicken.“ Und so kam er zu d—(3) fünft—(4) Schäfer. „Kennst du mi—(5), Schäfer?“ fragte der Wolf. „Dein—-gleich—(6) wenigstens kenne ich“, versetzte der Schäfer. „Mein—-gleich—(7)? Daran zweifle ich sehr. Ich bin ein so sonderbarer Wolf, daß ich dein—(8) und all—(9) Schäfer Freundschaft wohl wert bin.“ „Und wie sonderbar bist du denn?“ „Ich könnte kein lebendig—(10) Schaf würgen und fressen, und wenn es mi—(11) d—(12) Leben kosten sollte. Ich nähre mi—(13) bloß von tote—(14) Schafe—(15). Ist das nicht löblich? Erlaube mi—(16) also immer, daß ich mi—(17) dann und wann bei dein—(18) Herde einfinden und nachfragen darf, ob du nicht ...“ „Spare di—(19) dei—(20) Worte!“ sagte der Schäfer. „Du müßtest gar kein—(21) Schafe fressen, auch nicht einmal tote, wenn ich dei—(22) Feind nicht sein sollte. Ein Tier, das mi—(23) schon tot—(24) Schafe frißt, lernt leicht aus Hunger krank—(25) Schafe für tot und gesund—(26) für krank ansehen. Mache di—(27) auf mein—(28) Freundschaft also kein—(29) Rechnung und geh!“

VI. Ich muß nun schon mei—(1) Liebst—(2) daran wenden, um zu mei—(3) Zweck—(4) zu gelangen, dachte der Wolf und kam zu d—(5) sechst—(6) Schäfer. „Schäfer, wie gefällt di—(7) mein Pelz?“ fragte der Wolf. „Dein Pelz?“ sagte der Schäfer, „laß sehen! Er ist schön; die Hunde müssen di—(8) nicht oft untergehabt haben.“ „Nun so höre, Schäfer; ich bin alt und werde es so lange nicht mehr treiben. Füttere mi—(9) zu Tode, und ich vermache di—(10) mein—(11) Pelz!“ „Ei, sieh doch!“ sagte der Schäfer, „kommst du auch hinter d—(12) Schliche d—(13)

alt—(14) Geizhälse? Nein, nein; dein Pelz würde mi—(15) a—(16) Ende siebenmal mehr kosten, als er wert wäre. Ist es di—(17) aber ein Ernst, mi—(18) ei—(19) Geschenk zu machen, so gib ih—(20) mi—(21) gleich jetzt." — Hiermit griff der Schäfer nach d—(22) Keule, und der Wolf floh.

VII. „O, die Unbarmherzigen!" schrie der Wolf und geriet in d—(1) äußerst—(2) Wut. „So will ich auch als ih—(3) Feind sterben, ehe mi—(4) der Hunger tötet; denn sie wollen es nicht besser!" Er lief, brach in d—(5) Wohnungen d—(6) Schäfer ein, riß ih—(7) Kinder nieder und ward nicht ohne groß—(8) Mühe von d—(9) Schäf—(10) erschlagen. Da sprach der Weiseste unter — (sie)(11): „Wir taten doch wohl unrecht, daß wir d—(12) alt—(13) Räuber auf d—(14) äußerste brachten und ih—(15) alle Mittel zu sein—(16) Besserung, so spät und erzwungen sie auch waren, benahmen!"

(Vgl. Lösungen Nr. 11!)

VII. Das Umstandswort (Adverb)

Die Umstandswörter bezeichnen die näheren Umstände (Ort, Zeit, Art und Weise, Grund), unter denen eine Tätigkeit oder Eigenschaft vor sich geht; sie werden **klein** geschrieben.

Umstandswörter des Ortes auf die Fragen: **wo? woher? wohin?** sind: **da, dort, drinnen, droben, hier, her, hin, rechts, rings, unterwegs, bergauf, hinauf, hinunter, herauf, herein, hinein, hinaus** usw

Umstandswörter der Zeit auf die Fragen: **wann? wie lange? wie oft? von wann an?** sind: **früh, spät, jetzt, eben, neulich, jüngst, ehemals, einst, gestern, morgen, nachher, bald, nächstens, dann, noch, beständig, endlich** usw.

Umstandswörter der Art und Weise auf die Frage **wie?** sind: **wirklich, so, eben, also, leicht, schwer, schnell, gewiß, freilich, wahrscheinlich, anders, recht, sehr, mündlich, schriftlich, ja, sicher** usw.

Umstandswörter des Grundes auf die Fragen: **warum? weshalb? wozu? wofür? womit? wodurch? wovon? woraus?** sind: **darum, deshalb, deswegen, dadurch, daher, dazu, dafür, damit, davon, daraus.**

Umstandswörter der Frage: **wo? woher? wohin? wann? wie? wozu? wofür? woran? worüber? wovon? wodurch? womit?** usw.

Die Umstandswörter können wie die Eigenschaftswörter **gesteigert** werden. Besonders zu merken sind folgende Steigerungen: **gut,** besser, am besten (bestens, aufs beste); **wohl,** wohler, am wohlsten; **oft,** öfter, (öfters), am oftesten (besser: am häufigsten); **bald,** eher, am ehesten (ehest, ehestens); **gern,** lieber, am liebsten; aber man sagt: **ungern,** ungerner, am ungernsten.

Die Umstandswörter sind **unbeugbar.**

VIII. Das Bindewort (Konjunktion)

Bindewörter sind Wörter, die Wörter und Sätze miteinander verbinden; man unterscheidet beiordnende und unterordnende.

Die **beiordnenden** Bindewörter können sein:

a) zusammenstellend: **und, auch, zudem, außerdem, überdies, sowohl, — als auch, nicht nur — sondern auch, weder — noch, teils — teils, bald — bald, je — desto, erst, zuerst, dann, ferner, endlich, zuletzt, erstens, umso** usw.

b) entgegenstellend: **nicht — sondern, sonst, entweder — oder, (zwar) — aber, allein, doch, jedoch, dennoch, indessen, gleichwohl, hingegen, dagegen usw.**

c) begründend: **daher, deswegen, deshalb, darum, also, folglich, demnach, mithin, denn.**

Vor dem zweiten Teile eines Doppelbindewortes steht immer ein **Beistrich** (Komma). Verbinden die Bindewörter: und, oder **vollständige Sätze,** so wird vor diesen **stets ein Beistrich** gesetzt.

Unterordnende Bindewörter sind: **daß, weil, damit, da, als, indem, nachdem, indes, während, ehe, bevor, seitdem, bis, so lange als, so, sowie, gleichwie, als ob, so daß, ohne daß, auf daß, wenn, falls, obgleich. wenngleich, wiewohl, wie sehr, auch, darum, als wenn, obschon, unterdes, wennschon, sobald, wofern, dahin — wohin, daher — woher, da — wo, je — desto.**

IX. Das Ausrufewort (Interjektion)

Es gibt eine eigene Klasse von Wörtern, die irgendein **Gefühl** ausdrücken oder einen **Naturlaut** nachahmen. Man nennt diese Wörter **Empfindungswörter**; sie können ausdrücken:

a) Freude, z. B.: **heißa! hurra!** usw.
b) Schmerz, z. B.: **au! o weh!** usw.
c) Furcht, z. B.: **hu! uh!** usw.
d) Abscheu, z. B.: **pfui! fi!** usw.
e) Verwunderung, z. B.: **a! ach! ha! o!** usw.
f) Naturlaute, z. B.: **husch! hopp! pick! plumps!** usw.

2. Abschnitt: Satzlehre (Syntax)

I. Der einfache Satz

1. Der reine einfache Satz.

Satzgegenstand (Subjekt) und **Satzaussage** (Prädikat).

1. Der Sperling ist grau. — 2. Der Sperling fliegt. — 3. Der Sperling ist ein Vogel.

Wir haben zu dem Gegenstand (Sperling) **eine** Aussage, ein Urteil gesetzt; dadurch ist ein **Gedanke** gebildet worden, und ein solcher Gedanke heißt in der Sprache **Satz.**

Der Gegenstand, auf den sich die Aussage bezieht, heißt **Satzgegenstand** oder **Subjekt,** und die Aussage über diesen Satzgegenstand heißt **Satzaussage** oder **Prädikat.**

Satzgegenstand	**Satzaussage**
(der) Sperling —	ist grau.
(der) Sperling —	fliegt.
(der) Sperling —	ist ein Vogel.

Ohne **Satzgegenstand** und ohne **Satzaussage** ist **kein vollständiger Satz möglich.**

Satzgegenstand und Satzaussage heißen Hauptsatzglieder.

Der Satzgegenstand bezeichnet stets einen Gegenstand und ist daher ein Hauptwort, z. B.: Der **Knabe** kam. — Wird aber für dieses Hauptwort ein anderes Wort, also ein Fürwort, gesetzt, so ist dieses auch Satzgegenstand, z. B.: **Er** kam. Wird aber irgendein anderes Wort — oder sogar ein einfacher Buchstabe — (Laut) — als Hauptwort gebraucht, so kann auch hierdurch der Satzgegenstand ausgedrückt werden, z. B.: Der **Flüchtige** kam. Das **i** hat einen Punkt. Der Satzgegenstand antwortet auf die Frage: **wer** oder **was?**

Die Satzaussage antwortet auf die Fragen:

1. wie ist }
2. was tut } das Ding?
3. was ist }

1. Sagt man von dem Satzgegenstand aus, **wie er ist,** so ist die Satzaussage ein **Eigenschaftswort**; z. B.: Der Hund ist **treu.**

2. Sagt man aber vom Satzgegenstand aus, **was er tut** (oder was mit ihm **getan wird**), so ist die Satzaussage ein **Zeitwort**; z. B.: Der Hund **bellt.** Der Schüler **wird gelobt.**

3. Sagt man von dem Satzgegenstand aus, **was er ist,** so ist die Satzaussage ein **Hauptwort;** z. B.: Der Hund ist ein **Tier.**

Ist die Reihenfolge der Satzglieder derart, daß der **Satzgegenstand an der Spitze des Satzes steht,** so heißt sie **gerade Wortfolge;** z. B.:

Der **Förster** ging zur Jagd.

Wird ein anderes Satzglied als der Satzgegenstand an die Spitze des Satzes gestellt, so entsteht die **versetzte Wortfolge;** z. B.:

Zur Jagd ging der Förster.

Der Vogel **singt.** — Die Vögel **singen.** Satzgegenstand **und Satzaussage** müssen in der **Zahl** übereinstimmen.

Die Nachtigall (Satzgegenstand) singt (Satzaussage).

Dieser Satz enthält nur **einen** abgeschlossenen Gedanken, er besteht also nur aus **einem Satz,** darum heißt er **einfacher Satz.** Da er nur **Satzgegenstand** und **Satzaussage** enthält, bezeichnet man ihn mit dem Namen **reiner** einfacher Satz. Der Satz: „Die Nachtigall singt" ist ein **reiner einfacher** Satz.

2. Der erweiterte einfache Satz.

a) Begriff.

Das Kind (Satzgegenstand) sucht (Satzaussage) ein **Spielzeug.** Das ist ein einfacher Satz; denn er enthält nur einmal Satzgegenstand und Satzaussage; aber es ist kein **reiner** einfacher Satz mehr. Durch den Zusatz: **ein Spielzeug** ist der Satz vergrößert, erweitert worden, es ist außer Satzgegenstand und Satzaussage noch ein anderer Satzteil vorhanden, dadurch ist der **erweiterte einfache Satz** entstanden. Die Glieder, die einen Satz erweitern, heißen **Nebensatzglieder.** Es gibt deren drei, nämlich: **Beifügungen, Ergänzungen** und **Umstände.**

b) Die Beifügung.

Hochmut ist der Bruder **des Stolzes.** Das ist ein erweiterter einfacher Satz; denn er hat außer Satzgegenstand (Hochmut) und Satzaussage (ist der Bruder) noch eine nähere Bestimmung des Hauptwortes Bruder, die uns sagt, **was für ein** oder **wessen** Bruder der Hochmut ist. Diese nähere Bestimmung des Hauptwortes nennt man Beifügung. Sie antwortet auf die Fragen: was für ein Ding?, welches Ding?

Diese kann ausgedrückt werden:

1. durch ein Hauptwort im Wesfall wie in obigem Satze;
2. durch ein Eigenschaftswort; z. B.: Die **leeren** Ähren stehen hoch;
3. durch ein besitzanzeigendes Fürwort; z. B.: Der Himmel ist **mein** Vaterland;

4. durch ein Hauptwort im Werfall; z. B.: **Kamerad** Wilhelm war ein Held;
5. durch ein solches im Wemfall; z. B.: Melde es **Schwester** Käthe;
6. durch ein solches im Wenfall; z. B.: Ich hole zwei **Krüge** Wein;
7. durch ein Hauptwort mit Verhältniswort; z. B.: Hamburg **an der Elbe** ist eine Handelsstadt;
8. durch ein Zahlwort; z. B.: **Ein** Narr macht **viele** Narren;
9. durch ein Zeitwort in der abhängigen Grundform; z. B.: Die Kunst **zu schreiben** ist alt.

c) Die Ergänzung.

Er ist **der Ruhe** bedürftig. — Hier tritt eine nähere Bestimmung zur Satzaussage „bedürftig". Die nähere Bestimmung der Satzaussage, falls diese ein Zeit- oder Eigenschaftswort ist, wird Ergänzung genannt.

Die Ergänzung kann ausgedrückt werden:

1. durch ein Hauptwort im Wesfall, wie in obigem Beispiel; sie antwortet auf die Frage: **wessen?**
2. durch ein solches im Wemfall; z. B.: Ich helfe **dem Kinde**; sie antwortet auf die Frage **wem?**
3. durch ein Hauptwort im Wenfall; z. B.: Der Diener bringt **die Zeitung**; Frage: **wen?** oder **was?**
4. durch ein Zeitwort in der Grundform; z. B.: Not lehrt **beten** (**wen?** oder **was?**).
5. Durch ein Hauptwort mit Verhältniswort; z. B.: Der König herrschte **über ein** großes **Reich** (über **wen?** oder **was?**)

d) Die Umstände.

1. Er schläft **auf dem Bett.** — 2. Er schläft **jetzt.** — 3. Er schläft **ruhig.** — 4. Er schläft **vor Müdigkeit.** In diesen Sätzen sind nähere Bestimmungen zum Zeitwort getreten, die den Ort, die Zeit, die Art und Weise, den Grund des Schlafens näher bestimmen; man nennt solche Bestimmungen **Umstände** und unterscheidet Umstände **des Ortes** (auf die Frage **wo? woher? wohin?**), **der Zeit** (auf die Frage **wann? wie lange?**), **der Art und Weise (wie? wie sehr?)**, und **des Grundes (warum? weshalb? wozu? womit? wodurch?)**. Auch Eigenschaftswörter werden durch Umstände näher bestimmt; z. B.: Bleibe **überall** getreu (Ort). Bleibe **jederzeit** getreu (Zeit). Bleibe **sehr** getreu (Art und Weise). Bleibe **aus Pflicht** getreu (Grund).

Die Umstände werden ausgedrückt durch ein Hauptwort mit oder ohne Verhältniswort (Satz 1) oder durch ein Umstandswort (Satz 2)

e) Beispiele von erweiterten einfachen Sätzen.

aa) mit Beifügungen: Hunger ist der **beste** Koch. Viele Hunde sind **des Hasen** Tod. Jeder ist **seines** Glückes Schmied. Der Horcher **an der Wand** hört **seine eigene** Schand. Als **Kaiser** Rotbart **lobesam** zum **heilgen** Land gezogen kam usw.

bb) mit Ergänzungen: Ein jeder lebe **seines Glaubens. Dem Glücklichen** schlägt keine Stunde. Das Werk lobt **den Meister.** Wir harren **auf den Herrn.** Die Kinder lernen in der Schule **lesen.**

cc) mit Umständen: **Droben** stehet die Kapelle. Man soll den Tag nicht **vor dem Abend** loben. Ein voller Bauch studiert **nicht gern.** Den Vogel erkennt man **an den Federn.** Was schiltst du mich **darum?**

f) Zeichensetzung.

Im **einfachen** Satz wird kein Zeichen (Beistrich usw.) gesetzt, damit die Haupt- und Nebensatzglieder, die zusammen ein Ganzes bilden, nicht zerrissen werden. — Nur wenn mehrere gleichartige Satzglieder vorhanden sind, die nicht durch **und** oder **oder** verbunden sind, so müssen sie durch einen Beistrich getrennt werden (siehe Abschnitt II).

g) Einteilung der Sätze Ihrem Inhalt nach.

1. Der Sieger dankte dem Höchsten für seine Gnade.
2. Dankte der Sieger dem Höchsten für seine Gnade?
3. Wie dankte der Sieger dem Höchsten für seine Gnade!
4. Sieger, danke dem Höchsten für seine Gnade!

Hier sind vier Sätze, die ihrem Wortlaut nach fast übereinstimmen, aber ihrem **Inhalt** nach doch verschieden sind. Der Satz unter 1 enthält eine einfache Behauptung oder **Erzählung**, er ist daher ein **Erzählsatz** und wird durch einen Punkt geschlossen. — Der Satz unter 2 enthält eine **wörtliche Frage,** er ist also ein **Fragesatz** und wird durch das **Fragezeichen** geschlossen. — Der Satz unter 3 enthält einen **Ausruf,** daher ist er ein **Ausrufesatz** und wird durch das **Ausrufezeichen** geschlossen. — Der Satz unter 4 enthält einen **Befehl**, daher ist er ein **Befehlssatz** und wird durch das **Ausrufezeichen** geschlossen.

II. Der zusammengezogene Satz

Die Donau **ist ein Fluß.** Der Main **ist ein Fluß.**

Das sind zwei Sätze, von denen jeder dieselbe Satzaussage hat: **Fluß.** Die Satzaussage ist also für diese zwei Sätze gemeinsam, es ist ein **gemeinsames** Satzglied; die Satzgegenstände (Donau, — Main —) sind dagegen verschieden; **aber** es sind doch **gleichartige** oder **gleichnamige** Satzglieder, nämlich lauter Satzgegenstände. Um nun nicht, wie in obigen zwei Sätzen, die gemeinsame Satzaussage zweimal aussprechen oder wiederholen zu müssen, **ziehen wir** die **gleichartigen** Satzglieder also die Satzgegenstände, **zusammen,** d. h. wir stellen sie nebeneinander und **verbinden** sie durch ein besonderes Wort (und), das Bindewort **heißt, und** setzen das **gemeinsame** Satzglied, die Satzaussage, nur einmal und sagen: Die Donau **und** der Main **sind Flüsse.**

Ein solcher eigentlich aus mehreren Sätzen entstandener Satz heißt **zusammengezogener Satz.**

Ein **zusammengezogener Satz** ist ein solcher Satz, der aus mehreren gleichartigen Satzgliedern besteht, die sich auf ein gemeinsames Satzglied beziehen (oder auf mehrere). Der zusammengezogene Satz läßt sich in so viele Einzelsätze auflösen, wie gleichartige Satzglieder vorhanden sind. Die Zusammenziehung geschieht durch einfaches Nebeneinanderstellen, wobei der Beistrich zwischen die gleichartigen Satzglieder gesetzt wird, — durch die einfachen Bindewörter: **und, oder,** vor welchen **kein** Beistrich (Komma) stehen darf, und durch Doppelbindewörter, wie **nicht — aber; sowohl — als auch; nicht — sondern; nicht allein — sondern auch; teils — teils; weder — noch; entweder — oder; zwar — aber auch; bald — bald,** vor deren zweitem Teile **der Beistrich** steht.

Übung: Löse die nachstehenden zusammengezogenen Sätze in Einzelsätze auf!

(1.) **Salz** und **Brot** macht die Wangen rot. (2.) **Fliegen** und **Freunde** kommen im Sommer. (3.) Die Hechte fressen **Fische, Krebse** und **Würmer.** (4.) Wir **loben** und **preisen** dich ewiglich. (5.) Die Musik erheiterte **ihn** und **mich.**

Man kann den zusammengezogenen Satz auch als einen **einfachen** ansehen, in welchem mehrere gleichartige Satzglieder vorhanden sind.

III. Der zusammengesetzte Satz

1. Begriff.

Der Mensch denkt.
Gott lenkt.

Diese beiden Sätze stehen in einer **Art geistigen Verwandtschaft** zueinander; sie **drücken nur einen Hauptgedanken aus.** Sie lassen sich auch **sprachlich** zu einem Hauptgedanken äußerlich **verbinden**, indem wir den Punkt, der die beiden Sätze voneinander trennte, weglassen und bloß zum Zeichen, daß der Hauptgedanke aus zwei einzelnen Sätzen besteht, einen Beistrich zwischen diese setzen, z.B.: Der Mensch denkt, Gott lenkt.

Die Zugvögel verlassen uns im Herbst.
— weil sie den Winter fürchten.

Auch diese zwei Sätze sind inhaltlich nahe miteinander verwandt, man kann sie daher ebenfalls zu einem Hauptgedanken vereinigen oder zusammensetzen, z. B.: Die Zugvögel verlassen uns im Herbst, weil sie den Winter fürchten. — Ein auf solche Weise entstandener Satz heißt **zusammengesetzter** Satz; denn der Satz ist aus mehreren Sätzen gebildet, d. h. **zusammengesetzt.**

2. Haupt- und Nebensatz.

Der Wanderer hat getrunken.

Dieser Satz drückt für sich **allein einen klaren Gedanken aus;** er ist für sich **allein** verständlich. Ein solcher Satz heißt **Hauptsatz.**

Wenn der Wanderer getrunken hat —

Dieser Satz genügt uns **in keiner Weise;** er ist uns **nicht verständlich;** er bedarf daher zum besseren Verständnis noch eines **Zusatzes,** z. B.: Wenn der Wanderer getrunken hat, **wendet er dem Brunnen den Rücken.** — Dieser letzte Satz ist ein Hauptsatz. Der obige Satz: Wenn der Wanderer getrunken hat, wurde also erst **durch Verbindung mit einem Hauptsatz verständlich,** und einen solchen Satz nennen wir **Nebensatz.**

Sehen wir uns die Wortfolge im Haupt- und Nebensatz an, so finden wir ein **äußeres Kennzeichen für den Nebensatz,** z. B.:

a) (1.) Der Wanderer **hat** getrunken. (2.) Der Wanderer **trank** aus der Quelle.
b) (1.) Wenn der Wanderer getrunken **hat** ... (2.) Während der Wanderer aus der Quelle **trank** ...

Im **Nebensatz steht das Hilfszeitwort** (**hat** b(1.)) oder **das aussagende Zeitwort** (**trank** b(2.)) in der Regel **am Ende,** im Hauptsatz (**hat** a(1.), **trank** a(2.)) aber nie. Nur wenn der Hauptsatz allein steht und das aussagende Zeitwort keine näheren Bestimmungen hat, kann letzteres, niemals aber das Hilfszeitwort, amEnde stehen; z. B.: Das Feuer **brennt.** Das Feuer **hat** gebrannt.

3. Die Satzverbindung.

a) Begriff.

Alte soll man ehren, Junge soll man lehren, Weise soll man fragen, Narren soll man ertragen.

Hier ist ein zusammengesetzter Satz, der **nur aus Hauptsätzen** besteht; dieser wird **Satzverbindung** genannt.

b) Zeichensetzung.

In der Satzverbindung setzt man zwischen die Hauptsätze, wenn sie sehr kurz sind oder durch Bindewörter wie und, oder, nicht nur — sondern auch usw. verbunden sind, einen Beistrich (z. B.: Der Sturm naht, laßt uns eilen. — Schlechte Menschen leben oft im Überfluß, **und** gute Menschen leiden nicht selten bittere Not.). Zwischen Sätze von größerem Umfange setzt man einen Punktstrich (z. B.: Halte deinen Witz im Zaum; leicht macht er dem Hasse Raum).

Wir können nun leicht die Regel ableiten, wann vor **und** ein Beistrich steht und wann nicht.

Der Beistrich fällt fort, wenn nach „und" kein vollständiger Satz folgt; der Beistrich wird vor „und" gesetzt, wenn nach „und" ein vollständiger Satz (mit Satzgegenstand und Satzaussage) **folgt.**

c) Beispiele über Satzverbindungen.

(Beachte die Zeichensetzung!)

Eigenlob stinkt, Freundeslob hinkt, fremdes Lob klingt. — Ein jeder Stand hat seinen Frieden; ein jeder Stand hat seine Last. — Die Luft ist kühl, **und** es dunkelt, **und** ruhig fließt der Rhein. — Der Unmäßige bringt sich **nicht nur** um seine Gesundheit, **sondern** er verschwendet **auch** sein Vermögen. — Die Wahrheit richtet sich nicht nach uns; wir müssen uns nach ihr richten. — Du mußt **entweder** deinen Verpflichtungen nachkommen, **oder** du verlierst deine Ehre. — Die Jugend ist die Zeit der Saat; benutze sie. — Quäle nie ein Tier zum Scherz; **denn** es fühlt wie du den Schmerz. — Die Erde bewegt sich um die Sonne, **darum** nennt man sie einen Wandelstern oder Planeten.

4. Das Satzgefüge.

a) Begriff.

Was du tust, das ist nicht richtig.

Der vorstehende zusammengesetzte Satz besteht aus zwei Sätzen. Der erste ist ein Nebensatz, folglich muß der zweite ein Hauptsatz sein, weil sonst der Nebensatz nicht verständlich wäre. Ein zusammengesetzter Satz, der aus **Haupt-** und **Nebensatz** (oder mehreren Haupt- und mehreren Nebensätzen) besteht, wird **Satzgefüge** genannt.

1. Er wird sich gänzlich von dir zurückziehen, wenn du dich nicht besserst. 2. Wenn du dich nicht besserst, wird er sich gänzlich von dir zurückziehen. — 3. Er wird, wenn du dich nicht besserst, sich gänzlich von dir zurückziehen.

Im ersten Satz steht der Nebensatz hinter dem Hauptsatz, deshalb heißt er **Nachsatz**. Im zweiten Satz ist der Nebensatz dem Hauptsatz **vorgesetzt**; er heißt in diesem Falle **Vordersatz**. In dem Satzgefüge unter 3 steht der Nebensatz **zwischen** dem Hauptsatz; man nennt ihn daher **Zwischensatz.**

b) Zeichensetzung.

Beachten wir die Zeichensetzung in den vorstehenden Beispielen, so finden wir, daß der Nebensatz vom Hauptsatz **immer** durch einen **Beistrich** getrennt ist, gleichviel, ob dieser als Vordersatz, Nachsatz oder Zwischensatz steht. Deshalb muß, wenn der Nebensatz als Zwischensatz steht, der Beistrich an den **Anfang** und **Schluß** desselben gesetzt werden.

c) Beispiele über Satzgefüge.

(Die Nebensätze sind durch Fettdruck hervorgehoben.)

Wer sich in Gefahr begibt, der kommt darin um. Der Kranke erwartet sehnlichst, **daß ihn der Arzt besuche. Wen der Herr lieb hat,** den prüft er. Die Wolken, **die den Himmel verdeckten,** sind vom Winde zerstreut worden. **Wo ein Aas ist,** da sammeln sich die Geier. **Wie man's treibt,** so geht's. Du sollst deinen Vater und deine Mutter ehren, **auf daß es dir wohl gehe auf Erden.**

d) Der Anführungssatz; abhängige und wörtliche Rede.

1. Er beschwor, **daß er nichts von der Sache wisse.** — 2. **Daß er nichts von der Sache wisse,** beschwor er. — 3. **Er wisse,** beschwor er, **nichts von der Sache.**

In diesen Sätzen ist nur der **Sinn,** der Inhalt einer Rede angegeben. Eine solche nur **dem Inhalte nach** angeführte Rede heißt **abhängige** Rede. Der Hauptsatz, der die abhängige Rede begleitet oder **einleitet,** wird **einleitender Satz** (auch Einführungssatz) genannt. Die abhängige Rede kann **nach** (1) oder **vor** dem einleitenden Satz stehen (2), und sie kann den einleitenden Satz **einschließen** (3). Die abhängige Rede wird **immer** vom einleitenden Satz durch den **Beistrich** getrennt.

1. Er beschwor: **„Ich weiß nichts von der Sache."** — 2. **„Ich weiß nichts von der Sache",** beschwor er. — 3. **„Ich weiß nichts",** beschwor er, **„von der Sache."**

Hier sind die **eigenen Worte des Sprechenden** angeführt. Ein Satz, der die **eigenen Worte** eines Sprechenden (mündlich oder schriftlich) enthält, heißt **Anführungssatz,** und der eigene Wortlaut wird **wörtliche** Rede genannt. Die wörtliche Rede kann **nach** (1) oder **vor** dem einleitenden Satz stehen (2), und sie kann den einleitenden Satz **einschließen** (3).

Die **wörtliche** Rede hat zunächst, gleichviel welche Stellung sie zum einleitenden Satz einnimmt, am Anfang die „ (Anführungsstriche — **unten** —) und am Schluß die " (Schlußstriche — **oben** —). Steht nun die wörtliche Rede **nach** dem einleitenden Satz, so wird **diesem** der **Doppelpunkt** (Kolon) = **: angefügt.** Das erste Wort der wörtlichen Rede wird **groß** geschrieben (1). Steht die wörtliche Rede **vor** dem einleitenden Satz, so wird sie von diesem einfach durch einen **Beistrich** getrennt (2). **Schließt** die wörtliche Rede den einleitenden Satz ein, so wird sie unterbrochen, beginnt dann von neuem und schließt dann ab. Es werden nun **beim jedesmaligen Beginn und Schluß** auch die **Anführungs-** und **Schlußstriche** gesetzt, auch steht **vor** und **nach** dem einleitenden Satze ein **Beistrich** (3).

Übung: Setze in folgenden Sätzen statt der wörtlichen die abhängige Rede!

(1.) Das Sprichwort sagt: „Müßiggang ist aller Laster Anfang." (2.) Solon behauptete: „Niemand ist vor seinem Tode glücklich zu preisen." (3.) Kolumbus sagte einmal: „Jede Sache erscheint uns leicht, wenn sie getan ist."

(Vgl. Lösungen Nr. 12!)

Übung: Verwandle in nachfolgendem Beispiel die durch Fettdruck hervorgehobene abhängige in die wörtliche Rede! Gebrauche die dreifache Stellung der wörtlichen Rede! Setze die richtigen Zeichen!

Napoleon I. rühmte sich, **daß sein Adler von Turm zu Turm fliegen und sich in Paris niederlassen werde.**

(Vgl. Lösungen Nr. 13!)

5. Verkürzung der Nebensätze.

1. a) Es ist Pflicht, **daß wir** unsere Eltern ehren. — b) Es ist Pflicht, unsere Eltern **zu ehren.**

2. a) Ein Rat, **der** zur rechten Zeit **gegeben wird,** ist goldeswert. — b) Ein Rat, **gegeben** zur rechten Zeit, ist goldeswert.

3. a) Gott, der der **Erschaffer** der Welt ist, erhält alle Dinge. — b) Gott, (als) der **Erschaffer** der Welt, erhält alle Dinge.

4. a) **Der du mein Freund bist,** hast die Pflicht, zu mir zu stehen. — b) **Freund,** hast die Pflicht, zu mir zu stehen.

Oft läßt man Teile eines Nebensatzes, die sich im Geiste leicht ergänzen lassen, weg, und es entsteht dadurch **der verkürzte Nebensatz.** Die Satzaussage muß bei der Verkürzung stets beibehalten werden, aber sie erleidet eine Veränderung: sie kommt entweder in die Grundform mit „zu", und es entsteht so **der Grundformsatz (Infinitivsatz)** 1b.) — oder sie ist ein Mittelwort (Partizipium), wodurch der **verkürzte Beifügungssatz** entsteht (2b.). Ist die Satzaussage des letzteren ein Hauptwort oder Eigenschaftswort, so heißt er erklärender Beisatz oder **Apposition** (3b.); zu dieser gehört auch die **Anrede** (4b.). Die verkürzten Nebensätze werden vom Hauptsatz durch den Beistrich getrennt. Durch die Verkürzung der Nebensätze gewinnt die Sprache an Kraft und Lebendigkeit, sie wird eindringlicher und anziehender.

Beispiele über Satzgefüge mit verkürzten Nebensätzen.

Der verkürzte Nebensatz ist durch Fettdruck hervorgehoben; der vollständige Nebensatz ist in Klammern beigefügt.

Der Kluge ist sich bewußt, **oft zu irren** (daß er oft irrt). — **Dem Vaterland treu zu dienen** (daß man dem Vaterland treu diene), ist Pflicht eines jeden Menschen. — Wohltaten, **still und rein gegeben** (die still und rein gegeben werden), sind Tote, die im Grabe leben. — Der Bergstrom stürzt, **alles mit sich fortreißend** (indem er alles mit sich fortreißt), in die Ebene.

6. Der mehrfach zusammengesetzte Satz.

Ein mehrfach zusammengesetzter Satz ist ein aus mehreren Sätzen bestehender, aber nur einen Hauptgedanken ausdrückender Satz. Die einzelnen Sätze werden nach ihrer Art entweder durch den Punktstrich oder den Beistrich getrennt; z. B.:

Wer nur deswegen ein Biedermann ist, damit die Welt es wisse, um ihn desto höher zu schätzen; wer nur deshalb recht handelt, damit seine Tugend zur Kenntnis der Menschen gelange: der ist nicht der Mann, von dem man viele Dienste erwarten darf. — Wo dir, o Mensch, Gottes Sonne zuerst schien; wo dir die Sterne des Himmels zuerst leuchteten; wo seine Blitze dir zuerst die Allmacht offenbarten: da ist deine Liebe; da ist dein Vaterland (Arndt). — Wenn ich ihn nur habe; wenn mein Herz bis hin zum Grabe seiner Treue nie vergißt: weiß ich nichts von Leide; fühl' ich nichts als Sehnsucht, Lieb' und Freude (Novalis).

Schlüssel zu den Übungen

Nr. 1.

Die Helden, die Bissen, die Gegenden, die Flüsse, die Quellen, die Tiere, die Türen, die Felder, die Ebenen, die Gebirge, die Felsen.

Nr. 2.

schlank, schlanker, schlankst (am schlanksten); tief, tiefer, tiefst (am tiefsten); schön, schöner, schönst (am schönsten); hoch, höher, höchst (am höchsten); nah, näher, nächst (am nächsten); viel, mehr, meist (am meisten).

Nr. 3.

Mittelwörter.

a) der Gegenwart.	b) der Vergangenheit.
essend, fahrend, schlafend, schwörend.	gegessen, gefahren, geschlafen, geschworen.

Nr. 4.

a)

1) Mit heißen Tränen ... nach den väterlichen Fluren. — 2) Anstatt des Gewehres. — 3) nächst den Menschen. — 4) zu einem Vorwand, außer dem Hause. — 5) nebst mir. — 6) Binnen einigen Stunden. — 7) durch den Rundfunk. — 8) für das Leben. — 9) Ohne die Saat. — 10) Aus einem kleinen Funken. — 11) Aus ihr. — 12) mir gegenüber. — 13) unweit der großen Handelsstadt. — 14) an das Licht. — 15) an der Wand. — 16) auf seinem harten Strohlager ... in weichem Bett. — 17) Während der Feier. — 18) ungeachtet ihrer Wildheit. — 19) in ihn. — 20) unter den Baum ... unter ihm vor dem Regen ... zu seinem Unglück ... unter einem Baum ... vom (= von dem) Blitz. — 21) Laut der Berichte. — 22) angesichts der Tatsache ... zur (= zu der) Versöhnung. — 23) trotz seines Reichtums (seinem Reichtume). — 24) um der Menschen willen. — 25) über das Gelingen. — 26) unter der Herrschaft und dem Schutze. — 27) in den Fluß ... in dem Wasser nach dem Kinde ... in den Fluß. — 28) Mit dem Hute in der Hand ... durch das ganze Land. — 29) auf dich. — 30) über das (dein) Schicksal. — 31) vor dem Feinde. — 32) vor jedem Geräusch. — 33) diesseit(s) des Flusses; jenseit(s) desselben. — 34) Der Freundschaft halber. — 35) Statt des Blutes. — 36) Längs der Küste. — 37) Um des Glaubens willen. — 38) Behufs einer friedlichen Beilegung. — 39) Auf hoher See. — 40) unter den Weizen. — 41) Unter einem groben Kleide. — 42) Mit den Wölfen. — 43) Von einem Streiche. — 44) samt seinem ganzen Heere. — 45) hinter den Wagen. — 46) zum (zu dem) Gefolge. — 47) innerhalb der Grenzen. — 48) vor einem Überfall. — 49) Unter diesen Umständen. — 50) vor den Mund. — 51) Kraft der Laute ... kraft der Zweige. — 52) kraft seines Amtes. — 53) mit meinen Erfahrungen. — 54) samt allen Papieren. — 55) zwischen meinen und deinen Fähigkeiten. — 56) auf der Zunge ... in dem Herzen. — 57) Mittels des Mikroskops. — 58) ohne allen Tadel. — 59) nach seiner Vernunft. — 60) in die Gesellschaft. — 61) in der Schule. — 62) in den Klub. — 63) in dem Verein. — 64) vor seiner Tür. — 65) über mir. — 66) über mich. — 67) über mich. — 68) gegen die Eltern ... gegen die

Mitmenschen ... gegen den Lügner ... gegen den Schmeichler. — 69) an dein kühles Grab. — 70) Aus der Wolke. — 71) mit mir ... wider mich. — 72) Auf der Felsen ... mit leichtem Schwung, durch den Riß ... hinter ihr ...mit dem Todesbogen. — 73) an mich. — 74) zu dir. — 75) bei dir. — 76) für mich ... für dich ... mir ... dir. — 77) auf dir. — 78) hinter mir. — 79) dich unter ihn. — 80) nach mir. — 81) an mich. — 82) auf dich. — 83) für dich. — 84) dich vor mir. — 85) vor mir. — 86) mit mir. — 87) nach mir. — 88) vor mir. — 89) auf dich. — 90) zu dir. — 91) ohne mich. — 92) um mich. — 93) durch dich. — 94) gegen mich. — 95) um dich. — 96) gegen dich. — 97) um sie. — 98) Aus dir. — 99) bei mir ... bei ihnen ... bei ihnen ... bei den Reichen. — 100) mit mir ... mit ihr. — 101) mit ihr. — 102) Bei ihm. — 103) bei meinen Eltern ... bei ihnen. — 104) von ihm. — 105) von ihr. — 106) zu dir ... zu mir. — 107) nach ihnen. — 108) nach dir. — 109) nach ihm. — 110) zu ihm. — 111) zu mir ... zu dir. — 112) zu ihm ... zu mir. — 113) Außer mir. — 114) Außer dir. — 115) außer ihnen. — 116) außer mir. — 117) Nächst dir. — 118) Nächst mir. — 119) nächst ihnen. — 120) an dir. — 121) auf dich. — 122) hinter mich ... hinter ihm ... neben ihr. — 123) neben mir ... neben ihn. — 124) über dir (mir, ihm, uns, euch, ihnen). — 125) über mich (ihn, uns). 126) über mir. — 127) über mich. — 128) unter mir. — 129) unter dich. — 130) vor ihnen. — 131) zwischen mir und dir. — 132) zwischen mich und ihn ... zwischen zwei Freunden. — 133) auf meinen Geburtstag. — 134) an seiner Aufrichtigkeit ... auf der Hut ... auf die Probe. — 135) hinter einen Vorwand. — 136) neben ihren Hauptgöttern. — 137) in großer Armut. — 138) über alles. — 139) über ein großes Heer. — 140) vor ihn ... vor ihm ... vor ihm. — 141) auf dich. — 142) auf eine geschickte Weise. — 143. über keinen Menschen. — 144) über diese Angelegenheit. — 145) Unter einem Dollar. — 146) unter dem Siegel. — 147) Bei diesem Tausche. — 148) in barem Gelde. — 149) in der Zeit. — 150) In der Jugend. — 151) vor dem Feste. — 152) über einen Monat. — 153) auf den nächsten Monat. — 154) bis an den Fluß. — 155) Zwischen welchen beiden Festen. — 156) Unter der Regierung. — 157) an der Liebe der Mutter. — 158) an die Zukunft. — 159) auf das Geschwätz ... auf sein eigenes Urteil. — 160) in die Gefahr ... in derselben.

Nr. 5.

1) den. — 2) dich. — 3) dir. — 4) süßer. — 5) dir. — 6) dich. — 7) froher. — 8) dich. — 9) dir. — 10) die. — 11) denen. — 12) diese. — 13) Gräbern. — 14) mich. — 15) mir. — 16) diesen. — 17) Sträuchern. — 18) sie. — 19) mich. — 20) mir. — 21) mich. — 22) mir. — 23) den. — 24) Sternen. — 25) unsern. — 26) Lieben. — 27) dir.

Nr. 6.

1) für. — 2) vor. — 3) für. — 4) vor. — 5) für. — 6) vor. — 7) für. — 8) vor. — 9) für.— 10) vor. — 11) vor. — 12) für. — 13) dafür (davor). — 14) davor (dafür). — 15) vor. — 16) für. — 17) für. — 18) vor. — 19) vor. — 20) für. — 21) für. — 22) vor. — 23) für. — 24) vor. — 25) für. — 26) für. — 27) für. — 28) für.

Nr. 7.

1) zu dem. — 2) zur. — 3) nach. — 4) zu einem ... zu einem. — 5) nach dem. — 6) zu ihren. — 7) nach der. — 8) zu dem. — 9) bei einem. — 10) zu einem. — 11) bei einem. — 12) zu dem. — 13) bei einer. — 14) zu seiner.

Nr. 8.

1) dem. — 2) langer. — 3) einem. — 4) seinem. — 5) Sohne. — 6) Jahren. — 7) diese. — 8) dem. — 9) gottlosen. — 10) die. — 11) ihn. — 12) dieser. — 13) der. — 14) ganzen. — 15) den. — 16) der. — 17) ganzen. — 18) dem. — 19) dir. — 20) der. — 21) bösen. — 22) verderbten. — 23) diese. — 24) der. — 25) dem. — 26) besten. — 27) Danke. — 28) Scheltworten. — 29) Spottreden. — 30) der. — 31) die. — 32) der. — 33) vielen. — 34) die. — 35) Dem. — 36) diese. — 37) seinem. — 38) tollen. — 39) dem. — 40) Wunsche. — 41) ihm. — 42) die. — 43) ihrem. — 44) den. — 45) die. — 46) ihm. — 47) ihnen. — 48) weitem. — 49) ihm. — 50) seinem. — 51) Sohne. — 52) dieser. — 53) ersten. — 54) das. — 55) beiden. — 56) dem. — 57) das. — 58) einem. — 59) dem. — 60) den. — 61) ihm. — 62) dem. — 63) der. — 64) deiner. — 65) den. — 66) ihnen. — 67) den. — 68) Leuten. — 69) dem. — 70) dir. — 71) im. — 72) den. — 73) Leuten. — 74) dir. — 75) den. — 76) demselben. — 77) unser. — 78) sie. — 79) den. — 80) allen. — 81) Dingen. — 82) ihre. — 83) Strömen. — 84) der. — 85) dem. — 86) allen. — 87) unsern. — 88) Werken. — 89) den. — 90) Leuten. — 91) sie. — 92) eurem. — 93) Kopfe. — 94) einem. — 95) toten. — 96) seinem. — 97) gutem. — 98) seinem. — 99) einem. — 100) uns. — 101) ihr. — 102) dem. — 103) seinen. — 104) stillen. — 105) der. — 106) die.

Nr. 9.

1) der. — 2) des. — 3) die. — 4) der. — 5) der. — 6) der. — 7) seiner. — 8) ihrer. — 9) seines Amtes. — 10) besserer. — 11) des (deines) Auftrages ... des Dienstes. — 12) seines Leichtsinns. — 13) sämtlicher. — 14) des Wortlautes. — 15) des Verbrechers (= Einzahl — der Verbrecher = Mehrzahl). — 16) der Meinigen. — 17) des Diebstahls ... desselben. — 18) dich . . unser. — 19) mir. — 20) Einem. — 21) ihm. —

22) Ihnen. — 23) Dir. — 24) mir. — 25) dir. — 26) Wem ... dem. — 27) der. — 28) diesem Armen. — 29) den blühenden. — 30) dem. — 31) dem. — 32) mir. — 33) dem. — 34) dir. — 35) dir. — 36) mir. — 37) dir. — 38) mir. — 39) ihn. — 40) sich. — 41) mich. — 42) dich. — 43) mich. — 44) den Vorsitzenden. — 45) uns. — 46) ihn. — 47) mich. — 48) dich. — 49) dich eines Besseren. — 50) einer. — 51) meinen Bruder seines Geldes und seiner. — 52) ihn seines Eides und seiner. — 53) den Gesellen des. — 54) einen Hasen seiner näheren. — 55) dich ... der Geschäfte (= Mehrzahl — des Geschäftes = Einzahl. — 56) den Kunden (= Mehrzahl — dem Kunden = Einzahl) die. — 57) mir das. — 58) deinem ... den. — 59) mir. — 60) mir ... den ganzen. — 61) dem Besteller. — 62) mich ... dir. — 63) dich ... mir. — 64) mir ... mich. — 65) dir (dich) ... mir (mich) ... einem. — 66) dich ... dich ... mir. — 67) mir (mich). — 68) Mir (mich). — 69) dir ... dich der erwiesenen. — 70) der ... ihn. — 71) Ihres Vergnügens. — 72) mir ... dir. — 73) mich ... mich ... mich ... ins (= in das). — 74) eines regelmäßigen Lebens. — 75) dich ein wahres. — 76) dich. — 77) seiner ... derselben. — 78) jeden ... deinen wahren ... dich seiner. — 79) mich ... mich ... mich. — 80) andern ... ihnen ... dir. — 81) jedem ... jedem ... dir andern. — 82) dich ... den. — 83) Den ... meinen ... mir ... mich ... mir ... den ... meinen. — 84) mir seine. — 85) seinem ... dem. — 86) mir. — 87) dich meinen ... dir ... diejenigen ... mir. — 88) dem ... dir ... dich. — 89) mich ... mir. — 90) Wem ... dem. — 91) mich. — 92) mir. — 93) mich ... mir einen. — 94) dir ... dich ... mir. — 95) mich ... mir. — 96) dich ... meinem ... mich. — 97) mich. — 98) dich ... mich. — 99) dich ... mich. — 100) mich ... dich. — 101) dich ... mich. — 102) mich ... ihren. — 103) dich. — 104) deinem ... deiner. — 105) dir ... mir. — 106) dich ... ihnen. — 107) mir. — 108) den ersten. — 109) die ... den. — 110) mich. — 111) mich deinen Gesellen. — 112) mein. — 113) unser. — 114) den. — 115) den. — 116) dich ... dir ... dir. — 117) dir die ... dir das. — 118) dir ... dir ... dir ... seine ... dir ... heiligem Schrecken ... die. — 119) mir. — 120) mir. — 121) mir ... seinem. — 122) dir. — 123) mir ... dir. — 124) mich. — 125) mir. — 126) mich. — 127) mir. — 128) Anwärter. — 129) mich ... mir. — 130) mir. — 131) euren ... ihnen. — 132) mir ... ihnen. — 133) mir. — 134) mir. — 135) mich. — 136) dir. — 137) dich ... dir. — 138) mir — 139) dir. — 140) ein. — 141) jedem Menschen. — 142) mir. — 143) dich. — 144) mir. — 145) mich, dir ... mich. — 146) dich ... dich ... fremdem. — 147) mir. — 148) das. — 149) dich. — 150) dir. — 151) dem ... die. — 152) dir. — 153) der andern die. — 154) den Kindern. — 155) den. — 156) mich das. — 157) mich andere. — 158) mir. — 159) seinen ... ihn ... keinen ... guten. — 160) dich. — 161) dir ... mir ... mir ... mir ... mich. — 162) die. — 163) deinen Vater. — 164) deinen. — 165) ihr. — 166) seinen ... seinen. — 167) des

Herrn. — 168) der guten. — 169) den. — 170) meines Lebens. — 171) die. — 172) den unwürdigen . . . seines Amtes. — 173) mich einer. — 174) dich deiner. — 175) mir seine. — 176) mich. — 177) sich der. — 178) mich meines Auftrags. — 179) dich . . . der. — 180) sich eines sonnigen Alters. — 181) Deine . . . jeglichen Grundes. — 182) dich . . . des folgenden Tages. — 183) dir . . . dir. — 184) dich . . . des Todes . . . deines eigenen Todes. — 185) dich . . . eine schwere . . . dich . . . ihm . . . dich . . . dich . . . ihn. — 186) dem Hungrigen dein. — 187) den . . . des Mordes. — 188) das . . . die. — 189) mich. — 190) mir. — 191) mich. — 192) mir einen. — 193) mich. — 194) mir. — 195) mich. — 196) mir. — 197) dir. — 198) dich. — 199) mich. — 200) mir.

Nr. 10.

1) der urkräftigen. — 2) der Hilfe. — 3) deines Geschäftes (auch: dein Geschäft). — 4) mir. — 5) des Hilfsmittels. — 6) uns. — 7) mir. — 8) dem (diesem usw.) Menschen (=Einz. — den Menschen usw. = Mehrz.). — 9) der besten. — 10) des Todes. — 11) seinem. — 12) der. — 13) des Kaufes. — 14) des Ersatzes . . . desselben. — 15) ihm (ihr = Einz. — ihnen = Mehrz.). — 16) des errungenen Sieges (= Einz. — der errungenen Siege = Mehrz.). — 17) keines Augenblickes. — 18) eines günstigen Erfolges. — 19) dessen. — 20) seiner. — 21) des Treibens (auch: das Treiben). — 22) mir. — 23) allen Anwesenden. — 24) des entsprungenen Verbrechers. — 25) des Totschlages. — 26) der errungenen Vorteile. — 27) der. — 28) der. — 29) des Todes. — 30) dem. — 31) ihm (ihr = Einz. — ihnen = Mehrz.). — 32) den. — 33) der. — 34) dem Menschen (= Einz. — den = Mehrz.). — 35) Ihnen. — 36) den Umständen.,— 37) uns. — 38) einem. — 39) mir. — 40) der. — 41) uns keiner. — 42) den. — 43) ihm (ihr = Einz. — ihnen = Mehrz.). — 44) keinem. — 45) der Ziege (= Einz. — den Ziegen = Mehrz.). — 46) einen. — 47) einen halben. — 48) keinen. — 49) einen. — 50) allen Trostes . . . allen Zweifels. — 51) heiteren Sinnes. — 52) des Lobes. — 53) deiner (auch: dich). — 57) dir. — 55) mir. — meiner. 56) des Eigentums. — 57) Des Leibes . . . der. — 58) mir. — 59) mir. — 60) mir. — 61) mich . . . mir. — 62) mir . . . eine große. — 63) mir. — 64) ihm . . . ihm. — 65) diesem . . . seines Lebens. — 66) aller menschlichen. — 67) dir. — 68) mir. — 69) mir. — 70) dem. — 71) mir. — 72) der (auch: fern von der). — 73) dem. — 74) der (auch: mit der). — 75) einen. — 76) einen. — 77) Dem kindlichen. — 78) dir . . . dieser . . . mir (auch: für mich). — 79) mir. — 80) seinen. — 81) mir (auch: für mich). — 82) dir. — 83) euch. — 84) mir (auch: für mich). — 85) mir. — 86) dem. — 87) dem (auch: für den). — 88) ihm. — 89) mir . . . dir. — 90) einen. — 91) dir. — 92) dem wichtigen. — 93) dir (auch: für dich). — 94) ihm. 95) dir. — 96) dich . . . mir. — 97) mir. — 98) mir. — 99) dir (auch: leicht verderblich für dich).

Nr. 11.

I. 1) Jahren. — 2) den. — 3) gleisenden. — 4) den. — 5) Schäfern. — 6) einem. — 7) gütlichen. — 8) Fuße. — 9) den. — 10) dem. — 11) dessen — 12) seiner. — 13) mich. — 14) den. — 15) blutgierigsten. — 16) der. — 17) mich. — 18) deine. — 19) Schafe. — 20) mich. — 21) mich. — 22) dem. — 23) mich. — 24) mir. — 25) deinen.

II. 1) abgewiesene. — 2) einem. — 3) zweiten. — 4) seine. — 5) dir. — 6) das. — 7) manches. — 8) mir. — 9) jedem. — 10) die. — 11) welche. — 12) eine. — 13) ganze. — 14) mich. — 15) im. — 16) ganzen. — 17) dem. — 18) den. — 19) mich. — 20) einem. — 21) Feinde. — 22) welchem. — 23) mich. — 24) meine.

III. 1) Aller. — 2) guten. — 3) einem. — 4) dritten. — 5) mir. — 6) euch. — 7) Schäfern. — 8) das. — 9) Dir. — 10) mir. — 11) mir. — 12) ein. — 13) deine. — 14) jenem. — 15) Walde. — 16) den. — 17) welche. — 18) guter. — 19) dich. — 20) mein. — 21) dir. — 22) deine. — 23) liebsten. — 24) dich. — 25) mir. — 26) deinem. — 27) Vorschlage. — 28) einige. — 29) Jahre. — 30) dich. — 31) den. — 32) dich. — 33) weniger.

IV. 1) dem. — 2) vierten. — 3) Diesem. — 4) treuer. — 5) den. — 6) mich. — 7) meinen. — 8) Brüdern. — 9) dem. — 10) Walde. — 11) mich. — 12) ihnen. — 13) ihnen. — 14) mich. — 15) deines. — 16) verstorbenen. — 17) Hundes. — 18) deinen. — 19) dir. — 20) keines. — 21) deiner. — 22) deine. — 23) im. — 24) Walde. — 25) dich. — 26) meine. — 27) mir. — 28) meine. — 29) armen. — 30) dich. — 31) Einen. — 32) ins. — 33) den. — 34) Dieben. — 35) dem. — 36) Hause.

V. 1) mich. — 2) die. — 3) dem. — 4) fünften. — 5) mich. — 6) Deinesgleichen. — 7) Meinesgleichen. — 8) deiner. — 9) aller. — 10) lebendiges. — 11) mir. — 12) das. — 13) mich. — 14) toten. — 15) Schafen. — 16) mir. — 17) mich. — 18) deiner. — 19) dir. — 20) deine. — 21) keine. — 22) dein. —23) mir. — 24) tote. — 25) kranke. — 26) gesunde. — 27) dir. — 28) meine. — 29) keine. —

VI. 1) mein. — 2) Liebstes. — 3) meinem. — 4) Zwecke. — 5) dem. 6) sechsten. — 7) dir. — 8) dich. — 9) mich. — 10) dir. — 11) meinen. — 12) die. — 13) der. — 14) alten. — 15) mich. — 16) am. — 17) dir. — 18) mir. — 19) ein. — 20) ihn. — 21) mir. — 22) der.

VII. 1) die. — 2) äußerste. — 3) ihr. — 4) mich. — 5) die. — 6) der. — 7) ihre. — 8) große. — 9) den. — 10) Schäfern. — 11) ihnen. — 12) den. — 13) alten. — 14) das. — 15) ihm. — 16) seiner.

Nr. 12.

(1) Das Sprichwort sagt, daß Müßiggang aller Laster Anfang sei. — (2) Solon behauptete, man könne niemanden vor seinem Tode glücklich preisen. — (3) Jede Sache käme uns leicht vor, wenn sie getan sei, sagte Kolumbus einmal.

Nr. 13.

1. Napoleon I. rühmte sich: „Mein Adler wird von Turm zu Turm fliegen und sich in Paris niederlassen." 2. „Mein Adler wird von Turm zu Turm fliegen und sich in Paris niederlassen", rühmte sich Napoleon I. 3. „Mein Adler wird", rühmte sich Napoleon I., „von Turm zu Turm fliegen und sich in Paris niederlassen". —

Verzeichnis von verdeutschten fremdsprachlichen Bezeichnungen im Deutschunterricht.

Abstraktum	begriffliches Hauptwort
Adjektivum	Eigenschaftswort
adverbiale Bestimmung	Umstandsbestimmung
Adverbialsatz	Umstandssatz
Adverbium	Umstandswort
Adverbium der Art und Weise	Umstandswort der Art und Weise
Adverbium des Grundes	Umstandswort des Grundes
Adverbium des Ortes	Umstandswort des Ortes
Adverbium der Zeit	Umstandswort der Zeit
Akkusativ	Wenfall
Aktiv	Tatform
Apostroph	Auslassungszeichen
Apposition	Beisatz
Artikel	Geschlechtswort
Artikulation	Lautbildung
Aspiraten	behauchte Laute
Attribut	Beifügung
Attributivsatz	Beifügungssatz
Aufsatzdiktat	freie Nachschrift
Averbo	Stammformen
Dativ	Wemfall
Deklination	Beugung des Hauptwortes usw.
Deminutivform	Verkleinerungsform
Demonstrativpronomen	hinweisendes Fürwort
Dental	Zahnlaut

Diktat	Nachschrift
Diphthong	Doppellaut
direkte Rede	wörtliche Rede
Disposition	Gliederung
Explosive	Verschlusslaute
Femininum	weibliches Hauptwort
Finalsatz	Umstandssatz der Absicht
flektierbar	beugbar
Futurum	Zukunft
Genitiv	Wesfall
Genus	Geschlecht
Genus verbi	Handlungsart
Grammatik	Sprachlehre
grammatisch	sprachlich
Gutturale	Gaumenlaut
Hilfsverbum	Hilfszeitwort
Imperativ	Befehlsform
Imperfektum	Dauer in der Vergangenheit
Indefinitum	unbestimmtes Zeitwort
Indikativ	Wirklichkeitsform
indirekte Rede	abhängige Rede
Infinitiv	Grundform
Interjektion	Ausrufewort
Interpunktion	Zeichensetzung
Interrogativpronomen	fragendes Fürwort
Kardinalia	Grundzahlen
Kasus	Fall
Kausalsatz	Umstandssatz des Grundes
Kausativum	bewirkendes Zeitwort
Kollektivum	Sammelname
Komma	Beistrich
Komparation	Steigerung
Komparativ	Steigerungsstufe
Kompositum	zusammengesetztes Wort
Konditionalsatz	Umstandssatz der Bedingung
Konjugation	Beugung des Zeitworts
Konjunktion	Bindewort

Konjunktiv	Möglichkeitsform
Konkretum	gegenständliches Hauptwort
Konsekutivsatz	Umstandssatz der Folge
Konsonant	Mitlaut
Kontraktion	Zusammenziehung
Konzessivsatz	Umstandssatz der Einräumung
koordinierend	beiordnendes (Bindewort)
Labial	Lippenlaut
Liquida	flüssiger Laut (Fließlaut)
Lokalsatz	Umstandssatz des Ortes
Maskulinum	Männliches Hauptwort
Media	stimmhafter Laut
Modalsatz	Umstandssatz der Art und Weise
Modus	Aussageweise
Nasal	Nasenlaut
Neutrum	sächliches Hauptwort
nicht flektierbar	unbeugbar
Nominativ	Werfall
Numerale	Zahlwort
Numerus	Zahl
Objekt	Satzergänzung
Ordinalia	Ordnungszahlen
Orthographie	Rechtschreibung
Partikel	Füllwort
Partizipium	Mittelwort
Passiv	Leideform
Perfekt	Vollendung in der Gegenwart
Personalpronomen	persönliches Fürwort
Phonetik	Lautbildungslehre
Plural	Mehrzahl
Plusquamperfekt	Vollendung in der Vergangenheit
Positiv	Grundstufe
Possessivpronomen	besitzanzeigendes Fürwort
Prädikat	Satzaussage
Präfix	Vorsilbe
Präposition	Verhältniswort
Präsens	Gegenwart
Präteritum	Vergangenheit

Reflexivpronomen	rückbezügliches Fürwort
Relativpronomen	bezügliches Fürwort
Semikolon	Punktstrich
Singular	Einzahl
Spirans	Reibelaut
Subjekt	Satzgegenstand
subordinierend	untergeordnetes (Bindewort)
Substantivum	Hauptwort
Suffix	Nachsilbe
Superlativ	Höchststufe
Syntax	Satzlehre
Temporalsatz	Umstandssatz der Zeit
Tempus	Zeit
Tenuis	stimmloser Laut
Verbum	Zeitwort
Vokal	Selbstlaut

Abhängige Rede	indirekte Rede
Ablaut	—
Anführungsstrich	—
Angleichung	Assimilation
Anlaut	—
Auslassungszeichen	Apostroph
Auslaut	—
Ausrufesatz	—
Ausrufewort	Interjektion
Ausrufezeichen	—
Aussagesatz	—
Aussageweise	Modus
Befehlsform	Imperativ
Befehlssatz	—
begriffliches Hauptwort	Abstraktum
Beifügung	Attribut
Beifügungssatz	Attributivsatz
beiordnendes Bindewort	koordinierend
Beisatz	Apposition
Beistrich	Komma
besitzanzeigendes Fürwort	Possessivpronomen

bestimmtes Geschlechtswort	bestimmter Artikel
beugbar	flektierbar
Beugung (des Hauptwortes usw.)	Deklination, Konjugation
bewirkendes Zeitwort	Kausativum
bezügliches Fürwort	Relativpronomen
Bindewort	Konjunktion
Brechung	—
Dauer in der Vergangenheit	Imperfektum
Dehnung	—
Doppellaut	Diphthong
Eigenname	—
Eigenschaftswort	Adjektivum
einfacher Satz	—
Einzahl	Singular
Ergänzungssatz	—
erweiterter Satz	—
Fall	Kasus
flüssiger Laut (Fließlaut)	Liquida
fragendes Fürwort	Interrogativpronomen
Fragesatz	—
Fragezeichen	—
freie Nachschrift	Aufsatzdiktat
Füllwort	Partikel
Fürwort	Pronomen
Gattungsname	—
Gaumenlaut	Gutturale
Gedankenstrich	—
gegenständliches Hauptwort	Konkretum
Gegenwart	Präsens
gemischte (Beugung usw.)	—
Geschlecht	Genus
Geschlechtswort	Artikel
Gliederung	Disposition
Grundform	Infinitiv
Grundstufe	Positiv
Grundzahlen	Kardinalia
Handlungsart	Genus verbi
Hauchlaut	—
Hauptsatz	—

Hauptwort	Substantivum
Hilfszeitwort	Hilfsverbum
hinweisendes Fürwort	Demonstrativpronomen
Höchststufe	Superlativ
Inlaut	—
Lautbildung	Artikulation
Lautbildungslehre	Phonetik
Lautgeschichte	—
Lautlehre	—
Lautverkürzung	—
Lautverschiebung	—
Leideform	Passiv
Lippenlaut	Labial
männliches Hauptwort	Maskulinum
Mehrzahl	Plural
Mitlaut	Konsonant
Mittelwort	Partizipium
Möglichkeitsform	Konjunktiv
Nachsilbe	Suffix
Nachschrift	Diktat
Nasenlaut	Nasal
Nebensatz	—
Ordnungszahlen	Ordinalia
Personen	—
persönliches Fürwort	Personalpronomen
Punktstrich	Semikolon
Rechtschreibung	Orthographie
Reibelaut	Spirans
rückbezügliches Fürwort	Reflexivpronomen
sächliches Hauptwort	Neutrum
Sammelname	Kollektivum
Satzaussage	Prädikat
Satzergänzung	Objekt
Satzgefüge	—
Satzgegenstand	Subjekt
Satzglieder	—

Satzlehre	Syntax
Satzverbindung	—
Selbstlaut	Vokal
Silbe, geschlossene	—
Silbe, haupttonige	—
Silbe, kurze	—
Silbe, lange	—
Silbe, nebentonige	—
Silbe, offene	—
Silbentrennung	—
Silbe, unbetonte	—
Sprachlehre	Grammatik
Sprachsilbe (Bindung)	—
Sprechsilbe (Bindung)	—
schwache Beugung	schwache Deklination, Konjugation
Schwebeton	—
Stamm	—
Stammformen	Averbo
starke Beugung	starke Deklination, Konjugation
Steigerung	Komparation
Steigerungsstufe	Komparativ
stimmhafter Laut	Media
stimmloser Laut	Tenuis
Stoffname	—
Tatform	Aktiv
Umlaut	—
Umstandsbestimmung	adverbiale Bestimmung
Umstandssatz	Adverbialsatz
Umstandssatz der Absicht	Finalsatz
Umstandssatz der Art und Weise	Modalsatz
Umstandssatz der Bedingung	Konditionalsatz
Umstandssatz der Einräumung	Konzessivsatz
Umstandssatz der Folge	Konsekutivsatz
Umstandssatz des Grundes	Kausalsatz
Umstandssatz des Ortes	Lokalsatz
Umstandssatz der Zeit	Temporalsatz
Umstandswort	Adverbium
Umstandswort der Art und Weise	Adverbium der Art und Weise
Umstandswort des Grundes	Adverbium des Grundes
Umstandswort des Ortes	Adverbium des Ortes
Umstandswort der Zeit	Adverbium der Zeit
unbestimmtes Zeitwort	Indefinitum

unbestimmtes Geschlechtswort	unbestimmter Artikel
unbestimmtes Zahlwort	—
unbeugbar	nichtflektierbar
unterordnendes (Bindewort)	subordinierendes
Vergangenheit	Präteritum
Verhältniswort	Präposition
Verkleinerungsform	Deminutivform
Verschlußlaute	Explosive
Vollendung in der Gegenwart	Perfekt
Vollendung in der Vergangenheit	Plusquamperfekt
Vorsilbe	Präfix
Weibliches Hauptwort	Femininum
Wemfall	Dativ
Wenfall	Akkusativ
Werfall	Nominativ
Wesfall	Genitiv
Wirklichkeitsform	Indikativ
Wortart	—
Wortlehre	—
wörtliche Rede	direkte Rede
Wunschsatz	—
Zahl	Numerus
Zahlwort	Numerale
Zahnlaut	Dental
Zeichensetzung	Interpunktion
Zeit	Tempus
Zeitwort	Verbum
Zukunft	Futurum
zusammengesetztes Wort	Komposition
Zusammenziehung	Kontraktion

Z W E I T E R T E I L

Rechtschreiblehre

(Orthographie)

Die Rechtschreiblehre zeigt uns an allgemein gültigen Regeln, wie die einzelnen Wörter unserer Sprache zu schreiben sind.

Diese Regeln betreffen folgende zwei Punkte:

1. die Regeln über den Gebrauch der beim Schreiben anzuwendenden Buchstaben (Laute);
2. die Regeln über den Gebrauch der Satzzeichen.

1. Abschnitt: Gebrauch der richtigen Buchstaben

I. Die Silbentrennung

Was ist eine Silbe?

Unterscheide Sprech- und Sprachsilben!

Was ist ein Laut?

Man teilt die Laute ein

1. in Selbstlaute (Vokale),
2. in Mitlaute (Konsonanten).

1. Ein Selbstlaut ist ein Laut, der, für sich **allein ausgesprochen. schon hörbar ist.** Die Selbstlaute sind:

a) **reine:** a, e, i, o, u.

b) **Umlaute:** ä, ö, ü (Merke: Wie ä, ö, ü, so schreibt man auch Ä, Ö, Ü und **nicht:** Ae, Oe, Ue!)

c) **Doppellaute:** au, ei, eu, äu.

2. Ein Mitlaut ist ein Laut, der in **Verbindung mit einem Selbstlaut hörbar ausgesprochen wird.** Mitlaute sind Laute mit Ausnahme der Selbstlaute, also: r (er), f (ef), h (ha) usw.

3. Man unterscheidet zwischen **Anlaut, Auslaut** und **Inlaut** der Sprachsilben.

Selbstlaute stehen im **Anlaut,** wenn sie am Anfange, im **Auslaut, wenn** sie am Ende, im **Inlaut,** wenn sie in der Mitte ihrer Silbe stehen. So steht z. B. **e** in **Erz** im Anlaut, in **sagte** im Auslaut, in **Herz** im Inlaut.

Mitlaute (Konsonanten) — einer oder mehrere —, welche dem Selbstlaut (Vokal) ihrer Silbe **vorangehen,** stehen im **Anlaut,** z. B. **gr** in **Grund.** Mitlaute, welche dem Selbstlaut ihrer Silbe **folgen,** stehen im **Auslaut,** wenn sie den Schluß des Wortes bilden, oder wenn sich ihnen eine Nachsilbe anschließt, die mit einem Mitlaut beginnt, z. B. **nd** in **Grund** und **gründlich;** dagegen im **Inlaut,** wenn sich ihnen eine Nachsilbe anschließt, die mit einem Selbstlaut beginnt, z. B. **nd** in **Gründe, Gründung.**

4. **Zerlegung** von Wörtern in **Silben:**

a) Feld, Haus, Mensch, mir, dich;

b) Rund-funk, Ler-che, Grä-fin, Für-sten-schloß, ent-schul-dig-te;

c) Abend, So-phia (nicht: **A**-bend, So-phi-**a**!); **Au**-ge, **Eu**-le, **Ei**-sen;

d) tre-ten, la-sen, nä-hen, Wa-che, lö-schen, Ka-the-der, Te-le-fon, Fü-ße, He-xe, rei-zen;

e) An-ker, Fin-ger, Wor-te, Was-ser, Knos-pe, tap-fer, kämp-fen, Karp-fen. Ach-sel, krat-zen, Städ-te, Ver-wand-te, Hak-ke, wek-ken;

f) La-sten, be-ste, ko-sten, Klo-ster, mei-ste, Hu-sten;

g) Pu-blikum, Me-trum, Hy-drant, Mi-kroskop, Le-pra;

h) (Brennessel) Brenn-nessel, (Schiffahrt) Schiff-fahrt, (Bettuch) Bett-tuch, (Schalloch) Schall-loch;

i) Diens-tag, Sams-tag, Tür-an-gel, Emp-fangs-an-zei-ge, Vor-aus-set-zung, voll-en-den, hier-auf, her-ein, hin-aus, dar-über, war-um, vor-an, be-ob-ach-ten, Stab-ei-sen;

k) Atmo-sphäre, Mikro-skop, Inter-esse;

l) ad-lig, neb-lig, recht-wink-lig, gleich-schenk-lig;

m) Miß-ernte, ent-erben, er-blassen, er-drücken.

Aus diesen Beispielen folgen die Regeln:

1. **Einsilbige** Wörter dürfen **nicht** getrennt werden (a).

2. Mehrsilbige Wörter trennt man meist nach **Sprechsilben** (b).

3. Mehrsilbige Wörter trennt man **nicht,** wenn die eine Silbe nur aus **einem** Laut besteht; ist die eine Silbe jedoch ein **Doppellaut,** so **findet die Trennung statt** (c).

4. Wenn **ein** Mitlaut im Inlaut steht, so tritt er zur **zweiten** Silbe. Dabei werden **ch, sch, ph, th, ß** als **ein** Laut betrachtet. Die **Mitlaute x** und **z** kommen immer auf die **zweite** Zeile (d).

5. Wenn **mehrere** Mitlaute im Inlaut stehen, so kommt der **letzte** auf die **zweite** Zeile. Das **ck** wird dabei in **k-k** verwandelt; — **tz** wird getrennt (e).

6. Das **st** bleibt immer ungetrennt (f).

7. In einfachen Fremdwörtern gehören die Lautverbindungen von **b, p, d, t, g, k** mit **l** oder **r** in der Regel auf die folgende Zeile (g).

8. Wörter, bei denen man in der Schreibweise das Zusammentreffen von **drei gleichen Mitlauten vermeidet,** erhalten bei der Trennung drei Mitlaute, wovon der letzte auf die nächste Zeile kommt (h). Eine Ausnahme bilden Mit-tag, den-noch, Drit-teil.

9. Zusammengesetzte Wörter sind nach ihren Bestandteilen zu trennen, die Bestandteile selbst werden wie die einfachen Wörter behandelt. Diese Teilung bleibt auch da geboten, wo sie mit der gewöhnlichen Aussprache nicht übereinstimmt (i).

10. Für zusammengesetzte Fremdwörter gilt dieselbe Regel wie für solche deutsche Wörter. Erkennt man die Bestandteile von Fremdwörtern nicht, so richte man sich nach den Regeln unter 4, 5 und 6 (k).

11. Wenn zwischen zwei Mitlauten ein Selbstlaut ausgestoßen ist, so erfolgt die Trennung da, wo der Selbstlaut fehlt (l).

12. Die durch Vorsilben abgeleiteten Wörter werden ihrer Bildung gemäß getrennt (m).

Weitere Beispiele.
(Beachte die Silbentrennung!)

(1.) Blut, Schwert, Volk, glatt, hier, Blei, schwarz, leer, kühn, frei, auf, schwer, lau, Markt.

(2.) Mee-res-bo-den, Rös-lein, Häus-chen, Äst-lein, Lich-ter, Red-lich-keit, Mor-gen-stun-de, In-sekt, Ok-to-ber, ge-for-dert, be-glei-te-te.

(3.) **Odem**, **Au**-gust, **aber**, **Emil**, **Eu**-ge-nie, **Adolf**, **Ei**-er.

(4.) Blü-te, Fei-le, rei-ben, träu-men, Tu-gend, bei-ßen, Grü-ße, Or-**tho**-gra-**phie**, Pro-**phet**, Ta-**xe**, Ni-**xe**, Wei-**zen**.

(5.) Eg-ge, es-sen, Trod-del, bit-ten, Af-fe, Kap-pe, bel-len, Füch-se, Rös-chen, Hoff-nung, mitt-le-re, munt-re, Ap-fel, Gip-fel, put-zen, wit-zig, Rök-ke, stek-ken, steck-te, nek-ken, neck-te, west-lich, öst-lich, Wo-che, lai-chen, Wä-sche, Ni-sche, sin-gen, wan-ken, hüp-fen, hüpf-te, Hop-fen, Trop-fen, Dämp-fe, stamp-fen, schimp-fen, Karp-fen, impf-te, kämpf-te.

(6.) Fen-ster, Für-sten, För-ster, Pfing-sten, gün-stig, Bor-sten, ber-sten.

(7.) Mi-kro-phon, Mi-tra, Hy-dra, Neu-trum.

(8.) Kamm-macher. Schwimm-meister, Still-leben, all-liebend, Spann-nagel.

(9.) Don-ners-tag, Roh-ei-sen, Emp-feh-lungs-schrei-ben, auf-er-ste-hen, hin-ab.

(10.) Di-sti-chon, Di-stink-ti-on, pro-gres-siv, re-gres-siv.

(11.) Eif-rig, hung-rig, nied-rig, uns-rer, Wand-rer.

(12.) Ge-bre-chen, Ur-wald, Erz-bi-schof, ver-lie-ren, zer-rin-nen.

II. Der große Anfangsbuchstabe

a) Kommt Zeit, kommt Rat.
Aller Anfang ist schwer.
Es ist nichts so fein gesponnen, ...
Wer andern eine Grube gräbt, ...
Der Klügste gibt nach.

b) Bunt sind schon die Wälder,
Gelb die Stoppelfelder,
Und der Herbst beginnt.
Rote Blätter fallen,
Graue Nebel wallen,
Kühler weht der Wind.

c)

(1.) Der Abend haucht aus Halm und Blatt. Die Bäume heben ihre Wipfel regungslos in die Stille, nur die Vogelkehlen sind noch laut. Die Drossel lockt mit hellem Ton ...

(2.) Der Vater antwortete: „Die reine Quelle ist an deiner Krankheit nicht schuld, sondern deine Unmäßigkeit."

(3.) Wo geht der Weg zu Fried' und Ehr' zu einem guten Alter hin? Grad aus, grad aus in Mäßigkeit, in Pflicht und Recht mit stillem Sinn

(4.) Mit Gott fang an, mit Gott hör auf! Das ist der schönste Lebenslauf.

(I.) („Was hat er denn Großes geleistet?" fragten eingebildete Schwätzer.)

(II.) (Erst wägs', dann wag's! sagt das Sprichwort.)

d)

(1.) Die Freude — der Schmerz — die Hoffnung — das Meer.

(2.) Der Prinz-Regent. — Die Mittelgebirgs-Landschaften. —

(3.) Der Kölner Dom. — Der **Thüringer** Wald. — Die **Plauensche** Straße.

(I.) (**kölnisches** Gebiet, ein englischer Soldat).

(4.) Er hat das Sein(ig)e verschwendet. — In Südamerika finden wir **Hunderte** von verschiedenen Palmenarten. — Der **Mutige** bebt nicht vor Gefahren. — Die Nacht ist zum Schlafen bestimmt. — Der **Nächste** — die **Armen** — das **Deutsche** — das **Rechte** — mit **Recht** — **Gutes** und **Böses** — **Altes** und **Neues** — das **Nichts** — die **Eins** — jedem das **Seine** — mit **Lesen** und **Schreiben** — das **Zustandekommen** — ein **Unwohlsein** — im **Freien** — mit **Zittern** und **Zagen**.

(5.) Ahnt dir **nichts Gutes**? Er erzählte **viel Neues**.

e)

(1.) Karl der **Große**. — Friedrich der **Zweite** (Friedrich II.).

(2.) Die **Schillerschen** Gedichte.

(I.) (Die lutherische Kirche. Die mohammedanische Religion.)

(3.) Liebe Eltern! Täglich habt **Ihr** mir Beweise **Eurer** Liebe gegeben. Nie kann ich **Euch** genug dafür danken.

(4.) Seine Majestät — Euer Wohlgeboren — die **Technische** Hochschule — der **Wirkliche** Geheimrat — das **Tote** Meer — die **Sächsische** Schweiz — die **Vereinigten** Staaten — der **Dreißigjährige** Krieg — die **Breite** Straße — der **Große** Kurfürst — die **Allgemeine** Zeitung — der **Rote** Adlerorden — das **Allgemeine Ehrenzeichen** — der **Atlantische** Ozean.

Aus den angeführten Beispielen folgt:

Mit **großem** Anfangsbuchstaben schreibt man:

1. Das **erste** Wort am **Anfang eines jeden Satzes** und eines jeden **Abschnittes** (a).

2. Das **erste** Wort einer **neuen Verszeile in Gedichten** (b). (Doch schreibt man es auch vielfach klein.)

3. Das **erste** Wort **nach einem Punkt** (c(1.)). Das **erste** Wort der **wörtlichen Rede nach dem Doppelpunkt** (c(2.)). Ferner das **erste** Wort **nach einem Fragezeichen** (c(3.)) und **einem Ausrufezeichen** (c(4.)), wenn durch diese Zeichen **der Satz geschlossen wird.** Auf ein Frage- oder Ausrufezeichen folgt aber **kein** großer Anfangsbuchstabe, wenn das **Nachfolgende** mit dem **Vorhergehenden** zu einem **Satzganzen** verbunden ist (c(I.)) und (II.)).

4. **Alle Hauptwörter** (d(1.)). (Die Schreibung der Familiennamen erfolgt in Deutschland nach dem Herkommen und unterliegt nicht den

Rechtschreiberegeln. Daher findet man dem ererbten Familiengebrauche gemäß: Schulze, Schultze; Schmidt, Schmitt; Wolf, Wolff; Kraft, Krafft usw.). Sind zusammengesetzte Hauptwörter von **größerem Umfange,** und werden sie getrennt, so wird **jeder Teil groß** geschrieben (d (2.)).

Die von **Ortsnamen** oder Völkernamen hergeleiteten Eigenschaftswörter, die auf **er** oder **sche** end(ig)en, werden als **Hauptwörter** angesehen und **groß** geschrieben (d (3.)). — Endigt ein solches Eigenschaftswort aber auf **isch,** so wird es **klein** geschrieben (d (1.)).

Jedes Wort der Sprache kann als **Hauptwort** gebraucht werden und wird dann **groß** geschrieben (d (4.)).

Auch die **Eigenschaftswörter** in Verbindung mit **etwas, viel, nichts, allerlei u. a.** werden **groß** geschrieben (d (5.)).

5. Die **Eigenschafts-** und **Ordnungszahlwörter,** die zu einem **Eigennamen** gehören (e (1.)).

Die von **Personennamen** abgeleiteten **Eigenschaftswörter,** welche **keine allgemeine** Bedeutung haben (e (2.)). — Haben sie aber **allgemeine** Bedeutung, so werden sie **klein** geschrieben (e (1.)).

Die **Fürwörter,** die sich auf eine **angeredete Person** beziehen, **namentlich in Briefen** (e (3.)). Außerhalb des Briefstils schreibt man jedoch **du** und **ihr** nebst den dazu gehörigen Formen und besitzanzeigenden Fürwörtern in der Regel klein.

Die **Für-** und **Eigenschaftswörter** in **Titeln** (e (4.)).

III. Der kleine Anfangsbuchstabe

Mit **kleinem** Anfangsbuchstaben schreibt man außer den Hauptwörtern **alle übrigen Wortarten** unter Berücksichtigung der bereits behandelten Sonderfälle. Insbesondere werden klein geschrieben:

1. **Hauptwörter,** wenn sie die Bedeutung anderer Wortarten annehmen und gebraucht werden:

a) als Verhältniswörter; z. B.: **angesichts, kraft, behufs, betreffs, dank** (der Hilfe), **eingangs, ausgangs, laut, mittels, seitens,** von **seiten,** auf **seiten,** zu **seiten, statt, trotz,** um — **willen,** von — **wegen, infolge, zufolge,** in **bezug inmitten, namens** (= im Auftrage und mit Namen).

In nachfolgenden Verbindungen, die obigen Verhältniswörtern sehr nahe stehen, hat sich aber der große Anfangsbuchstabe erhalten: zu **Ehren,** (des Siegers), im **Verfolg** (dieser Sache), nach **Maßgabe** (der Bestimmungen), in **Kraft** (des mir verliehenen Rechts), im **Hinblick** auf, mit **Rücksicht** auf, in **Erwiderung** auf, unter **Bezugnahme** auf, mit **Bezug** auf, auf **Grund** (auch: aufgrund), im **Anschluß** an, zu **Häupten** (seiner **Eltern**).

b) als Bindewörter; z. B.: falls, teils — teils.

c) als unbestimmte Zahlwörter; z. B.: ein bißchen, ein paar (einige — aber: ein Paar = zwei zusammengehörige Dinge, z. B. ein Paar Schuhe, ein Paar Manschetten) usw.

d) als Umstandswörter; z. B.: anfangs (aber: zu Anfang, Anfang Mai), flugs, rings, teils, einesteils, meistenteils, andernteils, größtenteils, einerseits, ander[er]seits, meinerseits, mütterlicherseits, derart, dergestalt, gleichergestalt, solchergestalt, merkwürdiger-, schlauer-, notwendiger-, törichter-, gleicher-, kreuz-, zeit-, paar-, scharen-, wechsel-, schritt-, ausnahmsweise, folgender-, einiger-, gewisser-, gleicher-, bekanntermaßen (aber: über die Maßen, mit Maßen, ohne Maßen, über alle Maßen), ebenfalls, gleich-, allen-, jeden-, widrigen-, nötigenfalls, allerhand, kurzerhand, vorderhand, abhanden, allezeit, jederzeit, derzeit, seinerzeit (aber: zu seiner Zeit), vorzeiten, beizeiten, zuzeiten, zeitlebens (aber: zeit meines Lebens), überhaupt, zuweilen, bisweilen, heutigentags, heutzutage, hierzulande, insonderheit, insbesondere, ohne-, sonder-, meines-, seinesgleichen, stromauf, stromab, bergauf, bergab, feldein, feldaus, kopfüber, kopfunter, allerorts, allewege, jahraus, jahrein, tagaus, tagein, jahrelang, tagelang (aber: viele Jahre lang), einmal, keinmal, manchmal, tausendmal, ein paarmal, ein andermal, jedesmal, allemal, unzähligemal, zum erstenmal, zum drittenmal, zum letztenmal (auch: zum ersten Male, zum dritten Male, zum letzten Male), vielmals, auf einmal, ein für allemal (aber: das eine Mal, dieses Mal, ein anderes Mal [auch: ein andermal], das andre Mal, ein Mal über das andere, das erste Mal, das dritte Mal, das letzte Mal [auch: das erstemal, das drittemal, das letztemal]), abends, morgens, mittags, vormittags, nachmittags, nachts (aber: des Abends, des Morgens, diesen Morgen, diesen Abend, Sonntags, Montags usw.), morgen (am folgenden Tage), heute abend, gestern nachmittag, heute morgen, morgen nachmittag, gestern früh, heute nacht, heute vormittag, Sonntag abend.

e) Ebenso werden einige Hauptwörter, wenn sie in Verbindung mit Zeitwörtern eine stehende Redensart, einen Begriff bilden, klein geschrieben: z. B.: leid tun, weh tun; leid, schuld, gram, feind sein; mir ist angst, wohl, wehe, not; not tun; angst machen; das ist schade; ich bin willens; schuld geben, haben; recht haben, sein, tun, behalten; das ist recht; das geschieht dir recht; zurechtkommen, zurechtmachen; anheimstellen, vorhanden sein; zustatten kommen; vonstatten geh(e)n; instand setzen; zustande kommen; außerstande sein; zuteil werden; zu gut haben; zugute halten, tun, kommen; zum guten wenden; im guten sagen; zunutze machen; außer acht lassen; sich in acht nehmen; vonnöten sein; zuwege bringen; einem etwas zuleide, zuliebe tun; sich etwas zuschulden (auch: zu Schulden) kommen lassen; stattfinden, statthaben, stattgeben, wahrnehmen, teilnehmen, überhandnehmen,

haushalten, **achtgeben**, **wundernehmen**, **preisgeben**, **brachliegen**, **standhalten** (wird die Zusammensetzung bei diesen Verbindungen gelöst, so wird jeder Teil derselben klein geschrieben; z. B.: er hält **haus**; er gibt **acht**; die Versammlung fand **statt**; er gibt **preis**; er hält **stand**; er hat **teil** usw.).

Steht vor den betreffenden Hauptwörtern in obigen Verbindungen ein Geschlechtswort oder eine Beifügung, so werden sie groß geschrieben; z. B.: Er hat **keinen Teil** an der Erbschaft. Ein gutes Wort findet eine **gute** Statt. Er tut sich **ein Leid** an. Sein Geschäft ist in **schlechtem** Stande. Es ist **deine** Schuld. Es ist **dein** Schade(n). Es ist **mein Wille**. Ich bin in **großer** Angst. Ich hatte es außer **aller** Acht gelassen.

In nachstehenden Verbindungen, welche den obigen Zusammensetzungen sehr ähnlich sind, hat sich aber der **große** Anfangsbuchstabe erhalten: **Folge** leisten, **Verzicht** leisten, **Rede** steh(e)n, **Takt** halten, **Trotz** bieten, **Platz greifen**, **Halt** machen (auch: **haltmachen**), **Kehrt** machen (auch: **kehrt** machen und **kehrtmachen**), **Sturm** laufen, **Bedacht** nehmen, **Wurzel** fassen, **Lärm** schlagen, **Anstalt** machen, **Schlittschuh** laufen, **Schritt** geh(e)n, **Wut** schnauben, in **Zweifel** ziehen, in **Strafe** nehmen, in **Betracht** ziehen, im **Stiche** lassen, im **Begriff** sein, bei **Laune** sein, von **Sinnen** sein, vor **Augen** haben, zu **Grunde** (auch: zugrunde) geh(e)n, legen, richten, zu **Füßen** fallen, zu **Mute** (auch: zu**mute**) sein, zu **Werke** geh(e)n, zu **Tische** geh(e)n, zu **Rate** halten, zu **Schanden** (auch: zu**schanden**) werden, zu **Gevatter** steh(e)n, zu **Ehren** bringen, zu **Gaste** laden, zu **Diensten** steh(e)n, zu **Hause** sein, nach **Hause** geh(e)n, zu **Recht** besteh(e)n, zu **Schaden** kommen, zu **Tage** (auch: zu**tage**) kommen, treten, fördern, zur **Rede** stellen, zur **Rüste** geh(e)n, zu **Schulden** (auch: zu**schulden**) kommen lassen, zu **Gunsten** (auch: zu**gunsten**) seines Bruders.

2. Die **von Personennamen abgeleiteten Eigenschaftswörter, welche allgemeine Bedeutung haben,** z. B.: die **lutherische** Kirche (aber: der Lutherische Katechismus), **homerisches** Gelächter, ein **lukullisches** (üppiges) Mahl, die **mohammedanische** Religion, die **calvinische** Lehre (vgl. S. 101 e (I.)). — Auch die von Orts- und Volksnamen abgeleiteten Eigenschaftswörter, sofern sie mit der Silbe **isch** gebildet sind; z. B.: **römisch**, **englisch**, **kölnisch** (vgl. S. 101 d (I.)!).

3. Alle **Für- und Zahlwörter,** die unbestimmten auch dann, wenn ein Geschlechts- oder Fürwort davor steht (vgl. aber auch S. 101 e (1.), e (3.) und e (4.)!); z. B.: **jemand**, **niemand**, **jedermann**, **einer**, **keiner**, **jeder**, der **eine**, **derselbe**, der **andere**, **eins** ins **andere**, in **einem** fort, es ist **eins** da, **eins** abgeben, **eins** trinken, mein **ein** und **alles**, **einige**, **viele**, **einzelne**, **einzelne** sagen, **einzelnes** hat mir gefallen, das **einzige**, was ich dich lehren kann, **manche**, **etliche**, **etwas**, **nichts**, **beide**, die **beiden**, **alle beide**, **jeder** von **beiden**, **alle drei**, die (**alle**) **anderen**, das (**alles**) **and(e)re**, die (**alle**)

übrigen, das (alles) übrige, das meiste, ein wenig, einiges wenige, der (das) nämliche, der erste, es ist das erste, was ..., der letzte, der nächste (erste) beste (aber: er ist der Erste in der Klasse, die Ersten werden die Letzten sein), ein jeglicher, jeder beliebige, der einzelne.

4. **Eigenschafts- und Umstandswörter in nachstehenden und ähnlichen Verbindungen,** welche dann die Stelle eines Umstandswortes einnehmen; z.B.: groß und klein; arm und reich; hoch und niedrig; alt und jung; gleich und gleich; durch dick und dünn; über kurz oder lang; am besten; zum besten geben, haben; wir haben ihn zum besten; es ist das beste, daß ... (aber: zum Besten der Armen, ich habe mein Bestes getan); fürs erste; am ersten; zum ersten; zum letzten; des weiteren; bei weitem; von weitem; ohne weiteres; aufs weitere; des kürzeren; des näheren; des öfteren; aufs deutlichste; aufs höchste; aufs äußerste (aber: er war auf das Äußerste gefaßt); am besten (sie liest am besten, aber: es fehlt ihm am Besten); aufs beste; aufs neue; im allgemeinen; im ganzen; im großen; im einzelnen; im wesentlichen; im übrigen; im stillen; nicht im geringsten; nicht im entferntesten; im folgenden; im nachstehenden; folgendes; vorstehendes; nachstehendes; (aber: das Folgende, das Vorstehende); von neuem; vor kurzem; zum mindesten; fürs nächste; zunichte; mitnichten; von innen; im voraus; von vorne; von oben; von ungefähr; nach außen; um ein beträchtliches; um ein bedeutendes; von altersher. Ebenso in gewissen Redensarten, z. B.: den kürzeren ziehen, im reinen sein; ins reine kommen; ins reine bringen, schreiben; im trüben fischen; etwas ernst nehmen; beim alten bleiben; jemand(en) aufs trockene setzen; namens (im Namen und mit Namen).

Anmerkung: **In Zweifelsfällen schreibe man mit kleinem Anfangsbuchstaben.**

IV. Die Hauptregeln der Rechtschreibung

Erste Hauptregel:

Bezeichne jeden Laut, den man bei richtiger und deutlicher Aussprache hört, durch das ihm zukommende Zeichen, z. B. Kiste — Küste, liegen — lügen, heilen — heulen, weiser — weißer, begleiten — bekleiden, Fluch — Flug — Pflug.

Anm.: Wenn jedem Laut ein bestimmter Buchstabe entspräche und der Laut immer durch diesen Buchstaben bezeichnet würde, so bedürfte es keiner weiteren Regel für die Rechtschreibung. Aber beides ist nicht der Fall; ferner wird

1. zuweilen ein Laut nicht durch den Buchstaben bezeichnet, der ihm zunächst zukommt; man schreibt z. B. **gräbt, Hand,** obwohl man hier das b und d anders spricht als in **graben** und **Hände;**

2. Die Länge und Kürze der Selbstlaute (Vokale) nicht überall und nicht immer auf gleiche Weise bezeichnet; vgl. z. B. Mal (Denkmal), Mahl (Mahlzeit), Saal; Wald, (es) wallt.

Es sind daher noch weitere Regeln notwendig. Zunächst gilt als

Zweite Hauptregel:

Wo derselbe Laut auf verschiedene Weise dargestellt werden kann, richte dich nach der Abstammung des Wortes, z. B. Totschläger (von tot) — Todfeind (von Tod); weislich (von weise) — weißlich (von weiß).

Beispiele zur 1. Hauptregel.

Beile, **Beule** — bezeigen, **bezeugen** — dingen, **düngen** — **Feile, Fäule, Pfeile** — Feier, **Feuer** — flicken, **pflücken** — Flug, **Fluch, Pflug** — **für, vier** — **gar, Jahr** — Gericht, Gerücht — heilen, **heulen** — heiser, **heißer, Häuser** — Kiste, Küste — leiten, **läuten** — liegen, lügen — **Magd, Macht** — nein, **neun** — reisen, **reißen,** reizen — sagte, sachte — singt, sinkt — Ziegel, Zügel.

Merke: Jedes Wort muß derjenigen Aussprache entsprechend geschrieben werden, die von dem gebildeten Teil des Volkes als die hochdeutsche Sprache anerkannt ist.

Beispiele zur 2. Hauptregel.

Töchter (von Tochter); — Tücher (von Tuch); — Bäume (von Baum); — älter (von alt); — klüger (von klug); — Kränze (von Kranz); kränzen; — bräunen (von braun); — Kläger (von Klage); kläglich; — Körbe (von Korb); — Wälder (von Wald); — länger (von lang).

Merke: Räude, räuspern, Säule, säumen (= zögern), täuschen (nicht von tauschen, sondern von vertuschen = unterdrücken), bleuen (= schlagen), bläuen (blau färben), deuchte (von dünken), Greuel, greulich, schneuzen.

V. Die Dehnung der Selbstlaute

Erklärung: Die **lange** Aussprache eines **Selbstlautes bezeichnet man mit Dehnung.**

a 1. **Huf, Stufe, Maß,** Schlaf, **Tal.**
a 2. **Trauben,** scheinest, **Eule, Mäuse,** Kaiser.
b 1. **Bier, Krieg,** marschieren.
b 2. **Aal,** Beere, **Moos.**
b 3. **Ahle, lahm, ahnen, Ehre, Thron.**

Diese Beispiele zeigen:

a) Die Dehnung der Selbstlaute ist in vielen Fällen durch das Auge **nicht erkenntlich** (a 1). Die **Doppellaute** werden **gedehnt gesprochen**.

b) Ist die Dehnung durch das Auge erkenntlich, so kann dies auf **dreifache** Weise der Fall sein, und zwar

1. durch ein **e**, welches zum **i** tritt **(ie)** (b 1);
2. durch **Verdoppelung** der Selbstlaute **a (aa)**, **e (ee)** und **o (oo)** (b 2);
3. durch das **h (Dehnungs-h)**. Dieses **h** steht **vor l, m, n** und **r**, oder es wird (nur bei Fremdwörtern) dem **t (th)** angefügt, um die Länge des folgenden Selbstlautes zu bezeichnen (b 3).

Weitere Beispiele.

a) Ohne erkenntliche Dehnung.

Abend, **A**rt, H**u**f, St**u**fe, b**a**r (Geld), M**a**ß, Sch**a**f, Sch**a**r, Sch**a**l (Tuch), St**a**r, W**a**re, H**a**se, W**a**lstatt, F**e**me, F**e**mgericht, H**e**rd, H**e**rde, H**e**ring, Sch**e**re, besch**e**ren, Kam**e**l, Fr**o**ndienst, Fr**o**nleichnam, L**o**s, l**o**sen, l**o**s, L**o**sung, L**o**tse, Sch**o**ß, Denkm**a**l, m**a**len (mit Farbe), N**a**del, Qu**a**l, R**a**be, S**a**men, sch**a**l, Sch**a**le, Schl**a**f, Schw**a**n, Sp**a**n, T**a**fel, D**a**men, h**a**ben, l**a**ben, l**a**den, barf**u**ß, heilb**a**r, F**i**ber (Faser), M**i**ne (Grube, Bergwerk), L**i**d (Augenlid), w**i**der (gegen etwas gerichtet in freundlichem oder feindlichem Sinne), m**i**r, d**i**r, w**i**r, B**i**ber, **I**gel, **I**segrim (Wolf), B**i**bel, F**i**bel, Gard**i**ne, Kam**i**n, Kan**i**nchen, Law**i**ne, Masch**i**ne, Mus**i**k, T**i**ger, V**i**per (Giftschlange), T**a**l, T**o**n (in der Musik und: Erde), T**o**r (der und das), Tr**a**n, Tr**ä**ne, t**u**n, T**ü**r, T**a**ler, t**ö**nern, t**ö**richt, tr**a**nig, tr**ä**nen, T**a**t, t**ä**tig, Unter**ta**n, T**a**u, (der und das); Urt**ei**l, Vort**ei**l, vert**ei**digen, t**eu**er, T**eu**erung; Eigent**u**m, Herzogt**u**m; Unget**ü**m; Arm**u**t, Fl**u**r, Gl**u**t, Heim**a**t, Heir**a**t, K**o**t, L**o**t, M**e**t, M**u**t, m**u**tig, N**o**t, n**ö**tig, n**ö**tigen, R**a**t, R**ä**tsel, Ger**ä**t, r**o**t, R**ö**te, r**ö**tlich, W**e**rt, W**u**t, W**ü**terich; **A**tem, Bl**ü**te, P**a**te, R**u**te; g**ä**ren, geb**ä**ren.

b) Mit Kenntlichmachung der Dehnung.

1. Die Dehnung ist durch **e** kenntlich gemacht.

Bi**e**r, Di**e**b, Ti**e**r, Di**e**nst, Hi**e**b, Ki**e**l, Kri**e**g, Li**e**d (Gesang), Sti**e**fel, Ri**e**men, Zi**e**r, Monarchi**e**, Barbi**e**r, Quarti**e**r, Mani**e**r, Bri**e**f, Fi**e**del, Paradi**e**s, Pri**e**ster, Radi**e**schen, Si**e**gel, Spi**e**gel, Ti**e**gel, Zi**e**gel, exerzi**e**ren, marschi**e**ren, visiti**e**ren (durchsuchen), rasi**e**ren, probi**e**ren, wi**e**der (wiederholender Begriff), Fi**e**ber (Krankheit), Mi**e**ne (Gesichtsausdruck), Abschi**e**d, Begi**e**rde, Beispi**e**l, bi**e**der (rechtschaffen), Spi**e**ß, Di**e**le, Einsi**e**dler, Fri**e**drich, Fri**e**dhof, Ki**e**bitz, Ki**e**s, Ki**e**sel, Pfri**e**me, Ri**e**d, Ri**e**ster

(Flicken), Juwelier, Kanonier, Klavier, Manier (Art und Weise), Musketier, Offizier, Panier (Banner), Rapier (Schläger), Revier, Scharnier, Spalier, Tapezier, Turnier, Visier, Melodie, Fotografie, Sellerie, (Kein Dehnungszeichen ist dagegen das e z. B. bei Marie, Sophie, denn hier werden i und e getrennt ausgesprochen.)

Vieh ist das einzige Wort, welches mit **ieh** geschrieben wird. Wo in anderen Wörtern **ieh** steht, ist dieses **h** nach dem **ie** durch die Abstammung des Wortes bedingt; z. B.: **flieht** von fliehen, **stiehlt** von stehlen, **befiehlt** von befehlen, **verzieh** von verzeihen.

Übernommene Fremdwörter werden mit **ie** geschrieben. Auch die aus dem französischen stammenden Endungen **ie, ier,** und **ieren** haben bei dem **i** das **e**, z. B. Monarch**ie**, Artiller**ie**, Barb**ier**, Quart**ier**, reg**ieren**, prob**ieren**, stud**ieren**, Hant**ierung**.

Unterscheide: **Fieber** (Krankheit) und **Fiber** (Faser), **Miene** (Gesichtsausdruck) und **Mine** (Grube, Bergwerk), **Lied** (Gesang) und **Lid** (Augenlid), **Stiel** (Handgriff) und **Stil** (Schreibart), **wieder** (wiederholender Begriff — und dementsprechend: **wiederbringen, wiedergeben, Wiedergabe, Wiedergeburt, wiederholen, wiederkäuen, wiederkehren, Wiederkunft, wiedersehen, Wiedertäufer, Wiedervergeltung**) und **wider** (gegen etwas gerichtet — und dementsprechend: **widerfahren, Widerhaken, Widerhall, widerlegen, widerlich, anwidern, widrig, widerrechtlich, Widerrede, widerrufen, Widersacher, Widerschein, widerspenstig, Widerspruch, widersteh(e)n, erwidern, widerwärtig, widerwillig, widrigenfalls**).

2. Die Dehnung ist durch **aa, ee, oo,** kenntlich gemacht.

Aachen, **Aal, Aar, Aas, Haar, Paar, paar** (einige), **Saal, Saale, Saalfeld, Saar, Saarbrücken, Saarlouis, Saarburg, Saat, Staat, Haag** (Stadt in Holland), **Naab, Raab, Waal** (Fluß), **Waage**.

Aber: **Hag** (Gebüsch), **Hase, Schaf, Schar, Star, Wagen, Ware, bar.**

Beim **Umlaut fällt die Verdoppelung fort,** also: Härchen, Pärchen, Säle.

Allee, Armee, Beere, Beet, Geest, Fee, Chaussee, Idee, Moschee, Krakeel, Speer, Teer, Tee, Kaffee, Heer, verheeren, Großbeeren, Spree, Klee, leer, leeren, Meer, Portepee (Säbeltroddel), Reede, Renommee (Ruf, Ansehen), scheel, Schnee, See, Seele, Lorbeer, Kanapee, Livree, Komitee (Ausschuß).

Aber: bescheren, Herd, Hering, Schere, quer, selig, Kamel.

Wörter, die am Ende **ee** haben, **werfen** das **e** in der **Beugung** und in der **Mehrzahl ab,** z. B. Seen, des Klees, Armeen usw. Bei der Silbentrennung aber müssen sie das **e** beibehalten, z. B.: Armee-en).

Boot, **Moor, Moos**, Waterloo.

Aber: **los, losen, Los, Schoß.**

Unterscheide: **Heer, hehr** (heilig) und **her** (Umstandswort des Ortes), **Meer** (Wasser) und **mehr** (von viel), **leeren** (leer machen) und **lehren** (unterrichten), das **Moor** (Sumpfland) und der **Mohr** (Neger), der **Aal** (Fisch) und die **Ahle** (Werkzeug), **Aar** (Adler), **Ar** (Flächenmaß von 100 qm) und **Ahr** (Nebenfluß des Mittelrheins), **Reede** (Ankerplatz und **Rede** (Gespräch).

Merke: **ä, ö, ü** werden nie doppelt gesetzt. Die Länge dieser Umlaute wird nur durch das **h** bezeichnet; z. B. **Ähre, Zähre, zählen, Höhle, stöhnen, Bühne, kühn, wühlen.**

3. Die Dehnung ist durch ein h erkenntlich.

a) Das h vor l, m, n und r.

Um die Länge des Vokales zu bezeichnen, wird oft vor l, m, n und r ein h eingeschoben.

Ahle, Bohle, Dohle, Fohlen, fühlen, Hehl, hohl, Höhle, johlen, kahl, Kehle, Köhler, Gemahl, mahlen (auf der Mühle), Mehl, Pfahl, Pfuhl, prahlen, Stahl, Wahl, wohl, wühlen, Zahl.

Nachahmen, lahm, Lehm, Muhme, nehmen, genehm, vornehm, Ohm, Rahm, Rahmen, Ruhm, rühmen, zahm.

Ahn, ahnden, ahnen, ähnlich, Bahn, Bohne, bohnern (glänzend reiben), Bühne, dehnen, Drohne (Biene), dröhnen, fahnden, Fahne, gähnen, Hahn, Hohn, Huhn, Kahn, kühn, Lehne, Mähne, mahnen, Mohn, Sehne, sehnen, Sohn, versöhnen, stöhnen, Sühne, Wahn, Argwohn, wohnen, gewöhnen, Zahn.

Ähre, Bahre, bohren, Gebühr, Ehre, fahren, Fähre, Fahrt, Fährte, Gefahr, gefährden, ungefähr, Föhre (Baum), Fuhre, führen, begehren, hehr, Jahr, kehren, lehren, Mähre (Pferd), mehr, Möhre, Mohrrübe, nähren, Nehrung (Landzunge), Ohr, Öhr, Rohr, Röhre, Ruhr, Aufruhr, rühren, sehr, versehren, Uhr, wahr, wahren, gewahren, verwahren, wahrnehmen, Gewahrsam, verwahrlosen, Wahrzeichen, währen, bewähren, gewähren, Währung, wehren, Zähre, zehren.

Merke noch: **Fehde, Mahd** (abgemähtes Gras), **Draht** (von drehen), **Naht** (am Kleide, von nähen).

Unterscheide: **mahlen** (auf der Mühle) und **malen** (mit Farbe); **Mehl, aber: Meltau; Ruhm** (Ehre) und **Rum** (Getränk); **Mähre** (Pferd) und **Märe** (Märchen); **wahr** (von Wahrheit) und ich **war; Bahre und bar, Barschaft, barfuß; Vorname** und **Vornahme; Gewehr** und **Gewähr**

b) Das **h** zwischen **zwei** Selbstlauten.

Steht das **h** zwischen zwei **Selbstlauten, z.** B.: blühen, so **ist es kein** Dehnungszeichen und wird bei der Silbentrennung zur **folgenden** Silbe gezogen (z. B.: blü-**hen**).

Bä**hen**, blä**hen**, brü**hen**, Brü**he**, gedei**hen**, dre**hen** (Dra**h**t), dro**hen**, E**he**, e**he**, fä**hig**, fle**hen**, flie**hen**, frü**he**, ge**h**(e)n, glü**hen**, Hä**her**, Hö**he**, ho**her** (Ho**heit**), beja**hen**, jä**h**(e), krä**hen**, Krä**he**, Le**hen**, lei**hen**, mä**hen**, (Ma**hd**), Mü**he**, na**he**, nä**hen** (Na**h**t), rei**hen**, Rei**her**, Rei**hen**, ru**hen**, gesche**hen**, Schle**he**, schmä**hen**, Schu**he**, se**hen**, sei**hen**, spä**hen**, sprü**hen**, ste**h**(e)n, Stro**h**, Tru**he**, Wei**he**, Wei**her**, zä**he**, Ze**he**, zei**hen**, zie**hen**.

Ausnahmen: säen, bauen, die Augenbrauen, dauern, freien, freuen, kauen, bereuen, scheuen, schneien, speien, stauen, streuen, prophezeien.

Merke: Vor der Ableitungssilbe **heit** fällt das auslautende **h** des Stammes fort; z. B.: Roheit (nicht: Rohheit), Hoheit (nicht: Hohheit), Rauheit (nicht: Rauhheit).

Die Wörter blü**h**t, dro**h**t, gedei**h**t, geschie**h**t, sie**h**t, nä**h**t, mä**h**t, lei**h**t, fle**h**t, flie**h**t, sprü**h**t, glü**h**t, brü**h**t usw. werden mit **h** geschrieben, weil ihre Grundform (blü**hen**, dro**hen**, gedei**hen**, gesche**hen**, se**hen**, nä**hen**, mä**hen**, lei**hen**, fle**hen**, flie**hen**, sprü**hen**, glü**hen**, brü**hen** usw.) ein **h** enthält.

c) Das **th**.

In deutschen Wörtern wird **th** nicht mehr geschrieben. Ob **Fremdwörter***) mit **th** geschrieben werden, hängt von ihrer Herkunft ab. So steht **th** in Äther, Kathedrale, Kathete, These, Theater, Theorie, Thron; dagegen **t** in Tee, Etymologie, Hypotenuse, Kategorie, Myrte, Liturgie. Bei **Eigennamen** deutschen Ursprungs schwankt die Schreibung. Man schreibt Theobald, Theoderich, Lothar (vgl. Lothringen), Mathilde, Thüringen, Martha, Katharina, Theodor. Dagegen: Artur (Arthur), Günter, Walter, Berta und Bertold.

d) Das **h** nach **r**.

In folgenden Wörtern ist das **h** nach dem **r** Dehnungszeichen: **Rh**ein, **Rh**ön, **Rh**one, **Rh**abarber, **Rh**etorik (Redekunst), **Rh**eumatismus, **Rh**inozeros, **Rh**ythmus (Gleichmaß).

---

*) Deren Verdeutschungen sind im Wörterverzeichnis, siehe Anhang Seite 1—32, nachzuschlagen.

VI. Die kurze Aussprache der Selbstlaute

Erklärung: Die **kurze** Aussprache eines **Selbstlautes** nennt man **lautliche Kürzung.**

a) (1.) **am**, **bin**, **man**, Brom**b**eere. (2.) Dri**tt**eil, de**nn**och, Mi**tt**ag, Schi**ff**fahrt, Be**tt**uch, Bre**nn**essel, We**tt**urnen, Geschi**rr**iemen, Scha**ll**och, Schne**ll**läufer.

b) (1.) E**bb**e, Tro**dd**el, A**ff**e, Do**gg**e, be**ll**en, Fla**mm**e, bre**nn**en, do**pp**elt, He**rr**, Wa**ss**er, bi**tt**er. (2.) He**ck**e, Schu**tz**.

c) (1.) Wo**lk**e, Fa**lk**e, Pi**lz**; (2.) **er fällt, er schafft, es brennt, Herrn, falls.**

Hieraus ergibt sich:

1. Die lautliche Kürzung wird in vielen Fällen in der Schreibweise **nicht kenntlich gemacht** (a (1.)), namentlich bei einigen sehr häufig gebrauchten einsilbigen und wenig betonten Wörtern (**man**, **am**, **bin**, usw.), ferner bei den Bestimmungswörtern einiger Zusammensetzungen (Brombeere, Dambrett usw.), endlich bei den Vorsilben **er**, **un**, **ver**, **zer** und den Nachsilben **el**, **sel**, **em**, **en**, **er**, **in** (Verlängerung: **innen**), **nis** (Verlängerung: nisse,) **as** (Verlängerung: **asse**), **us** (Verlängerung: **usse**).

Auch bei solchen Wörtern fällt die Kenntlichmachung der lautlichen Kürzung fort, in denen sonst **drei gleiche Mitlaute** zusammentreffen würden (a (2.)). — (Über die Trennung dieser Wörter siehe Seite 98!)

2. Wird die lautliche Kürzung kenntlich gemacht, so wird der auf den **kurzen Selbstlaut folgende Mitlaut verdoppelt.** Es werden verdoppelt: **b** (bb), **d** (dd), **f** (ff), **g** (gg), **l** (ll), **m** (mm), **n** (nn), **p** (pp), **r** (rr), **s** (ss), **t** (tt), (b (1.)). Statt **kk** setzt man **ck**, und statt zz setzt man **tz** ((2.)); b, d und g können nur im **Inlaut**, alle übrigen aber im In- und Auslaut verdoppelt werden.

Merke: Die Mitlaute **h, ch, sch, j, st, ß, sp, pf, qu, v, w** und **x** werden niemals verdoppelt (Da**ch**, ra**sch**, Ko**st**, Kno**sp**e, Kno**pf**, He**x**e).

3. Wenn auf einen kurzen Selbstlaut **zwei** oder **mehrere** verschiedene **Mitlaute** folgen, so wird **keiner** verdoppelt (c (1.)); aber in vielen Wörtern erfordert die Abstammung eine Verdoppelung des **ersten** dieser Mitlaute (c (2.)).

1. Beispiele ohne lautliche Kenntlichmachung.

An, **am**, **ab**, **ob**, **in**, **im**, **bin**, **hin**, **mit**, **um**, **von**, **vom**, **zum**, **zur**, **man**, **hat**, **drin**, **gen**, **weg**, **es**, **das**, **was**, **des**, **wes**, **bis**; — Almosen, albern, Altar, Amboß, April, Balsam, Bräutigam, Brombeere, Damhirsch, Dambrett, Dolmetscher, Eidam, Herberge, Hermann, Herzog, Himbeere,

Holunder, Krokodil, Lorbeer, Marschall, Marstall, Palast, Palisade, (Pfahlzaun), Petschaft, Pilgrim, Rebhuhn, Walfisch, Walroß, Walstatt, Walhalla, Walküre, Walnuß, Wildbret, Wilhelm, Witwe; — Brennessel, Schiffahrt, Dritteil, alliebend, Stilleben, Schalloch, Zollinie, Schwimmmeister, Bettuch, ermessen, erlösen, verjagen, verblühen, unrein, undeutlich, zerfallen, zerspringen, Hebel, Würfel, Rätsel, Anhängsel, empfinden, empfehlen, Haken, Degen, Königin (Königinnen), Fürstin (Fürstinnen), Gefängnis (Gefängnisse), Erlebnis (Erlebnisse), Atlas (Atlasse), Globus, (Globusse), Omnibus (Omnibusse).

2. Beispiele mit Kenntlichmachung der lautlichen Kürzung.

Die kurze Aussprache eines Wortes ist erkenntlich

a) durch bb:

Ebbe, Krabbe (Seekrebs), Robbe, schrubben, Jobber usw.

b) durch dd:

Kladde (Buch), Pudding, Troddel, Widder usw.

c) durch ff:

Affe, Aschaffenburg, Chiffre (Geheimschrift), Differenz (Unterschied), Griff, Kaffee, Löffel, Offizier, Pfeffer, Schiff, Stoff, treffen, Büffel, Waffe usw.

Merke: Taffet und Taft.

d) durch gg:

baggern (den Schlamm aus der Tiefe schaffen, reinigen), Dogge, Egge, Flagge, flügge, Knagge, Roggen, schmuggeln, Tauroggen, Waggon usw.

e) durch ll:

Appell, Allee, Artillerie, Ballast, Ballon, Ballsaal, Belletristik (Unterhaltungsliteratur), bellen, billig, Brille, Celle, drillen, Drillich, Drell, Duell, Exellenz, fallen, Flanell, füllen, generell (allgemein), Geselle, Gestell, Hellebarde, Hülle, Kartell, Kastell, Kastellan, Kavallerie, Koller, Kollier (Halsschmuck), Kontrolle, Kontrolleur, Marschall, Nachtigall, nivellieren, offiziell, Pallasch (Reitersäbel), Pedell (Hausmeister), Porzellan, Protokoll, Quelle, Rebell, schallen, Schill, schnell, Schrapnell, speziell, still, Tell, Teller, usuell, Villa, Wall, Wallfahrt, Wille, Wolle, Wollin, Zelle, Zitadelle, Zwillich usw. — Aber: Geschwulst, schwülstig (ein l, weil das st zum Stamm gehört und also mehrere Mitlaute auf den kurzen Selbstlaut folgen, vgl. S. 111, 3l).

f) durch **mm**:

Flamme, Hammer, Jammer, Kammer, Klammer, kommen, Kommission, Kummer, Lamm, Pommern, renommieren (sich wichtig tun), Schlamm, Schlummer, schwimmen, Sommer, Zimmer usw. — Aber: samt, insgesamt, sämtlich (**ein m**, weil **t** zum Stamm gehört).

Merke: Sammet und Samt, Zimmet und Zimt, Grummet und Grumt, Kummet und Kumt.

g) durch **nn**:

brennen, Brunnen, Dennewitz, Hannover, Henne, Honneur, Hunnen, Kanne, kennen, Kolonne, Mann, Ordonnanz, rinnen, Sonne, Tanne, Tenne, Tonne, Zinn, Zinnober usw. — Aber: Kunst, Gespinst, Gewinst, Kunde, Spind, Gespenst, Gunst, Spindel, Brand (**ein n**, weil der Stamm auf mehrere verschiedene Mitlaute auslautet).

h) durch **pp**:

Appell, doppelt, Düppel, Etappe, Galopp, Kappe, kippen, Klippe, Knappe, Koppel, Kuppel, Lippe, Mappe, nippen, Oppeln, Rapport (Bericht), Schaluppe, Stoppel, Suppe, Truppen usw.

i) durch **rr**:

Gitarre, Wirrwarr, Herr, irren, Karren, Narr, starr, verwirren, zerren usw.

k) durch **ss**:

Adresse, adressieren, Bissen, Blessur (Wunde), Dessau, Demission (Rücktritt), dressieren, essen, Esse, Fessel, Gewissen, Genosse, hassen, Hessen, Kasse, Kassel, Kesselsdorf, Kissingen, Kommission, Kürassier, messen, Messer, Nessel, Passage, Perkussion (Durchschlagskraft), Repressalien (Vergeltungsmaßnahmen), Ressort (Amtsbereich), Schlüssel, Wasser usw.

Statt ss steht **als Auslaut ß**, daher: Schuß (Schüsse), Kuß (Küsse), Schluß (Schlüsse), Verdruß (verdrossen) usw. Ebenso steht ß statt ss vor einem **t**; z. B.: du ißt (essen), du mißt (messen) usw. (Vgl. die S-Laute!)

l) durch **tt**:

Attest (Zeugnis), Bajonett, Bankerott, Batterie, Bettel, bitter, Bukett (Blumenstrauß), Butter, Dattel, Flotte, Fregatte (Kreuzer), Jackett, Kabinett, Kadett, Kassette, Kasematte (Festungsunterstand), Kette, komplett, Komplott, Korvette (Kleiner Kreuzer), Lafette, Lazarett, Billett, Ballett, Büfett, Dilettant (Nichtfachmann), Flottille, Klosett, Lüttich, Mittel, Quittung, quitt, Ritter, Rotte, Sattel, Schafott (Blutgerüst), Schatten, Sitte, Skelett, spotten, Stafette, Stettin, violett usw.

m) durch **ck:**

Acker, **Fackel**, **Jacke**, **hacken**, **Nacken**, **backen**, **packen**, **wacker**, **Locken**, **locken**, **Glocke**, **flackern**, **Brocken**, **Pocken**, **hocken**, **Rocken**, **Socken**, **Zucker**, **Druck**, **schmuck**, **Schmuck**, **Glucke**, **zucken**, **schlucken**, **gucken**, **Ecke**, **Decke**, **Flecken**, **schmecken**, **schrecken**, **Schrecken**, **Genick**, **geschickt**, **ersticken**, **nicken**, **Wicke**, **Bäcker**, **Gebäck**, **Gepäck**, **Häcksel**, **Häckerling**, **hartnäckig**, **Blöcke**, **Pflöcke**, **Stöcke**, **Röcke**, **Böcke**, **Glöckchen**, **Brücke**, **schmücken**, **Rücken**, **tückisch**, **beglücken**, **Blick**, **Glück**, **Hecke**, **Lübeck**, **Mecklenburg**, **Mücke**, **Rostock**, **Sack**, **Schnecke** usw

Bei der Silbentrennung wird **ck**, wenn es zwischen zwei Selbstlauten steht, in **k-k** zerlegt.

Beachte: **ck** steht nur nach **kurz gesprochenen Selbstlauten, niemals nach Mitlauten,** daher: Mark, Schalk, Schrank, Stärke usw. Auch nach einem Doppelselbstlaut steht nur **k**, daher: heikel usw.

Fremdwörter haben nur **k**, daher: Akt, Akten, Sekte, Takt, Tabak, Insekt, Musik, Fabrik, Katholik, Paket, korrekt, Anekdote, Artikel, Diktat (Nachschrift), Direktor, Doktor, exakt, Extrakt, Inspektor, Projekt, Rektor, Respekt, Subjekt, Politik, Rubrik, Schokolade.

Merke: Baracke, Perücke, Blockade, barock (verschnörkelt); Molukken, Mokka, Mekka, Makkaroni, Akkord (Vergleich), Akklamation (Zuruf), Akklimatisation (Gewöhnung), akkurat (genau), Akkusativ (Wenfall).

n) durch **tz:**

Katze, kratzen, Tatze, Spatz, schwatzen, platzen, Platz, Schatz, Klotz, Trotz, trotzen, Putz, Schmutz, Stutzen, benutzt, Trutz, Dutzend, verdutzen, Gesetz, verletzen, wetzen, entsetzen, besetzen, Spitz, Sitz, sitzen, schwitzen, glitzern, Geschwätz, Plätze, Sätze, Kätzchen, Spätzchen, Klötze, plötzlich, nützlich, Stütze, Scharmützel, Blitz, Matratze, Netz, Nutzen, Schutz, Witz, zuletzt usw.

Bei der Silbentrennung wird **tz**, wenn es zwischen zwei Selbstlauten steht, aufgelöst (in **t-z**).

Beachte: Nur nach **kurz gesprochenem Selbstlaut** steht das **tz**, **niemals nach einem Mitlaut**, daher: Stolz, Walze, Arzt, Schmerz, Kunz usw. — Nach einem Doppelselbstlaut steht bloß ein **z**, daher: Weizen, Kauz, heizen usw. Fremdwörter haben bloß ein **z**, daher: Hospiz usw.

Merke: Bajazzo (Hanswurst), Skizze. Intermezzo (Zwischenfall), Strazze (Kladde), Razzia (Streifzug).

Unterscheide: der **Mann** und man (unbestimmtes Fürwort); **Hemmnis**, aber: Hemde; du **kannst** (**nn**; denn hier gehört das **st** nicht zum Stamm, sondern ist die Beugungsendung der 2. Person Einzahl Gegenw.), die Kunst (**n**; denn **st** gehört zum Stamm, der also auf zwei verschiedene Mitlaute endigt, von denen keiner verdoppelt werden darf); ebenso:

du schwillst, Geschwulst, du spinnst, Gespinst; du gewinnst, Gewinst usw., ferner: Kunde, Spindel, Brand, samt, insgesamt, sämtlich; dagegen: Kenntnis, kenntlich, Branntwein (das **t** gehört nicht zum Stamm, sondern ist Beugungsendung).

Läßt man in den Wörtern: Sammet, Zimmet, Taffet, Grummet den Selbstlaut der Endsilbe fort, so fällt auch die Verdoppelung fort, weil auf den kurzen Selbstlaut **mehrere auslautende Mitlaute** folgen, daher: Samt, Zimt, Taft, Grumt.

Achte auf die Schreibweise der Wörter, in denen **gleiche Mitlaute** als **Auslaut** und **Anlaut** beieinander stehen, wo also die beiden Mitlaute **keine lautliche Kürzung** bedeuten, z. B.: abblasen, annehmen, auffahren, aussehen, hinnehmen, erreichen, verrechnen usw.

Bei einigen Zeitwörtern verwandelt sich der **lange** Selbstlaut der Grundform in einigen Zeitformen in einen **kurzen**, während bei anderen aus dem **kurzen** Selbstlaut ein **langer** wird; z. B.: treten, du trittst, er tritt; leiden, du littest; reiten, er ritt; — fallen, du fielst; kommen, du kamst.

VII. Endungen

Körbe — Korb.

Das Wort Körbe hat ein **b**, folglich schreibt man Korb auch mit **b**.

1. Bist du zweifelhaft, ob am Ende des Wortes ein **weicher** oder **harter** Mitlaut zu setzen ist, so **verlängere** das Wort!

Beispiele:

Grabes — Grab; rauben — Raub; gröber — grob; halber — halb; treiben — Trieb; darben — darbt; erben — erbt; kleben — klebt; loben — Lob; werben — warb; Kälber — Kalb; Alpen — Alp; hingen — hing; hinken — hinkt; singen — sang, singt; sinken — sank, sinkt; finden — fand; überwinden — überwand. (Vgl. 2. Hauptregel, Seite 106!)

Tod — tot — Tote.

a) Unangemeldet kommt der Tod.
b) Das Tier war tot.
c) Du sollst nicht töten.
d) Was predigt der Tote?

2 a. Schreibe als **Hauptwort:** der Tod (a) und dementsprechend alle **Ableitungen und Zusammensetzungen!**

Beispiele:

todmüde (d. h. müde bis zum Tod), **tödlich** (d. h. etwas, was den Tod bringt), **todkrank, Todsünde, Todesangst, Todfeind, todbringend, Todesanzeige, Todesnot, Todesstrafe, Todesstunde, todmatt.** (Erkläre jede Zusammensetzung wie bei todmüde!)

2 b. Schreibe als **Eigenschaftswort:** tot (b), als **Zeitwort:** töten (c) und als **Hauptwort:** der Tote (d) und dementsprechend alle **Ableitungen** und **Zusammensetzungen!**

Beispiele:

getötet, totschlagen (d. h. jemand schlagen, bis er **tot** ist), **Totschlag** (d. h. jemand schlagen, bis er ein **Toter** ist), **Totenbett** (d. h. ein Bett, worauf ein **Toter** liegt), **Totengräber, Totentanz, Totenbahre, Totenkopf, Totenschein, totenbleich, totenstill.** (Erkläre die einzelnen Zusammensetzungen!)

Sendete — sandte.

3. Hier wurde das Wort „sendete“ durch Weglassung des **e** zwischen **d** und **t** verkürzt, daher traten die Laute **d** und **t** **unmittelbar zusammen,** und man schrieb: san**dt**e; demgemäß schreibt man:

wan**dt**e (wendete), lä**dt** (ladet), bewan**dt**, Bewan**dt**nis, gewan**dt**, Gewan**dt**heit, versan**dt**, die Verwan**dt**en, bere**dt**, gesan**dt**, der Gesan**dt**e.

Unterscheide: gewan**dt** und das Gewan**d**, versan**dt** und der Versan**d**, bere**dt** und die Bere**d**samkeit (bere**d**sam ist nicht von bere**dt**, sondern von der Grundform bere**d**en abgeleitet, wie ratsam von raten), Sta**dt** und Sta**tt** (= Stätte), ihr sei**d** (Wirklichkeit), man glaubt, ihr seie**t** (Möglichkeit) und sei**t** (Verhältniswort), En**d**e (Schluß und En**t**e (Vogel).

Merke ferner: Bro**t**, Ern**t**e, geschei**t**, un**d**, irgen**d**, nirgen**d**, nirgen**ds**, zusehen**ds**, eilen**ds**, vollen**ds**, eigens, unversehens.

Bei san**dt**e, wan**dt**e usw. treten durch Ausstoßung des **e** das **t** der Beugungsendung und das **d** des Stammes nebeneinander und werden beide geschrieben, obwohl man sie nicht beide ausspricht. Das geschieht aber nicht immer. Bei Zeitwörtern, deren Stamm auf einen S-Laut (s, ß, ss, z, tz, x) ausgeht, wird von der Endung **est** der zweiten Person in der Einzahl, sobald sie das e verliert, auch das **s** ausgelassen, z. B.: Du liest, du wächst, du reist (reisen), du reißt (reißen), du ißt, du läßt, du sitzt. — Bei der Steigerung von Eigenschaftswörtern, die auf einen S-Laut ausgehen, schreibe man die volle Form, z. B. heißeste, süßeste; ausgenommen sind nur größte, beste. — Bei den auf **sch** ausgehenden Stämmen behält man in der verkürzten Form das **s** der Endung bei, z. B.: du naschst, du wäschst, der närrischste.

Rauschend.

4. Das **Mittelwort der Gegenwart schreibe stets mit d,** daher: fühlend, klagend, zürnend, flehend, daher auch: der Zürnende, der Rauschende usw.

Merke: bedeutendste (denn die Grundstufe heißt bedeutend mit **d**), ebenso: entscheidendste, vermögendste, hervorragendste, drückendste, glänzendste, passendste, erhebendste, reizendste, dringendste usw. — dagegen: ergebenste (ohne **d**; denn die Grundstufe heißt ergeben), ebenso: entschiedenste, bescheidenste, erfahrenste, durchtriebenste, willkommenste, entlegenste, angesehenste, verwegenste, geborgenste, gemessenste, geratenste, geriebenste, verdorbenste usw.

Das und daß.

a) Das Feld, das Werk, das Messer.

b) Glaubst du das (dieses)?

c) Hältst du so dein Versprechen, das (welches) du mir gegeben?

d) Ich weiß, daß es einen Gott gibt.

e) Handle gerecht, daß (damit) du keinen Vorwurf zu fürchten hast!

5 a. Schreibe **das**, d. h. mit **s**, wenn es das **bestimmte Geschlechtswort sächlichen Geschlechtes** ist (a) oder als **hinweisendes Fürwort** durch **dieses** ersetzt werden kann (b), oder wenn es als **rückbezügliches Fürwort** mit **welches** vertauscht werden kann (c)! — (In letzterem Falle steht vor **das** ein Beistrich, weil es dann einen **Nebensatz einleitet.**)

5 b. Wenn nun das Wort **das** nicht Geschlechtswort ist, auch nicht für dieses oder welches stehen kann, dann ist es **Bindewort** und muß mit einem **ß** geschrieben werden (d). Das Wort **daß** kann zuweilen durch **damit** ersetzt werden (e). Vor **daß** steht in der Regel **ein Beistrich** (weil es einen Nebensatz einleitet), auch wird es immer **scharf** gesprochen.

Königin — Königinnen.

6. Die Endsilbe **in** hat in der Verlängerung (Mehrzahl) **nn**, daher: Fürstin — Fürstinnen; Lehrerin — Lehrerinnen; Freundin — Freundinnen — usw.

Hindernis — Hindernisse.

7. Die Endsilbe **nis** hat ein **s**; in der Verlängerung (Mehrzahl oder Wesfall, Einzahl sächlichen Geschl.) heißt sie nisse, folglich: Kümmernis — Kümmernisse; Wildnis — Wildnisse; Gleichnis — Gleichnisse; des Gleichnisses; Zerwürfnis — Zerwürfnisse, des Zerwürfnisses usw.

a) nebelig (nebel—ig),
b) fürst**lich** (fürst—lich).

8. **Schreibe** die Endsilbe **lig** mit **g**, wenn das **l** zum **Stamm** des Wortes gehört (a)! Daher: eilig, langweilig, mehlig, willig, billig, unzählig, heilig, selig, ad(e)lig, winklig, runz(e)lig, schwefelig, schimm(e)lig, buck(e)lig, kitz(e)lig, ek(e)lig, gleichschenklig, rechtwinklig, völlig, wollig, mollig usw.

In der Trennung: nebe-lig, weil man hier nach **Sprechsilben** trennen muß

Schreibe die Endsilbe **lich** mit **ch**, wenn das **l** zur **Ableitungssilbe** gehört (b)! Daher: näm**lich**, ehr**lich**, könig**lich**, brief**lich**, münd**lich**, kind**lich**, herr**lich**, fest**lich**, glück**lich**, kränk**lich**, häß**lich**, begreif**lich** usw. — Merke die Schreibweise des Wortes **allmählich**!

Merke: Man sagt monatig, wenn man eine **Dauer** bezeichnen will, und monat**lich**, wenn eine **Wiederholung** ausgedrückt werden soll. Eine fünfstündi**ge** Sitzung, ein sechswöchi**ger** Urlaub, eine zweimonati**ge** Belagerung, ein dreijähri**ger** Kampf, eine dreitägi**ge** Frist (hier wird immer eine Dauer bezeichnet). — Stünd**lich** einen Eßlöffel voll, er nahm täg**lich** ein Bad, die Miete ist vierteljähr**lich** zu zahlen, monat**liche**, vierwöchent**liche** Kündigung, jähr**liche** Revision (hier soll immer die Wiederholung einer Sache ausgedrückt werden).

Zeiti**g**, Friedri**ch**, Habi**cht**, hoff**entlich**.

9. Unterscheide die Endungen **ig, ich, icht** und **... entlich!**

Beispiele:

art**ig**, blut**ig**, dorn**ig**, dürft**ig**, durst**ig**, einz**ig**, ems**ig**, fäh**ig**, flücht**ig**, geduld**ig**, hungr**ig**, kräft**ig**, jetz**ig**, nöt**ig**, tücht**ig**, zücht**ig**, sonn**ig**, stämm**ig**, Kön**ig**. — Dietr**ich**, Friedr**ich**, Heinr**ich**, Bott**ich**, Tepp**ich**, Weger**ich**, Wüter**ich**, Drill**ich**, Estr**ich**, Fitt**ich**, Kran**ich**, Latt**ich**, Pfirs**ich**, Zwill**ich**, Fähnr**ich**, Rett**ich**. — Hab**icht**, Kehr**icht**, Dick**icht**, tör**icht**, — aber: Predi**gt**. — Ord**entlich**, öff**entlich**, fleh**entlich**, hoff**entlich**, wiss**entlich**, nam**entlich**, geleg**entlich**, wes**entlich**, eig**entlich**, gefliss**entlich**, verseh**entlich**, ord**entlich**, verschied**entlich**.

Merke: Die Vorsilbe **ent** schreibt man mit **t**; z. B.: **ent**lassen, **ent**behren, **ent**raten, **ent**wöhnen, **ent**rätseln, **ent**ziffern, **ent**schuldigen, un**ent**behrlich, **ent**täuschen, **ent**laufen, **ent**springen, **ent**gelten, **ent**schließen, **Ent**schluß, **Ent**gelt, un**ent**geltlich.

Dagegen schreibt man mit **d**: **end**lich (von Ende), **end**gültig (gültig bis ans Ende), jugen**d**lich (von Jugend), tugen**d**haft (von Tugend).

Die Wörter geheili**gt** (von heiligen), befriedi**gt** (von befriedigen), genehmi**gt** (von genehmigen), berechti**gt** (von berechtigen) müssen ihrer **Abstammung** gemäß mit **g** geschrieben werden.

VIII. Ähnlich klingende Laute

Ä, e.

Ähre, Ärgernis, Ärmel, Dämmerung, Gewährsmann, Gebärde, Häcksel, Lärche, Lärm, März, Schädel, Schärpe, Tändelei, ätzen, bestätigen, dämmern, gären, hämisch, hätscheln, spähen, währen, auswärts, aussätzig, schräg, fähig, verbrämen, fächeln, Fächer, Färse, gang und gäbe, gähnen, Geräte, gräßlich, jäten, Käfer, Käse, krähen, Geländer, Mädchen, Mägdlein, mähen, Mähne, Mähre (Pferd), Märchen, mäkeln, nähen, plärren, prägen, rächen, Säbel, säen, Säge, Säckel, Sänfte, Schächer, Geschäft, Schäker, schmähen, schmälern, schwären, spät, Strähne, Träne, träge, wähnen, zähe, Zähre. — Eltern (von alt; der Umlaut des kurzen a wird **nicht immer ä**, sondern in manchen Fällen nach alter Weise **e** geschrieben), enge (Angst), fertig (zur Fahrt gerüstet), einhellig (in eins zusammenhallend), behende (bei der Hand), henken, Henker, Henkel (hangen), Menge (mannigfach und mannigfaltig), Mensch (Mann), schellen (schallen), schenken (Schank), schmecken (Geschmack), abspenstig, widerspenstig (abspannen — ablocken), Stempel (stampfen), Stengel (Stange), streng (stark gespannt, Strang = Spannseil), Henne (Hahn).

Becken, Bengel, Pendel, Blesse, Bremse, Bresche, Klepper, Elster, Engel, Engerling, Enkel, Ernte, Esche, Espe, Ehre, Ferse, Gehege, Grenze, Gemse, Gerste, Hering, Hechel, Krempe, Lerche, Marketender, Metzger, Senkel, Treppe, Truchseß, Wildbret, Scherflein, Gespenst, ausmerzen, gelb, echt, emsig, gerben, heften, hemmen, kauderwelsch, leer, merken, niedermetzeln, ausrecken, überschwenglich, anstrengen, enden, auswendig, scheckig, welsch, neckisch, stets, stetig.

Unterscheide: Ähre (am Halm) und Ehre (Ruhm), Färse (junge Kuh) und Ferse (am Fuß), Lärche (Baum) und Lerche (Vogel), Wehr (Abwehr), sich wehren, währen (dauern) und wären (z. B.: wir wären, vgl. das Zeitwort „sein"!), Grenze (Rand) und Kränze (von Kranz), fertig und hoffärtig.

Merke: Man schreibe stets **Ä, Ö, Ü, Äu**, niemals **Ae, Oe, Ue, Aeu!**

Äu, eu.

Bläuen, bleuen, gräulich, greulich, Greuel, räudig, räuspern, Säule, säumen, Bräutigam, Fäulnis, Räuber, Geräusch, Geläute, sträuben, täuschen, Knäuel. — Steuer, Beute, Beule, Euter, Heuchler, heulen, Keule, leugnen, Leumund, Meute, Reuse, Schleuder, schleunig, Schleuse, seufzen, Streu, teuer, abscheulich, Zeuge, verleumden, schneuzen.

Unterscheide: bleuen (schlagen) und bläuen (blau färben), greulich (furchtbar) und gräulich (von grau).

Ai, ei.

Bai, Hai, Hain, Laich, Laie, Mai, Maid, Mais, Mailand, Mainz, Main, Laib, Saite, Waid, maischen, Lakai, Krain, Kaiser, Waise, — Eiche, eichen, eigen, Eichamt, Eichmaß, gescheit, Getreide, Heide (der und die), **Leiche, Leichnam, Weise** (der und die), **Seite, Seide, Leib, dreist, Reim, Rhein, Weide, Weite, Weizen, Heirat, Ereignis, Meise, Unterschleif, Papagei, Eier** (euer), **frei, freien** (freuen), **drei** (treu), **Eidechse, Eiland.**

Unterscheide: **Laib** (Brot) und **Leib** (Körper), **Saite** (auf einem Instrument), **Seite** (z. B.: rechte und linke Seite) und **Seide** (Stoff), **Waise** (elternlos), **Weise** (Art, Melodie oder ein Gelehrter), **weise** (gelehrt) und **weißen** (weiß färben), **Rain** (Ackergrenze), **Rhein** (Fluß) und **rein** (reinlich), **Weide** (Baum, Fütterungsplatz), **Weite** (Entfernung) und **Waid** (Farbpflanze), **Laich** (von Fischen) und **Leiche, Leichnam** (toter Körper), **Mais** (Pflanze) und **Meise** (Vogel), **eins, einst, einzig.**

F, v, ph, pf.

Fordern, fördern, Fülle, füllen, fallen, fiel, für, Adolf, Rudolf, Westfalen, Feme, Elefant, Efeu, Fasan, Sofa, früh, Freund, Feind, Füllen, Fohlen, Elfenbein, Feder, Feile, Fäule, Fäulnis, Flug, Fluch, Frevel, fett, fetter, fix, fertig, Firnis, Fliese (Steinplatte), **fahl, Faß, fassen, faßt, fast, fasten, Feld, fällt, Fiber, Fracht, fragt, Fuder. — Vater, Gevatter, Veilchen, Vetter, Vers, Vogel, viel** (fiel), **vier** (für), **Vogt, Volk, voll, völlig, vereinen, verlöschen, Verlies, Vesper, Vlies, Slawe** (Slave), **Nerv, Pulver, Salve, von, vor, vorn, Vordermann, Verdacht, Verlust, Vampir, Vasall, Vase, Violine, vakant, Veteran, Viktualien, violett, Visier, Visite, Vokal, Vulkan, Votum, Alkoven, Advent, Advokat, Invalide, Larve, Levkoie, Livree, Malve, November, oval, Provinz, Sklave, Gustav, Nominativ, Motiv, brav, privat, Archiv, massiv, naiv, passiv, aktiv, Verb** (um), **Vesper, Vokabel, gravierend, Klavier, Olive. — Prophezeiung, Strophe, Atmosphäre, Paragraph, Triumph, Phantasie, Phosphor, Photographie** (besser: Fotografie), **Philosophie, phlegmatisch, Physik, Philipp, Joseph, Christoph, Sophie. — Pfad, Pfahl, Pfalz, Pfand, pfänden, Pfanne, Pfarrer, Pfau, Pfeffer, Pfeife, Pfeil, Pfennig, Pferd, Pfiff, Pfingsten, Pfirsich, Pflanze, Pflaster, Pflaume, pflegen, Pflicht, Pflock, pflücken, Pflug, Pforte, Pfosten, Pfote, Pfrieme, Pfropfen, Pfuhl, pfui, Pfund, pfuschen, Pfütze, Karpfen, Kupfer, Opfer, Kampf, Krampf, Kropf, Napf, stopfen, zupfen, rupfen.**

Achtung! Die Verdeutschungen obiger Fremdwörter finden sich im Wörterverzeichnis, siehe Anhang Seite 1—32.

Unterscheide: **Feilchen** (kleine Feile, **Veilchen** (Blume) und **Pfeilchen** (kleiner Pfeil); **fetter** (von fett), **Väter** (Mehrzahl von Vater) und

Vetter (Verwandter); **Pflug** (Gerät), **Flug** (von fliegen) und **Fluch** (von fluchen); **Pferd**, **fährt** (von fahren), Gefährte (Genosse), Gefährt (Wagen; Ferse (am Fuß), **Färse** (junge Kuh) und **Verse** (Mehrzahl von Vers); **Faden** und **Pfad**; **Farnkraut** und **Pfarrer**; **Flaum** (Feder) und **Pflaume** (Frucht).

B, p.

Ballast, **Buckel**, **Brot**, **backen**, **Bückling**, **Büttel**, Wildbret, Blatt, **Baß**, **Bäche**, **Bein**, **bohren**, **Bogen**, Herbst, Krebs, Obst, Staub, Abt, Raub, Laub, Laube, Erbse, Räuber, Korb, Hieb Sieb, Weib, Leib, Dieb, Urlaub, baden, sieben, lieben, haben, rauben, glauben, sterblich, Knabe, ab, ob, fürbaß. — **Panier**, **Pelz**, **Pike**, **Pilz**, **Plan**, Gepäck, **Pracht**, **Papst**, **Propst**, **Posaune**, **Prügel**, **Puff**, **plärren**, **prägen**, **prassen**, **prallen**, **prangen**, Raupe. **Papier**, Kap, Raps, Schöps, Mops, Mikroskop, stolpern, **packen**, **Pack**, **Pate**, **Palast**, **Paß**, **Pech**, **Pein**, **Peitsche**, **Perle**, **Pokal**, **Pendel**, **Poren**, **pochen**, **Palisade**, **pausen**, **Pauspapier**.

Unterscheide: **Ballast** (tote Last bei Luft- und Wasserfahrzeugen) und **Palast** (Gebäude), **backen** (z. B. Brot) und **packen** (z. B. Kleider zusammenpacken), **Baß** (Instrument, tiefe Stimme) und **Paß** (Personalausweis), **Bäche** (von Bach) und **Pech** (harziger Stoff), **Bein** (am Körper) und **Pein** (große Schmerzen), **bohren** (mit dem Bohrer) und **Poren** (feine Öffnungen), **Bogen** (Wölbung, Papier) und **pochen** (klopfen).

D, d, T, t.

Dach, **Dachs**, **Dampf**, **Damhirsch**, **Damm**, **Damast**, **Dank**, **Darm**, **Datum**, **Daube**, **Dezember**, **Degen**, **Dehnung**, **Deich**, **Delphin**, **Diamant**, **Despot**, **Dichter**, **Diadem** (Stirnreif), **Dieb**, **Diener**, **Diele**, **Distel**, **Dock**, **Docht**, **Doktor**, **Doge**, **Dogge**, **Dorn**, **Dom**, **Dohle**, **Dorf**, **Dotter**, **Draht**, **drechseln**, **Drechsler**, **Drohne**, **Dukaten**, **Dünkel**, **Dutzend**, Schmied, bekleiden, Kleid. — **Tag**, **Talg**, **Takt**, **Talent**, **Tambour**, **Tabak**, **Tadel**, **tändeln**, **Tante**, **Tapete**, **Tapezier(er)**, **Taste**, **Tatze**, **Tau**, **taub**, **Taube**, **Täufer**, **Tausend**, **Taxe**, **Teil**, **Teig**, **Teich**, **Telegramm**, **Telegraf**, **Tempel**, **Tenne**, **Teppich**, **Termin**, **Terpentin**, **Testament**, **teuer**, **Tal**, **Tat**, **Tee**, **Therese**, **Theodor**, **Ton** (Töpferton und in der Musik), **Tor** (der und das), **Tran**, **Träne**, **tun**, **Türe**, **Theater**, **Thermometer**, **Thüringen**, **Tiefe**, **Tier**, **Tinte**, **Titel**, **Tod**, **Todesangst**, **tot**, **töten**, **Tote** (vgl. S. 106 und 115, Ziff. 21) **Torf**, **Trab**, **Tracht**, **tragt**, **Trägheit**, **Trompeter**, **Traube**, **Traufe**, **treffen**, **Tribut**, **Triumph**, **Trog**, **Trost**, **Troß**, **Trug**, **Trunk**, **tüchtig**, **Tugend**, **Tunnel**, **Türke**, **Tücke**, **Turm**, **Turnier**, **Tyrann**, Schwert, begleiten usw. — Die **Endsilben** **at** und **ut** sowie die **Vorsilben** **ant** und **ent** haben ein **t**, die **Endsilben** **and** und **end** ein **d**.

Unterscheide: **Daube** (am Faß) und **Taube** (Vogel), **Deich** (Damm), **Teig** (zum Backen) und **Teich** (Weiher), **Doge** (spr. Dosche = Herzog, Oberhaupt der ehemaligen italienischen Freistaaten), **Dogge** (Hund) und **Dock** (Wasserbecken mit gemauertem Ufer), **Dach** und **Tag**, **Tracht** (Last zum Tragen) und **tragt** (von tragen), **bekleiden** (mit Kleidern versehen) und **begleiten** (mit jemand gehen).

G, k, j, ch.

Ding, dingen, dringen, singen, lang, langen, zwingen, Zwang, Gabe, Gabel, Galerie, Galopp, Gans, ganz, Garbe, Garde, Gas, Gasse, Gast, Gaul, Gau, Gebell, Gebet, Glück, geh(e)n, Gehölz, Geige, Geisel, Geißel, Geiß, Geiz, Geist, Gardine, Gaze (feines Gewebe), Gebärde, Geländer, Gelübde, gelingen, geradeswegs, Gelehrte, gelt, Geld, Gemse, General, Genosse, Gebäck, Gepäck, Gerät, Gesims, Gertrud, Gitter, Gläubiger, Grabmal, Gras, gräßlich, Grenze, Grieß, Gruß, Grus (verwittertes Gestein), Guß, Gustav, Grimasse (Fratze), Gros, groß, Girlande, Gunst, Gitarre, Galosche (Gummischuh), Gamasche, gültig, Woge, mögen, mögt, tragen, tragt, tagen, tagte, Talg, Vogt, Weg, weg, legen, lagen, Magd, Jagd, Zwerg; — flink, trinken, sinken, Dank, Kranz, Kränze, klar, kriegen, kriechen, Kurfürst, Kamerad, Kamin, Kaffee, Kolonie, Kontrolle. — Jahr, verjähren, Jammer, Januar, Juni, Juli, Bajonett, Kajüte, jäh, jäten, je, ja, jedermann, Joseph, Jubiläum, Jugend, Juwelier. — Aachen, ach, acht, lachen, machen. mochte, möchte, dachte, Jacht, Macht, Woche, Pech, Nachbar, Schmach, Zwerchfell usw.

Unterscheide: **Jacht** (Schiff) und **Jagd** (von jagen), **Gans** (Vogel) und **ganz** (vollständig), **Geisel** (Bürge) und **Geißel** (Peitsche), **Gros** (12 Dutzend) und **groß**, **Woge** (des Wassers) und **Woche** (sieben Tage), **tagte** (fand statt) und **dachte** (von denken), **Magd** (z. B. Dienstmagd) und **Macht**, **lagen** (von liegen) und **lachen**, **Zwerg** (sehr kleiner Mensch) und **Zwerchfell** (Körperteil), **dringen** und **trinken**, **singen** und **sinken**, **sengen** und **senken**, **Grenze** (z. B. des Landes) und **Kränze** (von Kranz), **kriegen** (kämpfen, empfangen), **kriechen** (auf dem Boden) und **Griechen** (Einwohner von Griechenland), **siegen** und **siechen**, **hegt** (von hegen) und **Hecht**, **regt** (von regen) und **rächt** (von rächen).

X, chs, ks, cks, gs.

Axt, fix, Hexe, Mixtur (Mischung), Nixe, Alexander, Examen, Fixstern, Felix, Max, Luxus, Taxe, Text, Praxis, Faxen, exerzieren, Kruzifix, Xanthippe, Xaver, — Achse, Achsel, Buchs, Buchsbaum, Büchse, Dachs, Drechsler, Drechselbank, drechseln, Deichsel, Eidechse, Flachs, Fuchs, Füchse, Lachs, Lachse, Luchs, Luchse, Ochs, Ochsen, Sachsen, sechs, Wachs, Wachstum, wachsen, Wechsel, Weichsel, wechseln, Wechsler, Wichse, — links, Häcksel, Klecks, Knicks, mucksen, stracks, Blocksberg, — **bugsieren** (von Bug = Vorderteil des Schiffes, — ein Schiff durch kleine Fahrzeuge ins Schlepptau nehmen), **flugs** (von Flug), ab-lu**chs**en, rin**gs**, län**gs**, län**gst**.

Verwechsle das Wort **links** nicht mit der Ableitungssilbe **lings**, z. B.: rückling**s** usw.

Die s (S)-Laute.

a) **S**age, **s**enden, bö**s**e, Ge**s**andter.

b) Schlu**ß**, ha**ss**en, Gru**ß**.

In den Wörtern unter a hat das **s** bei der Aussprache einen **weichen** Ton, spricht man aber die Wörter unter b aus, so wird das **s** sehr scharf oder **hart** gehört. Man unterscheidet daher

a) einen **weichen** und
b) einen **harten** S-Laut.

a) (1.) Ha**s**e. — (2.) **S**ünde.

b) (1.) Wa**ss**er, (2.) Schlu**ß**, (3.) Bru**s**t, (4.) Kenntni**s**.

Der weiche s (S)-Laut wird stets durch **s (S)** bezeichnet; er steht nur vor **Selbstlauten** (a (1.)) und im **Anlaut** (a (2.)).

Der harte s (S)-Laut kann bezeichnet werden durch **ss** (b (1.)), **ß** (b (2.)), **s** (b (3.)) oder **s** (b (4.)).

b (5.) mü**ss**en.

b (6.) I. Fü**ß**e. II. Ambo**ß** (Ambo**ss**es). Gru**ß** (grü**ß**en); III. (du) fa**ß**t (fa**ss**est); IV. Mi**ß**jahr.

b (7.) I. Li**s**t, Kno**s**pe. II. Büch**s**e. III. Wech**s**el, Trüb**s**al, müh**s**am.

b (8.) I. la**s** (lesen). II. Berge**s**, Wagni**s**. III. Freiheit**s**krieg.

Aus diesen Beispielen folgern wir:

Das ss steht

im Inlaut zwischen **zwei Selbstlauten,** wenn der **vorhergehende kurz** und betont ist (b (5.)), daher: **besser, wessen, Insasse, Sessel, Essig,** Flosse, **nachlässig, Iltisse, Firnisse** usw. (Vgl. S. 117, Ziff. 7.)

Das ß steht:

1. Zwischen zwei **Selbstlauten,** wenn der **vorhergehende gedehnt** gesprochen wird (b(6.) I.), daher: Größe, schließen, beißen bloß, Blöße, dermaßen, verdrießen, fließen, genießen, gießen, Gliedmaßen, Größe, Buße, Kloß, büßen, heißen, gleißen, mäßig, Meißel, rußig, müßig, Müßiggang, sprießen, außen, reißen, dreißig, groß, Schoß.

2. Als **Auslaut** in solchen Wörtern, die in der **Silbenverlängerung ss** oder **ß** haben (b (6.) II.), daher: Ablaß, Adreßbuch, Baß, Elsaß, Faß, Fluß, Genuß, Geschoß, Guß, Haß, häßlich, Imbiß, Küraß, Kuß, Kompaß, naß, Paß, Prozeß, Roß, Rußland, Schloß, Schößling, Schuß, Sproß, Sprößling, Truchseß, Troß, bißchen.

3. Vor einem **t**, wenn bei der Veränderung des Wortes ein **ss** oder ein **ß** gesetzt werden muß, **also besonders in der Biegung des Zeitwortes** (b (6.) III.), daher: bewußt, gegrüßt, gehaßt, mußt, ißt, frißt, heißt, büßt, genießt, fließt, schließt, paßt, sproßt, vergißt, weißt, entblößt, zerreißt, größte.

Unterscheide: **ißt** (von essen) und **ist** (z. B.: er ist da — Zeitwort sein —), weißt (von weißest, d. h. etwas weiß färben) und weißt (von wissen), aber: du weist (weisest, von weisen, den Weg).

4. In der Vorsilbe **miß** (b (6.) IV.), daher: Mißernte, Mißerfolg, Mißwachs, mißraten, mißfallen, mißlich usw.

Merke aber: des und wes (trotz dessen und wessen), mithin auch desselben, deshalb, weshalb, deswegen, weswegen, indes, unterdes; aus!

Das **s** steht:

Außer zur Bezeichnung des weichen S-Lautes ferner ohne Rücksicht auf die Aussprache:

1. In den Verbindungen von **st** und **sp** (b (7.) I.), daher: Staat, Stall, Stahl, still, stellen, — spärlich, Spalt, spiele, spalten, Espe, Knospe, Wespe usw.

2. Wenn ein **Mitlaut vorangeht** (b (7.), II.), demnach: Lotse, Krebse usw.

3. In den Endsilben **sel, sal** und **sam** (b (7.) III.). daher: Rätsel, Anhängsel, Stöpsel, Trübsal, Labsal, Scheusal, Schicksal, folgsam, ratsam, mühsam, gleichsam, arbeitsam, furchtsam, gewaltsam, wachsam, biegsam usw.

Das **s** (Schluß-s) steht als **harter** S-Laut:

1. Am **Schlusse der Silben**, wenn es sich von **s** ableiten läßt (b (8.) I.), z. B.: Aas, Bosheit, boshaft, Saus und Braus, Beweis, Gans, Gas, Glas, Gesims, Gras, Gips, Hals, Haus, Kies, Krebs, Los, Moos, Mus, Puls, Raps, Reis, Schnaps, Schöps, Verweis, Wams, Weissagung, Zins, Maske, Muskel, blies, verwies, dies.

Unterscheide: Mus (Gemüse) und muß (von müssen).

2. In der Endung **es** und **nis** (b (8.) II.), z. B.: Berges, schönes, dieses, welches, eines, Finsternis, Gleichnis usw. (vgl. S. 117, Ziff. 7!).

3. Als Zeichen von **Wortzusammensetzungen** (b (8.) III.), daher: Gelegenheitskauf, Ordnungsliebe, hoffnungsvoll, Erinnerungszeichen, Übungsbuch, Weihnachtsfest, Wassersnot, Feuersbrunst, Landsknecht usw.

Anmerkung: Man ist aber heute schon dazu übergegangen, dieses -s in einer ganzen Reihe von Wörtern wegzulassen, z. B. Mittag(s)tisch, Offizier(s)schüler usw.

Merke: Schleuse, erbosen, Geiß, Grieß, bloß (nur und nackt), Los, Schoß, Hunsrück, gleißen (glänzen), Geisel (Bürge), Geißel (Peitsche), groß, Gros (12 Dutzend), weiß (Farbe), weiß (von wissen), weise, Weisheit, naseweis, weissagen, Nieswurz (niesen), Fliese (Steinplatte), Verlies, Vlies (Fell), Atlas, Firnis, Iltis, Kürbis, Mesner (Küster), Reis (der und das), reisen (in eine Stadt), reißen (trennen), Reisig, Reißzeug, Reißbrett, Ries (Papier), Riese, Asbest, Asphalt, Dienstag, Donnerstag, Samstag, als, aus, was, des, dies, wes, bis, bisweilen, deshalb, desgleichen, deswegen, weshalb, weswegen, indes, unterdes, dasselbe, diesseit, Wismut, Anis, Bistum, Griesgram, Typhus, Wels, Linsen, Hülse, Paradies, heiser (Stimme), heiß, heißer (Hitze), heißen (nennen), eigens, nirgends, unversehens, zusehends, eilends, vollends, das und daß, Grus (Schutt) und Gruß (von grüßen), Drechsler, Wechsler, Basar, Hasardspiel (Glücksspiel), Islam.

Die zusammengesetzten Zeit-, Eigenschafts- und Mittelwörter.

a)

1. Von der Musik war bei der weiten Entfernung nichts zu **hören.**

2. a) Der Sekretär mußte die Verfügung **ab**schreiben. b) Der Schreiber erhielt den Auftrag, den Brief **ab**zuschreiben. a) Wenn man ins Zimmer tritt, muß man die Türe **zu**machen. b) Der Pförtner erhielt Anweisung, die Tür **zu**zumachen.

Erklärung: 1. Zu **hören** ist die abhängige Grundform des einfachen Zeitwortes hören. Man erkennt sie daran, daß der Ton auf „hören" ruht. Sie wird in zwei Wörtern geschrieben.

2. a) **A**bschreiben und **zu**machen sind zusammengesetzte Zeitwörter in der reinen Grundform. Man erkennt sie daran, daß der 1. Teil des betreffenden Wortes („ab" und „zu") betont wird.

b) **A**bzuschreiben und **zu**zumachen sind zusammengesetzte Zeitwörter in der abhängigen Grundform. Hierbei wird auch die 1. Silbe betont.

Merke: Bei zusammengesetzten Zeitwörtern werden sowohl die reine als auch die abhängige Grundform in einem Wort geschrieben.

b)

1. Die Blüte des Vergißmeinnichts ist himmelblau.

2. Er hat sich wieder eine achtunggebietende Stellung errungen.

Erklärung: 1. Himmelblau ist ein Eigenschaftswort, das aus dem Hauptwort Himmel und dem Eigenschaftswort blau besteht, und muß also mit kleinem Anfangsbuchstaben geschrieben werden.

2. Achtunggebietende ist ein Mittelwort der Gegenwart, das aus dem Hauptwort Achtung und dem Mittelwort gebietende zusammengesetzt ist, also muß es mit kleinem Anfangsbuchstaben geschrieben werden.

IX. Die Schreibweise gebräuchlicher Fremdwörter

Für die Schreibung der Fremdwörter lassen sich allgemein gültige Regeln nicht aufstellen. Die einen behalten ganz die Schreibweise der fremden Sprache, aus der sie übernommen worden sind, bei, z. B.: Beefsteak, Chaussee, Feuilleton, Police, Chef, Chaiselongue, Tour, Tambour, Route (Reiseroute), Logis, rangieren, Jalousie, Ballon, Refrain, Adagio, Violincello; andere werden teils nach deutscher, teils nach fremder Art geschrieben, z. B.: Korps, Kommis, Kommandeur, Redakteur, bei manchen schwankt die Schreibung, z. B.: Ordre und Order, Sinfonie und Symphonie; einige endlich werden ganz der deutschen Aussprache entsprechend geschrieben, z. B.: Gitarre, Girlande, Biwak, Bukett, Furier, Büfett, Gips, Kristall, Bluse, Krawatte, Dublette, Sekretär, Rasse, Fassade, Schal, Schokolade.

Achtung! Die Verdeutschungen obiger und nachfolgender Fremdwörter finden sich im Wörterverzeichnis, s. Anhang S. 1—32.

In den nachfolgenden Wörtern wird der K-Laut durch k bezeichnet:

A**k**ademie, A**k**azie, A**k**quisition, A**k**t, A**k**te, A**k**ten, A**k**tie, A**k**tionär, A**k**tion, a**k**tiv, A**k**tiv(um), A**k**ustik, A**k**zent, A**k**zept, A**k**zessist, A**k**zise, A**kk**lamation, A**kk**limatisation, A**kk**ord, A**kk**usativ(us), a**kk**urat, Ma**k**karoni, Al**k**ohol, Al**k**oven, anti**k**, Bal**k**on, Ban**k**ett, Ban**k**ier, Bis**k**uit, Biwa**k**, Bos**k**ett, Bu**k**ett, defe**k**t, De**k**ret, Dia**k**onissin, Diale**k**t, Dire**k**tor, Do**k**tor, Dupli**k**at, Edi**k**t, Ele**k**trizität, Es**k**adron, fa**k**tisch, Harle**k**in, Inspe**k**tor, Instru**k**tion, **K**adett, **K**ai, **K**arawane, **K**arree, **K**atalog, **K**lima, **K**lub, **K**odex, **K**okarde, **K**okon, **K**okons, **K**oks, **K**ollekteur, **K**olonie, **K**olonne, **K**omfort, **K**omitee, **K**ommißbrot, **K**ompanie und **K**ompagnie, **K**ompagnon, **K**ommode, **K**ompaß, **K**ompott, **K**omtur, **K**ommandeur, **K**onferenz, **K**onflikt, **K**onsole, **K**ontrolle, **k**onzentrisch, **K**onzept, **K**onzert, **K**onzession, **K**onto, **K**ontos, **K**ontor, **K**onzil, **K**opie, **K**orporal, **K**orps (Armeekorps, Musikkorps), **K**orsett, **K**orvette, **K**osak, **K**ostüm, **K**otelett, **K**riminalist, **K**ristall, **K**ritik, **K**ubi**k**maß, **K**ulisse, **K**ultur, **K**ultus, **K**umpan, **K**uratel, **k**urant, **K**urier, **K**urs, **K**ursus, **K**urve, **K**usine, **K**uvert, **K**uverte, La**k**ai, Lexi**k**on, Lexi**k**a, Lo**k**al, Ma**k**ulatur, Mar**k**ise (Sonnendach), Mi**k**roskop, Mus**k**etier, Ne**k**tar, Obje**k**t, O**k**zident, Pa**k**t, Perfe**k**t(um), Produ**k**t, Publi**k**um, Re**k**tor, Res**k**ript, Sa**k**rament, San**k**t, Se**k**retär, S**k**izze, Tri**k**ot, Viadu**k**t, Zir**k**us, Pa**k**et usw.

Bei folgenden Wörtern wird der K-Laut durch c, ch, oder qu bezeichnet:

Café (Kaffeehaus), **C**oupé, **C**oupon, **C**ourage, **C**ousin. — **Ch**amäleon, **Ch**aos, **Ch**arakter, **Ch**lor, **Ch**olera, **ch**olerisch, **Ch**or, **Ch**oral, **Ch**rist, **Ch**ronik, **Ch**ronologie, Or**ch**ester, (die Wörter **K**arfreitag, **K**arwoche, **K**arl, **K**onrad, **K**urfürst sind als deutsche Wörter nur mit **K** zu schreiben). — **C**li**qu**e, Maro**qu**in, Mar**qu**is, **Qu**eue usw.

Merke: In Fremdwörtern darf niemals **ck** stehen (Ausnahme: Atta**ck**e).

In folgenden Wörtern wird der Z-Laut durch z bezeichnet:

De**z**ember, Domi**z**il, Dis**z**iplin, Exer**z**itien (Übungen), fabri**z**ieren, Kon**z**il, Kon**z**ert, Kon**z**ession, Lan**z**e, kommer**z**iell, Maga**z**in, Medi**z**in, Pfeffermin**z**e, O**z**ean, musi**z**ieren, Offi**z**ier, Poli**z**ei, Por**z**ellan, Pro**z**ent, Pro**z**eß, Pro**z**ession, Re**z**ept, Rekonvales**z**ent, Spe**z**erei, Strapa**z**en, **Z**ar, **Z**ensur, **Z**entrum, **Z**iffer, Hori**z**ont, **Z**igeuner, **Z**irkel, **Z**eder, **Z**itrone, **Z**entner, Differen**z**, Finan**z**en, Novi**z**e, Provin**z**, Prin**z**, Allian**z**, (auch: Alliance), Distan**z**, Prin**z**ip, spe**z**iell, spe**z**ifisch, S**z**ene, **Z**epter, (auch: Szepter), **Z**ichorie, **Z**ement, **Z**entimeter, De**z**imalzahl, Do**z**ent, Hya**z**inthe, Nar**z**isse, Elektri**z**ität, Vi**z**ekönig, **Z**eremonie, **Z**itadelle, **Z**igarre, **Z**igarette, **Z**irkular, **Z**ivilist, **Z**ölibat, Kon**z**ept, **Z**yklus, **Z**ylinder, **Z**ypresse, **Z**isterne, **Z**ervelatwurst, Defi**z**it, prä**z**ise (genau).

In folgenden Wörtern wird der Z-Laut vor i durch t bezeichnet:

Auk**t**ion, Diskre**t**ion (Verschwiegenheit), Kau**t**ion, Kondi**t**ion, Lek**t**ion, Ra**t**ion, Na**t**ion, Pa**t**ient, Por**t**ion, Quo**t**ient, Tradi**t**ion, Sta**t**ion, mar**t**ialisch, Nun**t**ius, Mo**t**ion (Bewegung).

Rh oder **rrh** = **r**; **ll** = **lj**; **gn** = **nj**.

Rhabarber, **Rh**achitis, **Rh**apsodie, **rh**etorisch, **Rh**ombus, Dia**rrh**öe, Kata**rrh**, **Rh**inozeros, **Rh**ythmus, My**rrh**e, **Rh**eumatismus, **Rh**ein, **Rh**in, **Rh**one, **Rh**ön. — Batai**ll**on, Bi**ll**ard, Pavi**ll**on, Patroui**ll**e, Boui**ll**on, Posti**ll**ion, Medai**ll**e, Medai**ll**on, Revei**ll**e. — Kampa**gn**e, Champa**gn**e, Champa**gn**er, Lor**gn**ette, Si**gn**atur, Champi**gn**on.

C = **ß**; **ch** = **sch**; **ch** = **ch**; **s**, **ss**, **sch**.

Asso**c**ié, Poli**c**e, Balan**c**e, Annon**c**e, balan**c**ieren. — Re**ch**er**ch**e (Nachforschung), **Ch**ance, **Ch**ampagner, **Ch**arité, **Ch**aussee, **Ch**ef, **Ch**emisette, **Ch**iffre. — **Ch**emie, **Ch**irurg. — Ba**s**ar, Ha**s**ard. — Fa**ss**ade, Fa**ss**on, Ra**ss**e. — Bre**sch**e, Bro**sch**e, Ma**sch**ine, **Sch**al (Tuch), **Sch**arlatan, **Sch**arpie, **Sch**eck (Zahlschein), **Sch**ikane, **Sch**imäre, **Sch**okolade, **Sch**aluppe, **Sch**atulle, Man**sch**ette, **Sch**ärpe, **Sch**afott.

G vor e und i = sch (weicher sch-Laut); j = sch; gu vor e und i = g.

Bagage, Equipage, rangieren, Passage, Genie, Ingenieur, Genre, Loge, Logis, engagieren, arrangieren, Menagerie, Etage, Plantage, (aber g wie g in: Energie, korrigieren). — Journal, Jalousie, Jackett, Jett, Jockei (aber j — j in: Juwel, Jacht, Justiz, Jokus, junior). — Guerilla (Kleinkrieg). — Guinee (engl. Goldmünze), Guillotine.

Y = i bzw. ü; eu = ö; ue = ü.

Asyl, Zypresse, Dynamit, Dynastie, Gymnasium, lyrisch, Hyäne, Hyazinthe, Hymne, Myrte, Lyzeum, Hypothek, Lyzeum, Lymphe, lynchen, Lyra, Myrrhe, Mystik, Mythe, Mythologie, Nymphe, Pyramide, Satyr, Symbol, Symmetrie, Sympathie, sympathisch, Symphonie (auch Sinfonie), Symptom, Synode, Syndikus, Syntax, System, systematisch, Typhus, Type, typisch, Tyrann, tyrannisch. — (Merke: Bariton, Zephir, Gips, Kristall, Satire, Silbe, Sirup, Diphtheritis.) — Adieu, Ingenieur, Regisseur, Deserteur, Akteur, Inspekteur, Chauffeur, Kommandeur. — (Merke: Likör, Manöver, Möbel, Pöbel, religiös.) — Revue. — (Merke: Lektüre, Büfett, Kostüm, Broschüre, Tribüne.)

Ent, em und en = ang, in und ain = äng, ai = ä; ei = ä; ä.

Appartement, Etablissement, Arrangement, Amüsement, Avancement, Emballage (Verpackung), Emblem, Entree, Pension, Gendarm, Engagement. — Bassin, Bulletin, Cousin, Dessin, Point. — Refrain, Terrain, Train. — Chaiselongue, drainieren, Palais. — Bouteille. Reveille, Teint. — (Merke: Rayon, Affäre, Kapitän, Domäne, Fontäne, Porträt, Pläsier (Vergnügen), Quarantäne, räsonieren, Souverän, Militär, Sekretär, Dämon, Äquator, Prälat.)

Au oder eau = o; ou = u; u; oi = oa.

Sauce (besser: Soße), Chaussee, Plateau, Niveau, Bureau (besser: Büro). — Cousin (besser: Vetter), Gouvernante, Gouverneur, Gouvernement (Regierungsbezirk), Journal, Coupe, Coupon, Tour, Souffleur, Souper, Souverän, moussieren (schäumen), Ouverture, Rouleau, Route, Routine, Tambour, Bouillon. — Furage (Futter), Furier, Furnier, Retusche, Bluse, Tamburin (Schellentrommel), Diskurs, Dublette, Bukett. — Memoiren, Toilette, Soiree.

V = w.

Aktiva (Vermögenswerte), Kavalier, Klavier, Graveur, Invalide, Lava, Livree, Manöver, Passiva (Verbindlichkeiten), Proviant, Provisor (Apothekenverwalter), Provision, Revision, revidieren, (durchsehen, nachprüfen), Vakanz, Vasall, Vase, Ventil, Vagabund, Vanille, Virtuose, Violine, Viktualien, Vegetari(an)er, Veranda, Volontär, Vulkan. — (Merke: Lawine.)

Fremdwörter mit der Endung **ieren** und **ie.**

Avanc**ieren**, appell**ieren**, alarm**ieren**, applaud**ieren**, abonn**ieren**, arrang**ieren**, biwak**ieren**, dispens**ieren**, dress**ieren**, fix**ieren**, garant**ieren**, inspiz**ieren**, kapitul**ieren**, konfirm**ieren**, korrig**ieren**, log**ieren**, pol**ieren**, präsent**ieren**, reklam**ieren**, spekul**ieren**, visit**ieren**. — Kavaller**ie**, Infanter**ie**, Artiller**ie**, Epidem**ie**, Kolon**ie**, Melod**ie**, Monarch**ie**, Aristokrat**ie**, Demokrat**ie**, Poes**ie**. — (Merke: Das e wird ausgesprochen in Arie (Operngesangstück), Amphibie, Bestie, Glorie, Hostie (Abendmahlsbrot), Historie, Prämie, Reliquie, Serie, Materie.)

Fremdwörter mit **ph.**

Physik, **Ph**os**ph**or, **Ph**antasie (besser: Fantasie), **Ph**ase, **Ph**otogra**ph** (besser: Fotograf), **Ph**ilolog(e), **Ph**ilosop**h**, **Ph**legma, **Ph**ilister, **Ph**rase, **Ph**ysikus, Atmos**ph**äre, Apostro**ph**, Di**ph**theritis, Lithogra**ph** (Steindrucker), Stenogra**ph** (besser: Stenograf), Paragra**ph**, Trium**ph**, Pro**ph**et, Stro**ph**e, Jose**ph** (besser: Josef), Telegra**ph** (besser: Telegraf), Tele**ph**on (besser: Telefon).

Fremdwörter mit **x.**

E**x**pedition, E**x**il, e**x**erzieren, E**x**ekution, E**x**periment, E**x**port, E**x**trakt, E**x**amen, Fi**x**stern, Kruzifi**x**, Le**x**ikon, Mi**x**tur, Pra**x**is, Ta**x**e, Te**x**t, ve**x**ieren, Lu**x**us, E**x**zellenz.

X. Ähnlich- und gleichlautende Wörter

A.

Aale, Ahle, Ale (englisches Bier), **Allee, alle; Aas, As, aß; Acht, acht, Akt; Ähre, Ehre, Öhre; Anger, Anker; ärger, Ärger, Erker; ahmt, Amt; ablasen, ablassen, abblasen; äußern, eisern; Auslagen, auslachen.**

B und P.

Bahre, bar, Paar, paar; Bächen, Becken, Böcken; backt, packt, Pacht; Bad, bat; Bahn, Bann; Beet, Bett; Bayerin, Bäuerin; bald, ballt; Ballast, Palast; Bälle, belle; bahnt, Band, band, bannt; bang, Bank; Beeren, Bären; entbehren, empören; Bekleidung, Begleitung; behaart, beharrt; beide, Beute, Gebäude; Bein, Pein; betagt, bedacht; berichtigt, berüchtigt; bieder, bitter; befiel, befiehl; bücken, picken; Biene, Bühne; Birke, Bürge; Bissen,

bissen, büßen; Blässe, Blöße; Blatt, platt; bogen, Bogen; pochen, Pocken; Boden, Boten, Booten, boten, Pfoten; Bohlen, Polen; bohrte, Borte, Pforte; Briten, brieten; brühten, brüten; berieten, beritten; Brillen, brüllen; Bund, bunt; Butter, Puder; Baß, Paß; bohren, Poren; bracht, Pracht; prahlen, prallen; prägen, brechen; prüfen, Briefen; Buben, Puppen; baden, baten, Paten; begehrt, bekehrt; Bälde, bellte; besäen, besehen; Beschwerde, beschwerte, beschwörte; beten, Betten, betten; betrieben, betrüben; Bienen, binnen; blühte, Blüte; bösen, Besen; bis, Biß.

D und T.

Dach, Tag; Dachs, Tags, Taxe; dachte, tagte, Takte; das, daß; den, denn; Dänen, denen, dehnen, tönen, Tennen; Dattel, Tadel, tadeln; Dauben, Tauben; Degen, decken; Deich, Teich, Teig; dienen, Dünen, dünnen; Dienste, Dünste, dünnste; Dicke, Tücke; dicker, Tiger, Tücher; dingen, düngen, dünken, tünchen; diente, Tinte; dir, Tier, dürr, Tür; Don (ein Fluß), **Ton** (Erde), **Ton** (i. d. Musik); **Dorf, Torf; Draht, trat; Drähte, drehte; drang, Trank; dröhnen, Tränen, trennen; Drohnen, Thronen, Dotter, Toter; Drachen, tragen; Dame, Damme, drohst, Trost; dran, Tran.**

E.

Egge, Ecke, Eichen, eigen, eichen; Eile, Eule; Ende, Ente; Engel, Enkel; ermahnen, ermannen; erhält, erhellt; Eingeweide, eingeweihte; zählen, Zellen.

F, V und Pf.

Fäden, Fehden. fetten; fahl, Fall, Pfahl; Fahne, Pfanne; Fährte, Pferde; Fälle, Felle, fehle, Pfähle; fällt, Feld, fehlt; fast, faßt; Feder, Väter, Vetter, fetter; Feilchen, Veilchen, Pfeilchen; Fiber, Fieber, Viper; fielen, fühlen, Gefühlen, füllen, Füllen, vielen; Fläche, Flecke, pflege, Pflöcke; flicht. fliegt, flickt, Pflicht, pflügt, pflückt; Flieder, Flitter; Fliege, Flüche, flügge, Pflüge; flog, pflog, Pflock, Flocken; fragt, Fracht; frißt. Frist; First, Fürst, führst: fiel, viel; Vorrede, Vorräte; Ferse, Färse, Verse; Verband, verbannt; vergolden, vergolten.

K und G.

Gabe, Kappe; gönnen, können, kennen; Galle, kahle; galt, kalt; Gans, ganz; Gerber, Körper; Garten, Karten; Gärten, Gerten, kehrten; Gasse, Kasse, Katze; Gauen, kauen; Gäule, Keule, Keile; Gebäck, Gepäck; Gefühl, gefiel; Geläute, Geleite; Gelder, kälter, Kelter; gerächt, gerecht, geregt; Geräte; Gerede; Gräte, Kröte; gern, Kern; Gesinde, Gesinnte; Gestade, gestatte; Gewand, gewandt; Gewähr, Gewehr; gießen, Kissen;

Glätte, Klette; glauben, klauben; Glied, glitt, glüht; glimmen, klimmen; Gram, Kram; Grenze, Kränze; Gras, kraß; graut, Kraut; Greis, Kreis, Kreuz; Grieche, kriege, krieche, Kriege, Krüge, Krücke; Grube, Gruppe, Kruppe; Gunst, Kunst; gleiten, kleiden; greulich, gräulich; Graus, kraus.

H.

Haare, harre; harrt, hart; Hast, hast, haßt; hassen, Hasen; Höker, Höcker; hegt, Hecht; Hähne, Henne; Hai, Heu; Heide, heute, Häute; hält, Held, hehlt, hellt; Härte, Herde, hörte; Häuser, heiser, heißer; Heer, hehr, her, Herr; Höhle, Hölle; heilen, heulen; Hirten, Hürden; Hofe, hoffe; Hüte, hüte, Hütte; hingst, hinkst; hold, holt, hohl.

I., J.

Ihm, im; ihn, in, Inn; ihnen, innen; ihre, irre, irdisch; Jagd, Jacht, jagt; junger, Junker; jäte, jede; Jubel, Juwel.

K.

Kamm, kam; kann, Kahn, Kanne; Kamerad, Kammrad; Kante, kannte; Kehle, Kelle; Keller, Köhler; Kellner, Kölner; Kiefer, Küfer; Kiel, kühl; Kien, Kinn, kühn; Kissen, küssen; Kind, erkühnt; Knabe, Knappe; Komet, kommet; krachen, Kragen; Küste, küßte.

L.

Lachen, lagen, Lagen, Laken, Lake, Lack; Lade, lade, Latte; lahm, Lamm; Laie, leihe; laichen, Leichen; länger, Lenker; längs, längst, lenkst; laßt, last, Last; Leiter, leider; läute, Leute; Leere, Lehre, lehre, leer; leichter, Leuchter; Licht, liegt, lügt; liegen, lügen; Lieder, Lider; ließ, lies; Locken, logen, locken; Loch, log; Laib, Leib; laben, Lappen; Lärche, Lerche; Los, los.

M.

Mach, mag, machen, Magen; Made, Matte; Mahl, Denkmal, mahlen, malen; Mähre, Mär, Meer, mehr, Möhren; Mandel, Mantel; Marder, Marter; Märkte, merkte; Mäuse, Meise; mieden, mieten, mitten, mühten, müden; Mieder, Mieter, müder; Miene, Mine; Mode, Motte; Mohr, Moor; muß, Mus, Musen; Magd, Macht, macht; Mann, man; ermahnen, ermannen.

N.

Nachen, nagen, Nacken; nächst, neckst; Nacht, nagt, nackt; Namen, namentlich, nahmen; näht, nett; Nähten, nähten, Nöten; nein, neun; nieße, Nüsse; näßt, Nest.

O.

Oder, oder, Otter; Ofen, offen; Orden, Orten; Organ, Orkan.

R.

Rabe, Rappe; Rachen, ragen; rächen, Rechen, Regen, regen; Rad, Rat, Rade, raten, Raten, Ratten; Räder, Reeder, Retter; Rain, rein, Rhein, Reih'n, reu'n, herein; Räte, Rede, Reede; rauben, Raupe; Räude, reute, reite; Räume, räume, Reime; rechnen, regnen; Reis, reis, reiß, reiz, Reiz; riechen, rügen, Rügen, Rücken; Ried, riet, ritt; rief, Riff, Riemen, rühmen; Riese, Risse; Rind, rinnt; rochen, Rogen, Roggen, Rocken; Rose, Rosse; Ruhm, Rum, herum; ruhte, Rute; Reihe, reue; reich, Reich; reichen, Reigen.

S (bzw. Z).

Saal, Schicksal; Saat, saht, satt; Sachen, sagen; sacht, sagt; säen sähen, sehen, Seen; zähen, Zehen; Sägen, Segen; Saite, Seite, Seide; seid seit, Zeit; Säle, Seele, zähle; Sand, gesandt, Versand; sang, sank, Zank; sängen, Gesängen, sengen, senken; sännen, Sennen, sehnen, Söhnen; säugen, Seuchen, zeigen, Zeichen, Zeugen; seicht, zeigt; Säule, Seile, Zeile; Saum, Zaum; Schaden, Schatten; Schaf, schaff; schafft, Schaft; schal, Schall, Schal, Schale; Scharen, scharren; Scharte, scharte, scharrte, Scheide, scheute; Scheine, Scheune; Scheit, scheut, gescheit; schief, Schiff; Schiefer, Schiffer; schielt, schilt, Schild; schlagt, Schlacht; Schlächter, schlechter; Schlaf, schlaff; Schlange, schlanke; Schläuche, schleiche; schließe, Schlüsse; schliefen, schliffen; schoß, Schoß; Schote, Schotte; Schwager, schwacher; Schwemme, Schwämme; schwere, Schwere, Schwäre, schwöre; Schweiß, Schweiz; sich, siech, Sieg; Sieger, sicher; Sichel, Siegel, Ziegel, Zügel; sie, sieh, zieh; Ziegen, Zügen; sieden, Sitten, Süden; Sinn, zieh'n, Zinn; Sohle, Sole; sollen, zollen; späht, spät; Span, spann, sparen, Sparren; später, Spötter; Speer, sperr; sprieße, Spritze; Staat, Stadt, statt; Stätte, Städte; Stahl, stahl, Stall; stählen, stehlen, stellen, Ställen; steht's, stets; Stich, stieg, Stück; Stiel, Stil, still, stiehl; Stille, Stühle; Stränge, Strenge, strenge; straffe, Strafe; streite, streute; Sucht, sucht, Zucht, zuckt; Sünde, sühnte, zünde.

T.

Tau (Seil), **Tau** (feuchter Niederschlag); **tauchen, taugen; Täler, Teller; Tod, tot; Dotter, Toter; Tracht, tragt, trachten; Triebe, trübe; trieft, Trift, trifft; trogen, trocken.**

W.

Ware, wahr, war; Wache, Waage, wage; Wade, wate, Watte; Wahl, Walstatt, Wall; wegen, Wegen, wägen, wecken; wähle, Wälle, Welle; wählt, Welt; Wahn, wann; wen, wenn; Wahne, Wanne; währt, wehrt, wert, Wert, werde; weit, weiht; Waisen, weisen, weißen, Weizen; Wald, wallt; Wände, wende, wähnte; Wangen, wanken; Wärter, werter, Wörter; weder, Wetter; Weide, Weite, weihte; welcher, welker; Werg, Werk; wiege, Wiege, Wicke; Widder, wider, wieder, Gewitter; Wiese, wisse; wild, wühlt; wird, Wirt, verwirrt; wittern, erwidern; Woche, Woge; Wohle, wolle, Wolle; wohne, Wonne; Wüste, wüßte.

Z.

Zähren, zehren, zerren; Geziefer, Ziffer; Ziemer, Zimmer; Zimmet (Zimt), geziemt; Zeichen, zeigen, zeugen.

2. Abschnitt: Die Zeichensetzung (Interpunktion)

I. Der Punkt (.)

a) Ein unnütz Leben ist ein früher Tod.
b) Man fragte ihn, ob er widerrufen wolle.
c) Der Kaiser Nero rief bei seinem Tode, welch ein Künstler in ihm sterbe.
d) Der Abend.
e) Eigenschaftsw. (= Eigenschaftswort.)
f) Berlin, den 3. Mai ....

Aus diesen Beispielen ersehen wir:

Der **Punkt** wird gesetzt:

1. **Nach dem Erzählsatz** (a).
2. **Nach einem abhängigen Frage-** (b) **und Ausrufesatz** (c).
3. **Nach unvollständigen Sätzen** (d).
4. **Nach einem abgekürzten Worte** (e).
5. **Nach einer Ziffer als Ordnungszahl** (f).

II. Der Beistrich*) (Komma) (,)

a) (1.) **Ach,** ich kann ihn nicht versteh(e)n. (2.) **Ja,** es ist zum Erbarmen.
b) **Alter, vortrefflicher** Wein kräftigt den Schwachen.
c) Am Münsterturm, dem **grauen,** da sieht man, **groß** und **klein,** viel Namen eingehauen.
d) Köln, den 17. April 19 ..
e) (1.) **Sohn,** hier hast du meinen Brief! — (2.) Ich habe, **o Herr,** deine Werke bewundert. — (3.) Erheb ihn ewig, **o mein Geist!**
f) Und die Treue, **sie** ist doch kein leerer Wahn.
g) Verlaß dich nicht, **und zwar** in der Not, auf die Zahl deiner Freunde.

*) Die deutsche Bezeichnung „Beistrich" hat sich im allgemeinen Sprachgebrauch weniger eingeführt als „das Komma" griechischen Ursprungs.

h) (1.) Alles **rennet, rettet, flüchtet.** — (I.) (Salz **und** Brot macht die Wangen rot.) —

i) (1.) Eigenlob stinkt, Freundeslob hinkt, fremdes Lob klingt. (2.) Die Luft ist kühl, **und** es dunkelt, **und** ruhig fließt der Rhein. — Bist du es, **oder** sollen wir auf einen anderen warten? (3.) Man muß **nicht nur** das Vergangene achten, **sondern auch** das Zukünftige klug betrachten.

k) (1.) Wer sich dir vertraut, dem leihe dein Ohr. — Gutes, das von Herzen kommt, dem Geber wie dem Nehmer frommt. — Es ist nicht alles Gold, was glänzt. — Kaum gedacht, ward der Lust ein End' gemacht. — (2.) „Ich bin zu sterben bereit", spricht jener. — „Ich bin", spricht jener, „zu sterben bereit". (3.) Jener spricht, er sei zu sterben bereit. — (4.) Die Wunden, die man sich selbst schlug, ob aus Leichtsinn oder Übermut, heilen schwer.

l) (1.) Er ist vorsichtiger **als** du. — Er ist ebenso vorsichtig **wie** du. (2.) **Und** was die innere Stimme spricht, das täuscht die hoffende Seele nicht. — Greift nur hinein ins volle Menschenleben, **und** wo ihr's packt, da ist's interessant! (3.) Er beginnt **zu** singen.

Aus vorstehenden Beispielen ergibt sich:

Der **Beistrich** steht:

1. **Bei einem Ausruf** (Ausrufe- oder Empfindungswort), wenn dieser **keinen besonderen Nachdruck** hat (a (1.)), und **nach solchen Wörtern,** die zur **Bekräftigung der Rede** einem Satze **vorangestellt werden** (a (2.)).
2. Zwischen Eigenschaftswörtern, die einander **beigeordnet** sind (b).
3. **Vor** und **nach** Eigenschaftswörtern, wenn diese zu ihrem Hauptworte **eine andere als die gewöhnliche Stellung** einnehmen (c).
4. Nach dem Ortsnamen beim Datum in Briefen usw (d).
5. Bei der **Anrede,** welche **vor** (e (1.)) oder **zwischen** (e (2.)) dem Satze oder **am Ende** desselben (e (3.)) stehen kann. — Im zweiten Falle (e (2.)) sind **zwei** Beistriche nötig, **vor** und **nach** der Anrede. Steht die Anrede am **Ende** des Satzes, so erhält sie das **Ausrufezeichen** (e (3.)), ebenso, wenn sie am **Anfange eines Briefes** steht.
6. **Nach** solchen Wörtern, die des **Nachdrucks wegen aus dem Satze hervorgehoben** und zum **zweitenmal** durch ein **anderes Wort** ersetzt werden (f).

7. Wenn zur **näheren Bestimmung** eines vorausgegangenen allgemeinen Ausdrucks eine mit „**und zwar**" eingeleitete Erklärung folgt (g).

8. Zwischen den **gleichartigen** Satzgliedern des **zusammengezogenen** Satzes (h[1.]). — (Sind diese aber durch **und** oder durch **oder** verbunden, so steht kein Beistrich (h[1.]).

9. In der **Satzverbindung**, wenn die einzelnen Sätze **sehr kurz** (i[1.]) oder durch **und** oder durch **oder** verbunden sind (i[2.]), oder wenn jeweils **zwei Bindewörter** stehen (i[3.]).

10. **Zwischen** dem **Haupt-** und **Nebensatz**, gleichviel ob der Nebensatz als **Vordersatz, Nachsatz** oder **Zwischensatz steht und ob er verkürzt oder unverkürzt ist** (k[1.]). — **Zwischen** der **wörtlichen** Rede und dem **einleitenden** Satze, wenn dieser **nach** oder **zwischen** der wörtlichen Rede steht (k[2.]). — **Zwischen** dem **einleitenden** Satze und der **abhängigen** Rede (k[3.]). — **Zwischen Nebensätzen** im **mehrfach zusammengesetzten** Satze (k[4.]).

Der Beistrich steht **nicht** vor **als** oder **wie**, wenn diese Wörter keinen sprachlich **vollständigen** Satz einleiten (l[1.]). Auch läßt man den Beistrich gewöhnlich **vor** dem Nebensatze weg, wenn dieser derart **als Zwischensatz** steht, daß ihm nur das **Bindewort des Hauptsatzes vorangeht** (l[2.]). Ferner läßt man ihn fort, wenn die abhängige Grundform des Zeitwortes nicht von anderen Bestimmungen oder Wörtern eingeschlossen ist (l[3.]). Sie wird dann als Ergänzung betrachtet.

Über den Beistrich **vor und** und **oder** merke noch folgendes:

1. Vor *und* und *oder* wird **nur dann** ein Beistrich gesetzt, wenn diese Wörter einen **sprachlich vollständigen** Satz (aus Satzgegenstand und Satzaussage bestehend) einleiten, der nicht mit dem vorhergehenden Satz zusammengezogen ist (d. h. mit ihm kein Satzglied gemeinsam hat); z. B.: Mit des Geschickes Mächten ist kein ew'ger Bund zu flechten, und das Unglück schreitet schnell. — Als er fertig war und seine Sachen abgegeben hatte, ging er. (Hier steht vor *und* kein Beistrich, weil der nachfolgende Satz mit dem vorhergehenden ein Satzglied, „als", gemeinsam hat.)

2. Es steht aber vor **und** auch dann ein Beistrich, wenn diesem Bindewort, ohne daß es einen vollständigen Satz einleitet, ein Zwischensatz oder ein verkürzter Nebensatz vorausgeht; z. B.: Wir ehren das Andenken derer, die uns im Leben lieb und teuer waren, und schmücken gern ihre Gräber. — Sie wünschte, in ihrer Heimat zu sterben, und traf daher Vorbereitungen zur Reise.

III. Der Punktstrich (Semikolon) (;)

a) Dieser fruchtbare Landstrich trägt Roggen, Gerste, Weizen; Kirschen, Pflaumen, Äpfel, Birnen; Tabak, Leinsamen, Färberwaid; ferner die verschiedensten Arten von Nutzhölzern.

b) Man empfängt den Mann nach seinem Kleide; nach seinem Verstande entläßt man ihn.

c) (1.) Vom Übermaß der Lust wird Leid hervorgebracht; das Auge selber weint, sobald man heftig lacht. (2.) Gib, was du geben willst, eh' man dich darum bat; es ist nur halb geschenkt, was man erbeten hat.

d) (1.) Die Welt ist so leer, wenn man nur Berge, Flüsse und Städte darin denkt; aber hier und da einen Freund wissen, der mit uns übereinstimmt, das macht uns dieses Erdenrund zu einem bewohnten Garten. (2.) Genieße, was dir Gott beschieden; entbehre gern, was du nicht hast: ein jeder Stand hat seinen Frieden; ein jeder Stand hat seine Last!

Aus vorstehenden Beispielen folgern wir:

Der **Punktstrich** steht:

1. Bei Aufzählungen, um **Gruppen gleichartiger Gattungen voneinander zu trennen** (a).
2. Zwischen **längeren Hauptsätzen in der Satzverbindung** (b) — wenn diese nicht durch und oder durch oder — oder durch Doppelbindewörter verknüpft sind.
3. Zwischen einem **Hauptsatze** und einem **Satzgefüge,** welche **beide einen zusammengesetzten Satz** bilden (c (1.)), und zwischen **zwei Satzgefügen,** welche ebenfalls zu einem **zusammengesetzten Satz** verbunden sind (c (2.)).
4. In **kurzen Satzgefügen** zwischen dem **Vorder-** und **Nachsatz** (d (1.)) und in **längeren Satzgefügen** zwischen den **einzelnen Gliedern** (d (2.)).

Über den Punktstrich merke noch folgendes: Der Punktstrich wird überall da gesetzt, wo der Punkt als **zu abgeschlossen,** der Beistrich aber **als zu wenig** erscheinen würde. Er hält also sozusagen die Mitte zwischen beiden Zeichen und ist daher als verstärkter Beistrich anzusehen. Der Gebrauch des Beistrichs und des Punktstriches ist indessen bei den Schriftstellern sehr verschieden.

IV. Der Doppelpunkt (Kolon) (:)

a) (1.) Die Hauptströme Mitteleuropas sind: die Weichsel, die Oder, die Elbe, die Weser, der Rhein und die Donau.

(I.) (**Drei** Nadelbäume, die Kiefer, die Fichte und die Tanne, bilden vornehmlich die Nadelwälder Europas. (II.) Es gibt fünf Erdteile, **nämlich (:)** Europa, Asien, Afrika, Amerika und Australien.)

b) Die Gnade der Großen, die Gunst der Gewaltigen, die Förderung der Tätigen, die Neigung der Menge, die Liebe der einzelnen: alles wandelt auf und nieder, ohne daß wir es festhalten können.

c) Zu Hause weilt er selten, zu Hofe kommt er nie: man muß im Walde streifen, wenn man ihn sehen will.

d) Es ging mir, wie es den Kindern öfter zu geh(e)n pflegt: sie fassen weite Pläne, machen große Anstalten, auch wohl einige Versuche, und es bleibt alles zusammen liegen.

e) Da werden Weiber zu Hyänen und treiben mit Entsetzen Scherz: noch zuckend, mit des Panthers Zähnen, zerreißen sie des Feindes Herz.

f) Albrecht II. pflegte zu sagen: „Geschwind gewinnt."

g) Wenn die Blätter fallen in des Jahres Kreise; wenn zum Grabe wallen entnervte Greise: dann gehorcht die Natur ruhig nur ihrem alten Gesetze, ihrem ewigen Brauch; da ist nichts, was den Menschen entsetze.

Aus den angeführten Beispielen ist ersichtlich:

Der **Doppelpunkt** wird gesetzt:

1. Vor **Aufzählungen** von Gegenständen (a (1.)). — werden in der Aufzählung nur einige Wörter genannt, so setzt man einen Beistrich (a (I.)). Werden die Aufzählungen mit den Wörtern als, wie, nämlich eingeleitet, so kann der Doppelpunkt auch weggelassen werden (a (II.)).
2. **Nach mehreren aufgezählten Satzgliedern,** die als **ein Ausdruck** aufzufassen sind (b).
3. Häufig **vor** solche Sätze, die als **Erläuterung oder Folgerung des vorhergehenden** Satzes erscheinen (c).
4. **Vor** Sätze, die einen **vorangehenden** Gedanken erklären (d).
5. In der Satzverbindung und im Satzgefüge, **wenn der nachfolgende Satz hervorgehoben werden soll** (e).
6. **Nach dem einleitenden** Satze, wenn er der **wörtlichen** Rede **vorangeht** (f).
7. **Zwischen** dem **Vorder-** und **Nachsatz** des **mehrgliedrigen** Satzgefüges (g).

V. Die Anführungsstriche („—“)

a) Das fünfte Gebot lautet: „Du sollst nicht töten!“ — „Aller Anfang ist schwer“, sagt ein Sprichwort. — „Wenn ich nicht Alexander wäre“, sprach Alexander der Große, „so möchte ich wohl Diogenes sein!“

b) Wählet euch die „richtigen Leute!“

Diese **Beispiele** zeigen:

Die **Anführungsstriche** stehen:

1. **Vor** und **nach** einer **wörtlich angeführten** Rede, einer **Schriftstelle** u. dgl. Wird die Rede durch ein Frage- oder Ausrufezeichen geschlossen, so treten die Anführungsstriche stets **hinter** diese Zeichen; sie führen am Schluß auch den Namen Schlußstriche (a).
2. **Vor** und **nach** einem Wort oder Ausdruck, **auf welchen man besonders aufmerksam machen will** (b).

VI. Das Ausrufezeichen (!)

a) (1.)Wie groß ist des Allmächt’gen Güte! — Bete und arbeite! ((I.) Tue recht und scheue niemand.)

b) Unglückliche! Der Wahnsinn reißt euch hin!

c) (1.)Lieber Freund! ((I.) Wenn Du, lieber Freund, mir den Gefallen tun willst usw.).

d) (1.)Ach! — Pfui! — Heda! — Ach! es war nicht meine Wahl. ((I.) Ach, wäre ich doch in der Heimat geblieben! — O, die Menschen sind grausam!)

Wir sehen hieraus:

Das **Ausrufezeichen** wird gesetzt:

1. An den **Schluß** der **wörtlichen Ausrufe-, Wunsch-** oder **Befehlssätze** (a(1.)). Will man jedoch keinen ausgesprochenen Ausruf, Befehl oder Wunsch ausdrücken, so wird der Satz mit einem Punkt geschlossen (a(I.)).
2. Nach **ausrufenden Reden** (b).
3. Nach der **ersten** Anrede in **Briefen** (c(1.)). In der **Ausführung** des Briefes steht vor und nach der Anrede ein Beistrich (c(I.)).
4. Nach solchen **Ausrufewörtern**, die für sich **allein eine Empfindung ausdrücken** (d(1.)). — Verteilt sich aber der Ton der Empfindung auf den **ganzen Satz**, so setzt man das Ausrufezeichen an das **Ende** desselben, während nach dem Ausrufewort nur ein Beistrich steht (d(I.)).

VII. Das Fragezeichen (?)

a) (1.) Willst du nicht das Lämmlein hüten? ((I.) Kannst du dich noch nicht beruhigen, da dir doch bloß dein Recht geschehen ist? (II.) Sage mir, ob du mich verstanden hast.)

b) Wer? was? wo?

An diesen Beispielen sehen wir:

Das **Fragezeichen** wird gesetzt:

1. Nach jeder **wörtlichen** Frage (a (1.)). — Folgt auf den Fragesatz ein **Nebensatz,** so steht das Fragezeichen **nach dem Nebensatz** (a (I.)). — Nach der abhängigen Frage steht ein **Punkt** (a (II.)).
2. Nach **einzelnen Fragewörtern** (b).

VIII. Der Apostroph (Auslassungszeichen oder Häkchen) (')

a) (1.) Ich hab's. — Wie geht's? ((I.) Wir geh(e)n **zum** Feste. — Er ging **durchs** Feld.)

b) (1.) Sokrates' Tod. — Cortez' Eroberungen. — Voß' Gedichte. — Das Schulz'sche Haus. ((I.) Ciceros Briefe. — Schillers Gedichte. — Schultzes Haus.)

Diese Beispiele ergeben:

Das **Häkchen** wird gesetzt:

1. An Stelle eines **weggelassenen Lautes** (a (1.)).

   In der gewöhnlichen ungebundenen Schriftsprache vermeide man eine Verstümmelung der Wörter und die dadurch bedingte Anwendung des Auslassungszeichens; ausgenommen hiervon ist das Fürwort es, z. B.: ist's, geht's usw.

   Wird das Verhältniswort mit dem bestimmten Geschlechtswort **zusammengezogen,** so wird **kein** Häkchen gesetzt (a (I.)).

2. Bei **Eigennamen,** wenn diese den Wesfall nicht auf s bilden können (b (1.)). — Bei anderen Eigennamen ist das Auslassungszeichen nicht erforderlich (b (I.)).

IX. Der Gedankenstrich (—)

a) Ich komme bald. —

b) Er wird kommen. — Niemand kann zweien Herren dienen.

c) Das Leben ist kurz, die Kunst ist lang. —

d) „Werden Sie mitreisen?“ fragte er. — „Nein“, antwortete ich. — „Was hält Sie davon ab?“ — „Mein Geschäft!“ —

e) Er will der Väter Thron besteigen und — wandelt auf das Blutgerüst.

f) Wer nicht täglich in seiner Bildung fortschreitet — einen Stillstand gibt es nicht —, der geht zurück.

Diese Beispiele zeigen:

Der **Gedankenstrich** wird gesetzt:

1. Nach einem Punkt, **um die Pause zu verlängern** (a).
2. Oft zur Trennung **unzusammenhängender Ausdrücke** (b).
3. An den Schluß eines **inhaltvollen Satzes**, um zum **Nachdenken anzuregen** (c).
4. Oft in einem Gespräche, um den **Wechsel der sprechenden Personen noch hervorzuheben** (d).
5. An das Ende eines **Wortes** oder **Satzes zur Bezeichnung einer größeren Pause,** besonders um etwas **Unerwartetes** vorzubereiten (e).
6. **Vor** und **nach** einem Satz, der **so in die Teile eines anderen Satzes eingeschoben ist,** daß er zur **Erklärung** des Hauptsatzes dient (f). — Der **eingeschobene** Satz wird **Schaltsatz** genannt.

X. Die Klammer (Parenthese) (( ) — [ ])

a) Die Beugung (Deklination) des Hauptwortes.

b) Jeder Mensch wünscht (ich finde diesen Wunsch ganz natürlich), glücklich zu werden.

c) Ich hatte ihn (den Herrn) gesprochen.

d) Es sind schon Maßnahmen ergriffen worden (Hört!), damit er nicht entrinnen kann.

Diese Beispiele ergeben:

Die **Klammer** wird gesetzt:

1. Um ein **erklärendes Wort einzuschließen** (a).

2. In vielen Fällen, um den **Schaltsatz einzuschließen** (b). — (Vgl. den Gedankenstrich im vorherigen, f und Ziff. 6!)

3. Um **Wörter einzuschließen,** damit die **Zweideutigkeit vermieden werde** (c).

4. Um gewisse **Zeichen und Wörter einzuschließen,** durch welche **besonders zum Nachdenken** angeregt werden soll (d).

XI. Der Bindestrich (Teilungszeichen) (-, nicht so „)

---

a) Her-ren. — Spra-che. — Blik-ke.

b) (1.) 3-Zimmer-Wohnung. — 800-Meter-Lauf. — Dampfschiffahrts-Gesellschaft. — (2.) Das Schluß-s. — Das Dehnungs-h. — Das Für-sich-selbst-sein.

c) Schleswig-Holstein. — Elsaß-Lothringen.

d) Neu-Brandenburg. — Ober-Ungarn. — Ober-Konsistorialrat.

e) (1.) Grund- und Bestimmungswort. — Ober- und Unterlauf. — (2.) Be- und entwässern. (**Nicht: furcht-sam** und **-bar!**) — (3.) Waldbäume und -blumen. — Vokallänge und -kürze.

Aus diesen Beispielen ersehen wir:

Der **Bindestrich** wird gesetzt:

1. Als **Teilungszeichen** bei der **Silbentrennung** (a).

2. Bei **zusammengesetzten Wörtern,** um **zu lange und unübersichtliche Wortformen** zu vermeiden (b (1.)) sowie um größere Deutlichkeit in der Schrift zu erzielen (b (2.)). — Namentlich wendet man die Bindestriche bei solchen zusammengesetzten Wörtern an, die aus einem Fremdwort und aus einem deutschen Wort bestehen; z. B.: Artillerie-Schießplatz. — Assekuranz-Gesellschaft. — Bildhauer-Atelier.

3. Zwischen Wörtern, die sogenannte **Zusammenstellungen bilden,** um die **Zusammengehörigkeit der einzelnen Teile anzudeuten** (c).

4. Als Bindezeichen, wenn ein **Eigenname** oder Titel durch ein **Bestimmungswort näher bezeichnet wird** (d).

5. Als Bindezeichen, wenn **mehrere zusammengesetzte Wörter dasselbe Grundwort** haben, welches nur **einmal** gesetzt wird (e (1.)), oder wenn zu **mehreren Vorsilben** dasselbe **Grundwort** gehört (e (2.)). Auch wenn mehrere zusammengesetzte Wörter dasselbe Bestimmungswort haben, ist der Gebrauch der Bindestriche zulässig (e (3.)).

XII. Das Zeichen der abgebrochenen Rede (. . .)

Es ist am besten, du . . .
Hol dich . . .

Diese Verschweigungspunkte werden gebraucht, wenn ein Satz **abgebrochen** wird und der **Leser ihn im Geiste ergänzen muß.**

Merke ferner folgende Zeichen:

1. Das Absatzzeichen (Paragraph) (§); es bezeichnet den **Abschnitt.**
2. Das Wiederholungszeichen (**::** oder **:,:**); es wird in Liederbüchern angewandt, wenn eine Stelle **zweimal** gesungen werden soll.
3. Das Fortsetzungszeichen (**pp.** oder **ff.** oder **usw.**); es wird gebraucht, wenn die Fortsetzung des Begonnenen dem **Leser überlassen wird.**
4. Das Trennungszeichen (Trema) (••); es steht auf dem **letzten** von zwei **Selbstlauten,** um anzudeuten, daß sie **einzeln** und nicht als **ein Doppellaut** gesprochen werden sollen (Aëronaut; — aber: Museum usw.).
5. Die Gleichheitsstriche (=).
6. Das Anmerkungszeichen (Sternchen * oder Kreuz †); es wird gebraucht, wenn **außerhalb** des Textes **Anmerkungen** gemacht werden sollen.

Allgemeine Bemerkungen über einige der vorstehenden Zeichen.

Der **Punkt** dient dazu, die **Vollendung** eines Satzganzen anzudeuten und verlangt beim Vorlesen, daß man die Stimme **sinken** oder **ruhen** läßt, wie es der **Sinn verlangt.** Denn es kann wohl ein Satz vollendet sein, wo ein Punkt steht, aber der Gedanke oder der Sinn der Rede wird noch in dem **folgenden fortgesetzt,** und in diesem Falle läßt man bei einem Punkte die Stimme nur bedeutungsvoll ruhen. Wer richtig und gut vorlesen will, **der muß auf den Sinn der Rede ganz besonders achten.**

Der **Beistrich** ist das Zeichen der **kürzesten Ruhe** beim Lesen und verlangt, daß die Stimme zwar angehalten werde, aber **nicht sinke,** sondern vielmehr **steige.**

Der **Punktstrich** steht, wie bereits angedeutet, im allgemeinen da, wo ein **Beistrich zu wenig,** ein **Punkt zu viel** sein würde, um das Verhältnis zu bezeichnen. Daraus ergibt sich für diesen die Betonung und Ruhezeit.

Beim **Doppelpunkt ruht** die Stimme, aber sie senkt sich **nicht; er** hat also in dieser Hinsicht **Ähnlichkeit mit dem Beistrich.**

Das **Ausrufezeichen** verlangt ein **längeres** Absetzen beim Lesen, der Ton der Stimme **hebt sich merklich** und wird **eindringlich,** je nach dem **Inhalt des betreffenden Satzes oder Gedankens.**

Das **Fragezeichen** verlangt beim Lesen das **Heben der Stimme** und eine Zeit der Ruhe. gleichsam als **wollte man die Antwort abwarten.**

Der **Gedankenstrich** ist das Zeichen für das **längste Ruhen** der Stimme, dabei soll, wie schon der Name des Zeichens andeutet, der Leser (Hörer) den **richtigen Sinn des Gedankens erfassen.**

Die neuzeitliche Rechtschreibung.

Wörterverzeichnis*).

Buchstaben in Klammern können geschrieben oder ausgelassen werden.

A.

Aal der, Aale.
Aar [Adler], Aare.
Aas, Äser und Aase.
Abend; diesen Abend,
heute abend;
des Abends; abends.
Abendmahl.
Abenteuer; Abenteurer.
abermalig.
abgefeimt.
abgeschmackt.
abonnieren; Abonne-
abrahmen. [ment.
abscheulich.
abschlägig, abschläglich.
Absinth.
absolvieren; absolut.
absorbieren; Absorption.
abspenstig.
abstrakt.
Abt, Äbte; Äbtissin.
abtrünnig.
Abwechs(e)lung.
Abwesenheit.
Achat.
Achse.
Achsel.
Acht; ächten.
achtgeben, achthaben,
er gibt, hat acht;
in acht nehmen,
außer acht lassen.
achtzehn, achtzig.
ächzen.
addieren; Addition.
Adelheid.
ad(e)lig.
Adjektiv(um), -ve u. -va.
Adjunkt [Amtsgehilfe].
Adjutant.
Admiral.
Adolf, Adolfine.
adoptieren.
Adresse.
Advokat.
Affäre [Angelegenheit].
Affekt.
äffen.
Agentur.
Aggregat [Anhäufung].
Agio; Agiotage [Aufgeld].
Agnes.
Agraffe
[Spange, Schnalle].
Ahle die, Ahlen.
Ahn, Ahnherr.
ahnden [strafen]; Ahn-
ähneln; ähnlich. [dung.
ahnen, Ahnung.
Ähre.
Akademie.
Akazie.
Akklimatisation
[Gewöhnung].
Akkord [a. Übereinkom-
akkordieren [men].
[einig werden].
akkurat
[genau, sorgfältig].
Akkusativ [Wenfall].
akquirieren [erwerben].
Akquisition [Erwerbung].
Akt, Akte, Akten; Aktuar
[Gerichtsschreiber].
Aktie; Aktionär.
Aktion; aktiv.
Aktiv(um) [Tatform].
Akustik [Klangwirkung].
Akzent
[Betonung, Tonfall].
Akzept; akzeptieren.
Akzise
[Verbrauchssteuer].
Alabaster [Gipsart].
Alarm; alarmieren.
albern.
Alchimie [Goldmacher-
kunst]; Alchimist
[Goldmacher].
Algebra
[Buchstabenrechnung].
Alkohol.
Alkoven [Bettnische].
alle, alles; in, vor usw. al-
lem, trotz alledem; allen-
falls, allenthalben, aller-
dings, allerhand, allerlei,
allerseits, all(e)zeit, all-
tags; allzulange; alles
Gute, all das Schöne;
mein ein und mein alles.
Allee.
allgemein;
im allgemeinen.
Allianz [Bund]; die Alliier-
ten [die Verbündeten].

*) Neben den gebräuchlichen, daher nachstehend aufgeführten Fremdwörtern stehen jeweils die Verdeutschungen in eckiger Klammer.

allmählich.
Allopath [Anhänger der Schulmedizin].
Allopathie [Schulmedi-
Allotria [Unfug]. [zin].
Almanach [Kalender].
Almosen [mildtätige
Alphabet. [Gabe].
alt, älter; alt und jung; beim alten bleiben, lassen; Altes und Neues.
Altar, Altäre.
Alter; von alters her, seit alters; Altertum, altertümlich.
Alumnat [Erziehungsanstalt].
Amboß, Ambosse.
Ameise.
Amendement [Abänderungsvorschlag].
Amethyst.
Amnestie [Straferlaß].
amortisieren [tilgen].
Amphibie [Lurch].
Amphitheater.
Amt; von Amts wegen
Amulett.
amüsieren; amüsant, Amüsement.
Anachronismus [etwas Zeitwidriges].
Analogie [Gleichartigkeit].
Analyse [chemische Untersuchung], analytisch.
Ananas.
Anatomie [Lehre vom Bau des menschlichen Kör-
Anbetracht; [pers].
in Anbetracht.
andere, der andere, die, alle anderen; etwas anderes, unter anderem; ander(e)nfalls, ander(er)seits, anderthalb.
Anekdote [kurze Geschichte].
anfangs, im Anfang(e).
angängig.
angesichts.

Angst; ängstlich; Angst haben, in Angst sein; angst (und bange) sein, werden, machen.
Anis.
Ankertau.
anmaßen.
Anmut; anmutig.
Annahme. [ben].
annektieren [einverlei-
Annexion [Einverlei-
Annonce. [bung].
anonym [namenlos].
anrüchig.
ansässig.
Ansied(e)lung.
ansträngen [anschirren].
anstrengen; Anstrengung.
Anteil.
Anthologie [Gedichtauswahl].
Anthropologie [Menschenlehre].
antik; die Antike.
Antipathie; antipathisch.
Antipode [Gegner].
Antiquar; Antiquitäten.
Antithese [Gegensatz].
Antlitz.
Anwalt.
Anwärter; Anwartschaft.
Anwesenheit.
anwidern.
Anzeichen das.
Anzeige die.
apart [fein, besonderes].
Apathie [Teilnahmslosigkeit]; apathisch.
Apfelsine.
Apologie [Rechtfertigung].
Apostel; apostolisch.
Apostroph [Auslassungszeichen].
Apotheke.
Apparat.
Appell; appellieren.
Appetit.
applaudieren [Beifall klatschen]; Applaus.
apportieren [herholen].

Apposition [Beisatz].
appretieren [zurichten].
Appretur.
approbieren [zur Praxis
Aprikose. [zulassen].
April.
Äquator.
Äquivalent [gleichwertiger Ersatz].
Ar das [Flächenmaß].
Arabeske [Rankenwerk].
Architekt; Architektur.
Archiv [Urkundensammlung].
Areal [Flächenraum].
arg; im argen liegen.
Ärgernis.
Argwohn; argwöhnisch.
Aristokratie.
Arithmetik [Rechen-
arm und reich. [kunst].
Armee; Armeekorps.
Ärmel.
Armut.
Arnold.
Arrak.
Arrangement [Vergleich,
Arrest; [Abkommen].
arretieren [festnehmen].
Art; artig; von der Art; derart, derartig.
Arterie [Schlag-, Puls-
Artikel. [ader].
Artillerie.
Artischocke.
Artur (Arthur), Artus.
Arz(e)nei; Arzt.
As, Asse.
Asbest.
äsen.
Aspekt [Anblick].
Asphalt.
Aspirant [Anwärter].
Assekuranz [Versiche-
Assessor. [rung].
Assimilation [Angleichung].
Assistent; Assistenz, Assistenzarzt.
Associé [Geschäftsteilhaber].

Ästhetik [Kunstlehre];
ästhetisch [schön].
Asthma; asthmatisch.
Astronom; Astronomie
[Himmelskunde].
Asyl [Obdach].
Atelier [Werkstatt].
Atem; atmen.
Atheist [Gottesleugner].
Äther.
Atlas [Kartenwerk],
Atlasse und Atlanten.
Atmosphäre
[Luft, Stimmung].
Atom [unteilbarer Urteil].
Attaché [Gesandtschafts-
Attacke. [beamter].
Attentat.
Attest [Zeugnis].
Attraktion [Schlager].
Attribut [Beifügung].
ätzen.
Audienz [Empfang, Un-
auffällig. [terredung].
aufgeräumt.
Aufruhr.
aufsässig.
Augenbraue; Augenlid.
Auktion.
ausfindig.
ausgiebig.
ausmerzen.
ausrenken.
ausroden, ausrotten.
Aussaat.
aussätzig.
auswendig.
außer; außerdem;
außerhalb; äußerlich.
äußerst; aufs äußerste.
authentisch
[echt. verbürgt].
Autodidakt
[Selbststudierender].
Autokrat [Allein-
Automat. [herrscher].
Automobil.
Autor [Verfasser];
Autorität [Ansehen].
Axt, Äxte.
azurblau.

B.

Bachstelze.
backen; bäckst, buk.
Bagage [Gepäck].
Bagatelle [Kleinigkeit].
baggern.
Bahn; anbahnen; bahn-
brechend; Bahnsteig.
Bahre; aufbahren;
Bai die. [Bahrtuch.
Bajonett.
Balance [Gleichgewicht];
balancieren [das
Gleichgewicht halten].
Balg, Bälge.
Balkon.
Ball, Bälle.
Ballade.
Ballast.
Ballett.
Ballon.
Balsam.
Band das.
Band der [Buch].
Bandage [Verband].
Bandit.
Bank(e)rott.
Bankett [Festessen].
Bankier.
Bann; verbannen.
Banner.
bar; bares Geld, Barschaft;
barfuß, Barfüßer,
barhaupt.
Bär, Bären; bärbeißig;
Baracke. [Bärenhäuter.
Barbar.
Barbier; barbieren.
Barchent.
Barett.
Bariton.
Barke.
barock.
Barometer das.
Barriere [Schranke].
Barrikade [Straßen-
barsch. [sperre].
Barsch der [Fisch[
Bart.
Basar [Warenausstel-
Basis, Basen. [lung].

Baß, Bässe.
Bassin [Becken, Behälter].
Bast der.
Bastard [Mischling,
Bastei. Kreuzung].
Bataillon.
Batist.
Batterie.
Batzen.
Bausch und Bogen.
Beefsteak
[Rindfleischschnitten].
Beere; Heidel-, Maulbeere.
Beet.
befehden.
befehlen; befiehlst, befahl,
befohlen.
befiedert
Befugnis; befugt.
begehren; Begierde, be-
begleiten. [gierig.
Begräbnis.
Begriff; im Begriff(e) sein.
behäbig.
behelligen.
behende.
behiflich.
beide; die beiden,
wir beide; beides.
beißen; biß, gebissen; bis-
Beize; beizen. [sig
bejahen.
bekannt; Bekenntnis.
bekleiden; ein Amt bekl.
Belag, Beläge.
Belang; von Belang.
Beleg; zum Beleg(e).
Beletage
[erstes Stockwerk].
beliebig, jeder beliebige.
bequem. [beredt.
beredsam; Beredsamkeit;
Bereich der und das.
bergab, bergan, bergauf.
Bernhard.
Bernstein. [borsten.
bersten; birst, barst, ge-
Berta; Bertold
bescheren; Christbesche-
beschwichtigen. [rung
beseelen; beseelt.

beseligen; beseligt.
besser, am besten;
aufs beste; zum besten geben, haben;
eines Besseren belehren;
zu deinem Besten,
zum Besten der Armen.
bestätigen.
Besteck.
betätigen.
beteiligen.
beten; Gebet; Bettag.
Betracht;
in Betracht ziehen.
betreffs; in betreff.
betrügen.
Bettuch.
beugen.
bewahren.
bewähren [zu wahr gehörig].
bewältigen.
bewandt; Bewandtnis.
bewehren [bewaffnen].
bewillkomm(n)en.
bewirten.
Bewußtsein.
bezeugen.
bezichtigen.
bezüglich; in bezug auf:
Bezug nehmen.
Bezirk.
Bibel; biblisch.
Biber.
Bibliothek.
bieder.
bigott [blindgläubig].
Billard.
Billett, Billette.
billig.
Bimsstein.
binnen; Binnensee.
Binse.
Biographie
[Lebensbeschreibung]
bis; bisher, bisweilen.
Biß, Bisses; ein bißchen.
Bischof; bischöflich
Biskuit [feinerZwieback]
Bistum.
Biwak.
bizarr [seltsam].

blähen; blähst, bläht.
Blamage [Reinfall, Schande].
blasen; blies.
blaß; Blässe.
Blatt; blättern.
bläuen (blau färben).
blecken [die Zähne].
Blesse [Fleck].
blindlings.
Block, Blöcke.
Blockade [Absperrung].
blockieren [sperren].
blöde.
blöken; Geblök.
bloß; Blöße; entblößt.
bloß [nur].
blühen; Blüte.
Bluse.
Blutegel; blutrünstig.
Bö die, Böen; böig.
Bohle [Brett].
Bohne.
bohnern; Bohner.
bohren; Bohrer.
Boje.
Bollwerk.
Bolzen.
Bombast [Wortschwall]
bombastisch [hochtrabend].
Bombe.
Bonbon, Bonbons.
Boot, Boote.
Bord; an, über Bord.
Börse.
Borte.
Bösewicht; boshaft, böslich,
Bosheit.
Boskett [Gebüsch].
Botanik [Pflanzenkunde].
Bote; Botschaft.
botmäßig; Gebot.
Bottich; Böttcher.
Bouillon [Fleischbrühe].
Bowle [Mischweingetränk].
boxen.
brachliegen.
brackig; Brackwasser.
Branche
Brand; Brandmal;
brandmarken,
brandschatzen.

Branntwein.
braten; brätst; briet.
Braue, Augenbraue.
Bräutigam, -game.
brav; Bravour [Tapferkeit].
Brennessel.
brenzlig.
Bresche.
Brett; Bretter.
Brezel.
Brief.
Brigg [Zweimastsegler].
Brikett.
brillant [glänzend].
Brise [leichter Wind].
Brocken; bröckeln.
brodeln.
Brokat [schwerer Seidenstoff].
Brombeere.
Bronze; bronzieren.
Brosche.
broschieren; Broschüre
[Druckschrift].
Brot, Brötchen.
Brühe; brühen.
brünett.
Brunst; brünstig.
brüsk.
Buchsbaum.
Büchse.
Buckel; buck(e)lig
Budget [Haushaltplan].
Büfett [Anrichte].
Büffel.
Bug; Bugspriet.
bügeln; Bügeleisen.
Bühne.
Bukett [Blumenstrauß,
Blume beim Wein].
Bund; Bündel, bündig
bunt; kunterbunt.
Bürgermeister.
Büro.
burlesk.
Buße; büßen.
Büste.

C, vgl. auch K, Sch u. Z.

Café das [Kaffeehaus].
Cello; Cellist.

Chaiselongue [Ruhesofa].
Chamäleon [Eidechse]
Champagner [Schaumwein].
Champignon [Pilzart].
Chance [Gelegenheit].
changieren [wechseln, schillern].
Chaos [Durcheinander]; chaotisch [wüst].
Charakter [Wesen(sart)].
Charakteristik [Schilderung].
Charité
Charlotte.
Chaussee.
Chef, Chefs.
Chemie
chevaleresk [ritterlich]
Chiffre [Geheimschrift]: Chiffren.
Chirurg.
Chlor
Cholera.
cholerisch [hitzköpfig]
Chor, Chöre; Choral; Chorist.
Christ; Christentum.
Chronik; Chronologie [Zeitfolge]
Clique [Kreis Gleichgesinnter]; Cliquen.
Coupé [Abteil].
Coupon [Abschnitt, Zinsschein].
Courage [Mut].
Cousin [Vetter], Cousine [Base].

D.

Dachs, Dachse.
Damast.
Dambrett, -spiel, -stein
Damhirsch, -wild
dämmern; Dämmerung.
Dämon [böser Geist].
Darleh(e)n.
dasselbe, desselben.
Dativ [Wemfall].
Daumen; Däumling.
Daune.
dawider.
Debatte [Besprechung].
debattieren.
Debüt [erstes Auftreten].
debütieren.
dedizieren [zueignen].
defekt; der Defekt.
Definition [Begriffserklärung]; definitiv
Defizit das [Fehlbetrag]
degradieren [herabwürdigen].
dehnen; Ausdehnung
Deich [Damm]
Deichsel.
Dekade [10 Tage oder Jahre]; Dekagramm [10 g].
Dekan [Direktor einer Universitätsabteilung].
deklamieren [vortragen].
deklinieren [abwandeln].
Dekret [Beschluß].
delikat.
Delikt [Straftat].
Delta [mehrarmige Flußmündung]
Demonstration [Vorführung].
Demut; demütig.
dengeln.
Denkmal.
dennoch.
denunzieren [anzeigen, beschuldigen].
Departement [Abteilung, Gebiet].
Depesche.
Deputation [Abordnung].
derart, dergestalt, dermaßen, derzeit.
des, dessen; desfalls, deshalb, desgleichen, dessenungeachtet, deswegen.
Desinfektion [Vernichtung von Ansteckungsstoffen].
Despot [Gewaltherrscher].
Dessert [Nachtisch].
Detail [Einzelheit].
deuten; Bedeutung; deutlich
deutsch
das Deutsche Reich; er lernt, schreibt, spricht deutsch [das Deutsche].
Devise [Wahlspruch].
Dezember.
dezent [anständig].
Dezigramm, -meter; Dezimalmaß.
dezimieren [verringern].
Diagonale [schräglaufende Linie].
Diakonisseu. Diakonissin
Dialekt [Mundart].
Dialog [Zwiegespräch].
Diamant.
Diarrhöe [Durchfall].
Diät [Krankenkost].
dick; durch dick u. dünn
dickfellig.
Dickicht.
Diebstahl.
Dienst; zu Diensten.
Dienstag; Dienstags.
dies, dieses; diesjährig, diesmal, diesseit(s); ohnedies, überdies.
Dietrich der.
Differenz; Differentialrechnung.
Diktat [Nachschrift]; diktieren [ansagen].
Dilemma [Zwangslage].
Dilettant [Nichtfachmann].
Dimension [Größenverhältnis].
Diner [Festmahl, Mittagessen]; dinieren [zu Mittag essen].
Diözese [Kirchspiel].
Diphtheritis.
Diphthong [Doppellaut].
Diplom.
Diplomat.
direkt [unmittelbar].
dirigieren. Dirigent, Direktor, Direktorin; Direktrice.
Disharmonie [Uneinigkeit].
diskret [verschwiegen].
Diskretion
Diskussion [Aussprache].
diskutieren.

Dispens [Befreiung].
dispensieren.
disponieren [verfügen].
Disposition.
Disput [Wortwechsel].
disputieren.
Dissident [Freidenker].
Distanz [Entfernung].
Dissonanz
[Unstimmigkeit].
distinguiert [vornehm].
Distrikt.
Disziplin.
dividieren;
Dividend, Divisor.
Docht der.
Dock das.
Dogge die.
Dogma [Kirchenlehre],
Dogmen; dogmatisch.
Dohle.
Doktor, Doktoren.
Dokument.
Dolch.
Dolde.
Dolman [Husarenjacke].
Dolmetsch(er).
Dom.
Domäne.
Domizil [Wohnsitz].
Donnerstag; Donnerstags.
Dorothea, Dorothee.
Dose.
Dosis [bestimmte Menge],
Dosen
Dotation [Schenkung].
Dotter.
Dozent [Hochschullehrer; dozieren.
Dragoman [Dolmetscher an Gesandtschaften].
Dragoner.
Draht.
Drama; dramatisch.
drängen; Drangsal.
drechseln; Drechsler.
drehen.
dreißig.
dreist; Dreistigkeit.
dressieren; Dressur.
Dril(li)ch.
Dritteil und Drittel;
zu dritt; dritt(e)halb.
Droge; Drogist.
drohen; Drohung.
Drohne.
dröhnen; Gedröhn,
drollig.
Dromedar.
Droschke.
Drüse.
Dublette [Doppelstück].
ducken; Duckmäuser.
Duell [Zweikampf].
Duett [Zweigesang].
Duft; duftig.
Düne.
Dünkel.
dünkt, dünkte.
Duplikat
[doppelte Ausfertigung].
durchgehends.
Dusche [Brause];
duschen; du dusch(e)st;
Brausebad.
Dutzend.
duzen; Duzbruder.
Dynamit [Sprengstoff].
Dynastie
[Herrschergeschlecht].

E.

Ebbe.
ebenbürtig.
Ebenholz.
echt.
Ecke; eckig; Viereck.
Edikt [Erlaß, Verordnung].
Efeu.
Effekt [Wirkung].
egal [gleichgültig].
Egel, Blutegel.
Egge.
Ehe; ehelich.
ehe; eher, ehedem ehemals, ehemalig, ehestens, [des ehesten.
ehern.
eichen; Eichamt.
Eidechse.
eigen; zu eigen geben, ist mein eigen; Eigentum, eigentümlich.
eigens; eigentlich.
Eiland, Eilande.
eilends; eilig.
einander; an-, auf-, aus-, mit-, zueinander;
Aufeinanderfolge.
einäschern.
Eindringling.
einer; der eine, die einen; unsereiner; in einem fort; der Einer.
einfädeln.
eingangs, im Eingang(e).
Eingeweide
einhellig.
einige, einiges.
einrahmen.
einrammen.
eins; eins sein, werden; eins versetzen; eins ins andere; unsereins; die Eins.
Einsiedler.
Einwand; einwandfrei.
einzeln, einzelne; einzelnes, im einzelnen, ins einzelnste; der Einzelne;
Einzelheit.
Eiter der.
Ekel; ek(e)lig.
Ekliptik [scheinbare Sonnenbahn].
Ekstase [Verzückung].
Elastizität.
Elefant.
Elektrizität.
Element.
Elend; elendiglich.
Eleve [Schüler, Lehrling].
elf.
Elfenbein.
Elisabeth.
Ell(en)bogen.
Ellipse [Kegelschnittlinie].
Elsaß das; Elsässer.
Eltern.
Email; emaillieren.
emanzipieren [sich freimachen]; Emanzipation [Befreiung].
Embryo [Leibesfrucht].
empfangen; empfing.

empfehlen; empfiehlst,
empfahl, empfohlen.
empfinden; empfand.
Emphase [Nachdruck];
emphatisch
[nachdrücklich].
empirisch
[erfahrungsmäßig].
empor; empören.
emsig.
Ende; endlich; endgültig;
zu Ende bringen;
Endzweck.
Engagement.
engagieren [anstellen].
Enklave [von fremdem
Gebiet eingeschlossener
Landesteil].
entbehren.
entblößen.
Ente, Enterich.
Entgelt; entgelten;
unentgeltlich.
Enthusiasmus [Begeiste-
Entree [Eingang]. [rung].
entsetzlich.
entzwei.
Enzyklopädie
[Nachschlagewerk].
Epidemie
[Massenerkrankung].
Epigramm [Spott-
Epilepsie [gedicht].
[Fallsucht]; epileptisch.
episch.
Episkopat das
[Bischofsamt].
Episode [bedeutungsloses
Ereignis].
Epistel [Schreiben].
Epoche [Zeitabschnitt].
Epos [Heldengedicht].
Equipage [Kutsche];
equipieren [ausrüsten].
erbosen; erbost.
Erbse; Erbsenstroh.
Ereignis.
ergiebig.
ergötzen.
Erkenntnis.
Erker.

erküren; erkor, erkoren.
Erlaß, Erlasse.
erläutern.
Ernte.
erquicken.
erschrecken; erschrak, er-
ersprießlich. [schrocken.
erst; fürs erste; am, zum
ersten; der erste beste;
der Erste, z. B. der
erwägen. [Klasse.
erwähnen.
erwidern; Erwiderung.
Esche.
Eskadron [Schwadron].
Eskorte [Bedeckung].
Espe; Espenlaub.
essen; du issest u. ißt, du
Essenz. [aßest; eßbar.
Essig.
Estrich.
etablieren [gründen, er-
öffnen]; Etablissement
[Anstalt, Geschäft].
Etage
[Geschoß, Stockwerk].
Ethik [Sittenlehre].
ethisch [sittlich].
Ethnographie
[Völkerkunde].
Etikett [Schild].
etliche, etliches.
Etui [Futteral, Kästchen].
etwas anderes, Gutes.
Etymologie
[Wortforschung].
Euter das.
Evangelium.
Eventualität
[Zufälligkeit];
eventuell [vielleicht].
exakt [genau, sorgfältig].
Examen.
Exekution [Vollstreckg.].
Exempel [Beispiel].
Exemplar [Einzelstück].
exerzieren
[üben, ausbilden].
Exil [Verbannung].
Existenz [Dasein,
Vorhandensein].

exotisch [ausländisch].
Expedition [Abfertigung,
Forschungsreise].
Experiment [Versuch].
Exponent
[Leistungsgrad].
expreß
[ausdrücklich, schnell].
Extrakt [Auszug, Saft].
Extrem [Übertreibung].
Exzellenz.
exzentrisch [überspannt].
Exzeß [Ausschreitung].

F.

Fabrik; Fabrikant
[Hersteller]; fabrizieren,
[herstellen].
Fach; Fächer, fächeln.
Faden; fädeln.
Fagott.
fähig; Fähigkeit.
fahl.
fahnden.
Fahne, Fahnenjunker,
Fähnrich.
fahren; Fähre, Fahrt,
Fährte, Fuhre;
fahrlässig.
Faktor [Umstand].
Faktum [Tatsache];
faktisch.
Fakultät [Hochschul-
abteilung]. [machen].
fallieren [Bankrott
fällig.
Falliment das [Bankrott].
falls; allenfalls, jedenfalls
usw.; besten, schlimm-
sten Fall(e)s u. besten-
schlimmstenfalls
Falte; falten, faltig.
Falz; falzen.
Familie.
fangen; fingst, fing.
Farnkraut
Färse [junge Kuh].
Fasan; Fasanerie.
Faschine
[Weidengeflecht].
faseln; Faselei, faselig.

Faß, Fässer.
Fassade.
fassen; du fassest u. faßt.
Fasson [Form, Schnitt].
Fastnacht; Fasttag.
faul; Fäulnis, faulenzen.
Faust; Fäustel das [Ham-
mer der Bergleute].
Fauteuil [Sessel],
Faxen. [Fauteuils.
Fazit das [Ergebnis].
fechten; fichtst, ficht.
Fee.
Fehde; befehden.
fehl; fehlgeh(e)n, -schie-
ßen, -treten, er trat fehl.
Fehler.
feilhalten; er hält feil.
feind sein, werden.
feist.
Feld; feldein und feldaus,
querfeldein.
Feldscher; Feldwebel.
Feme; Femgericht.
Ferge [Fähre].
Ferse [am Fuß].
fertig; eilfertig, fried-
Feste; Festung. [fertig.
Feuilleton [Plauderei].
Fex; Bergfex.
Fiasko [Mißerfolg].
Fibel.
Fiber die [Faser].
fidel [lustig]
Fieber das; fieberkrank
Fiedel; fiedeln
Figur; figürlich.
Fiktion [Erdichtung].
Filter; filtrieren [durch-
Filz. [seihen].
Finanzen [Vermögens-
lage]; finanziell.
finden; findig, Findling;
Fund.
fingieren [vortäuschen].
Finsternis.
Firlefanz.
Firn der.
Firnis; firnissen;
du firnißt; gefirnißt.
First [des Daches].

Fiskus [Staatsbesitz; [fis-
kalisch [dem Staat
Fittich. [gehörig].
fix; Fixstern; fixieren
[festlegen].
Flachs; flächsen,
flackern. [flächsern.
Fladen.
Flagge; flaggen.
flämisch.
Flanell.
Flanke; flankieren.
Flaum; Flaumfeder,
flaumweich.
Flaus und Flausch.
Flechse [Sehne].
flechten; flichtst, flicht.
Fledermaus.
Flegel; Dreschflegel.
flehen; flehentlich.
flektieren [abwandeln].
Flexion [Beugung].
Flieder.
Fliese die [Steinplatte].
Fließ das [Bach].
fließen.
Fließpapier.
flink.
Flocke; flockig.
Floh.
Flor.
Florett [Stoßdegen].
Floskel [hohle Redensart].
Flosse die.
Floß das; flößen.
Flöte. [schwader].
Flotte; Flottille [Ge-
Flöz; Flözgebirge.
Fluch; fluchen.
Flucht; flüchtig.
Flug; flugs; flügge.
Flur der; Hausflur.
Flur die; Feldflur.
Fluß, Flüsse; flüssig.
flüstern; Geflüster.
Flut; fluten.
Fohlen und Füllen.
Föhnwind
Föhre [Kiefer].
Folge; in der Folge;
Folge leisten; infolge,

zufolge, infolgedessen,
demzufolge.
folgendes; im folgenden;
folgendermaßen.
Folio [Blatt].
Folter.
Fond [Hintergrund].
Fonds der [Geldvorrat].
Fontäne [Spring-
fordern. [brunnen].
fördern; Beförderung.
Fort das [kleine Festung].
fortan; in einem fort.
Fossil das [Ver-
steinerung], Fossilien.
Fracht.
fragen; fragst, fragte;
in Frage kommen.
Fragment [Bruchstück].
Fraktur [deutsche Druck-
Franse. [schrift].
Fregatte [Kreuzer].
frei; im Freien.
Freischar; Freischärler.
Frequenz [Verkehr;
Schwingungszahl].
Fresko, Fresken.
fressen; du frißt;
Frevel. [du fraßt.
frevelhaft.
Friedhof; einfriedigen,
Fries der. [einhegen].
Frikassee.
frisieren; Friseur u. Frisör,
Frist. [Frisur.
frivol [leichtfertig,
anstößig]; Frivolität
[Leichtfertigkeit].
fröhlich; frohlocken.
Fron die; Frondienst,
Fronfeste; fronen,
Front. [frönen.
frühestens; zum, mit dem
frühesten; in der Frühe
Frühling.
Frühstück.
Fuder
Fug; mit Fug und Recht;
fügen, fügsam, gefügig
fühlen; Fühlung.
füllen; Füllsel.

Füllen und Fohlen.
Fundament [Grundlage].
fünfzehn, fünfzig.
Funktion [Wirksamkeit].
Furier [Quartiermacher].
fürlieb und vorlieb.
Furnier [dünner Holzbelag]; Furnitur.
Fürst; Fürstentum.
Furt.
Fürwitz.
Fuß, Füße; fußen; zu Fuß geh(e)n; fußhoch; Fußtapfe.
Füsilier [Schütze].
Futteral [Hülle].

G.

gaffen.
Gage die [Besoldung].
gähnen.
Gala; galant [höflich].
Galeere [altertümliches Seefahrzeug].
Galerie.
Galgen.
Galopp.
Galosche.
galvanisch [elektrisch].
Gamasche.
gang und gäbe.
gängeln; Gängelband.
Gans; Gänserich.
ganz; im ganzen, im großen ganzen; ein Ganzes; gänzlich.
gar; ganz und gar; Garküche.
Garantie; garantieren.
Garderobe.
Gardine.
gären; gor und gärte.
Garnison.
Garnitur.
garstig.
Gas das, Gase.
Gasse, Gäßchen.
Gastmahl; Gastwirt.
Gaze die.
Gazelle [Antilopenart].
Gebäck [Backware].
gebaren; Gebärde.
gebären; gebiert, gebar, geboren.
Gebäude.
geben; gibst, gibt, gib.
gebieten; Gebot.
Gebirge.
Gebiß.
Gebühr; gebührend.
Geburt; gebürtig.
Geck.
Gedeck.
gedeihen; gediehst, gediehen; gedeihlich.
Geest die.
Gefahr; gefährden.
Gefährt das.
Gefährte der.
Gefäß, Gefäße.
geflissentlich.
Gehalt das [Besoldung].
Gehalt der [Inhalt, Wert].
Gehege.
geheim; insgeheim.
geh(e)n; gingst, ging.
geheuer.
Gehilfe.
Gehöft.
Geisel der [Bürge].
Geiß die; Geißblatt.
Geißel die [Peitsche].
Geiz; geizig.
Gelände.
Geländer.
Gelatine [Gallerte].
Gelee das [Gallerte].
gelegentlich.
Geleise, Gleis; entgleisen.
gellen; es gellt.
gelten.
Gelübde.
gemächlich.
Gemahl, Gemahlin.
Gemälde.
gemäß; demgemäß, zeitgemäß.
Gemeinde.
Gemse; Gemsbock.
Gemüt; gemütlich.
Gendarm [Landjäger], Gendarmen; Gendarmerie [Landjägerei].
Genealogie [Geschlechterkunde].
genehmigen.
General.
generell; generös.
Genie, Genies; genial [geistvoll].
genieren [belästigen].
genießen; genoß, genossen.
Genitiv [Wesfall].
Genosse.
genug; Genüge.
Genus das [Geschlecht], Genera.
Genuß der, Genüsse.
Geographie [Erdkunde].
Geometrie [Raumlehre].
Gepäck; Handgepäck.
gerade; geradezu, geradeswegs.
Gerät.
geraten; es gerät, geriet; aufs Geratewohl.
gerben; Gerber.
Gerhard; Gertrud.
gering; nicht im geringsten.
Gerte; Reitgerte.
geruhen.
gesamt; Gesamtheit.
Gesandter; Gesandtschaft.
Geschäft.
geschehen; es geschieht, geschah
gescheit.
Geschichte.
Geschmeide.
Geschwader.
geschwind.
Geschwulst.
Geschwür.
Gesims.
Gesinde; Gesindel.
Gespann das.
Gespenst.
Gespinst.
Gestade.
Gestalt; dergestalt.
Geständnis.
Gestänge das.
Geste [Gebärde], Gesten; gestikulieren [herumfuchteln].
gestern; gestrig.

Gestrüpp.
Getränk.
Getreide.
Gevatter.
gewahr werden.
Gewähr die; gewähren.
Gewahrsam.
Gewährsmann.
Gewand; Gewandhaus.
gewandt; Gewandtheit.
gewärtig.
Gewehr das.
Geweih.
Gewinn; Gewinst.
gewiß; Gewißheit.
gewöhnen; gewöhnlich, [Gewohnheit.
Gewürz.
Giebel.
Gier, gierig.
gießen; goß, gegossen; Gießer, Guß.
Gilde; Schützengilde.
Gips.
Giraffe.
Girlande.
Gischt.
Gitarre.
Glacéhandschuh.
Glas, Gläser.
gleich und gleich; des-, meines-, ohnegleichen; gleichermaßen, -weise; gleichgültig;gleichwohl.
gleichschenk(e)lig, -wink(e)lig.
gleißen [glänzen].
gleiten; glitt, geglitten.
Gletscher.
Gliedmaßen; gliedweise.
Glimmer.
glimpflich.
Globus [Erdkugel], Globusse und Globen
Glorie [Herrlichkeit]; glorreich
glühen; Glut.
Gneis.
Göpel der.
Gosse.
Gote; gotisch.
gottlob! Gott sei Dank!

Gouverneur[Statthalter]; Gouvernante [Erzieherin].
Grabmal.
Grad; hochgradig.
Graf, Gräfin.
Gram;grämen;gram sein.
Gramm das.
Grammatik [Sprachlehre].
Granate.
Granit.
Gras; grasig.
grassieren [wüten].
gräßlich.
Grat; Rückgrat.
Gräte; Fischgräte.
grätschen.
gratulieren [beglückwünschen].
grau; gräulich.
Graus; grausen, grausig.
Graveur [Kunststecher].
Grazie [Anmut]; graziös [zierlich].
Greis, Greisin.
Grenadier.
Grenze; begrenzt.
Grete, Gretchen.
Greuel; greulich.
Griesgram; griesgrämig.
Grieß der.
Grimasse [Fratze].
Grimm; grimmig.
grob; Grobian.
Gros das [12 Dutzend].
groß, am größten; groß und klein; im großen; größtenteils.
Grotte.
Grum(me)t [Heu]. [span.
grün; im Grünen; Grünspan.
Grund; zu Grunde und zugrunde geh(e)n, legen, richten.
grunzen.
Gruppe; gruppieren.
Grus [Schutt]; Kohlengrus.
gruseln.
Gruß; grüßen.
gucken; Guckkasten.
Guillotine [Fallbeil].
gültig.
Gummi.
Gunst; zu Gunsten und zugunsten.

Günter.
Guß, Güsse.
Gustav.
gut; zugute halten, kommen; in Güte; Gutes und Böses; gutheißen.
Guttapercha [Gummistoff].
Gymnasium [Lateinschule].
Gymnastik [Leibesübung].

H.

Haar, Härchen; haarig, hären; behaart.
Habicht.
Hacke die [Werkzeug].
Hacken der u. Hacke die.
Häcksel.
Hafen, Häfen.
Hafer.
Haff.
Haft.
Hag; Hagebutte.
Häher.
Hahn; Hahn(en)schrei.
Hai, Haifisch.
Hain.
Haken; häkeln.
-halben; meinethalben, eurethalben usw.; allenthalben.
-halber, ehrenhalber.
Halfter.
hallo!
Hals; halsstarrig.
halten; hältst, hielt.
Halunke.
hämisch.
Hämorrhoiden [Geschwüre im After].
Hamster.
Hand; zur Hand sein, zu Händen; überhand, vorderhand; ab-, vor-, allerhand, kurzer Hand und kurzerhand; handhaben; aus-, einhändigen.
hangen; hingst, hing.

hängen; hängtest.
Hans.
hänseln.
Hantel der [Turngerät].
hantieren; Hantierung.
hapern.
Harke.
Harlekin [Hanswurst].
Harmonie [Eintracht].
Harnisch.
Harpune [Wurfeisen].
hartnäckig.
Harz; harzig.
Hasardspiel [Glücks-
Hase, Häschen. [spiel].
Haspe; haspeln.
hassen; du hassest u. haßt;
Haß, häßlich; gehässig.
Hast; hastig.
hast [von haben].
hätscheln.
Haupt, Häupter;
zu Häupten; Häuptling.
Haus; zu, von, nach Hause; haushalten, er hält haus; hausieren; Hausrat, Hausgerät; häuslich.
Hebel.
Hechel.
Hecke.
Hederich.
Hedwig.
Heer; Heerbann,
Hefe. [Heerstraße.
Heft.
hegen; Heger, Gehege.
Hehl; kein Hehl machen;
verhehlen; Hehler.
hehr [heilig, erhaben].
Heide der; Heidenvolk.
Heide die; Heideland.
heikel.
heilen; Heiland; heilig,
Heiligtum; heillos.
Heimat; Heimweh.
Heirat.
heiser.
heiß, am heißesten.
heißen; hieß, geheißen.
heizen.
Hektar; Hektoliter.

Helene.
Hellene [Grieche].
Hemd(e).
hemmen; Hemmnis.
Henne.
her; herwärts, herab, her-
Heraldik. [ein; herum.
Herberge.
Herbst.
Herd.
Herde.
Hering.
Hermann.
Hermelin.
hermetisch [luftdicht].
Herold.
Herr; herrlich; herrschen,
du herrschst; Herr-
Herz; herzlich. [schaft.
Herzog.
heterogen [verschiedenar-
Heu; Heuschober. [tig].
heucheln; Heuchler.
Heuer die; heuern.
heulen; Geheul.
heute; heutig; heutzutage.
Hexe.
hierauf; hierher.
Hieroglyphen [Schrift-
Hilfe. [zeichen].
Himbeere.
hin; hinaus, hinein.
Hindin [Hirschkuh].
hinsichtlich, in Hinsicht.
Hippodrom [Pferde-
Hirse. [rennbahn].
hissen [die Flagge];
du hißt.
Historie [Geschichte]; historisch [geschichtlich].
Hoboe [Blasinstrument],
Hoboist.
hoch und niedrig; aufs
höchste, höchstens; Hö-
Höcker [Buckel]. [he.
Hof; höfisch, höflich.
hoffentlich.
Hoheit.
hohl; Höhle, höhlen.
Hohn; höhnen;
hohnlachen.

hold; holdselig.
holen; abholen.
holla!
Hölle; höllisch.
holpern; holp(e)rig.
Holunder.
Homöopathie [Natur-
Honig. [heilkunde].
Honoratioren die
[Spitzen der Behörde].
Horizont.
Hornisse. [deutung].
Horoskop [Schicksals-
Hospital [Krankenhaus].
Hospiz [Fremdenheim].
Hotel.
hübsch.
Hüfte.
Hügel; hüg(e)lig.
Huhn, Hühner.
hüllen; Hülle, Hülse.
Hüne; Hünengrab.
hüpfen.
Hürde.
Hurra!
Husar.
Hut der.
Hut die [Schutz].
Hyäne [Raubtier].
Hyazinthe. [pflege].
Hygiene [Gesundheits-
Hymne [Lobgesang].
Hyperbel [Kegelschnitt].
Hypochondrie [Trüb-
Hypotenuse. sinn].
Hypothek.
Hypothese [Annahme].

I (i).

ideal; das Ideal [Wunschziel]; Idealismus.
Idee [Gedanke]; ideell.
identisch
[gleichbedeutend].
Idiot [Schwachsinniger].
Idyll das, Idylle die.
Igel.
ignorieren [nicht
beachten]; Ignorant
[Nichtswisser].

Illumination
[festliche Beleuchtung].
Illustration[Bebilderung].
Iltis, Iltisse.
imaginär [eingebildet].
Imbiß.
Imperativ [Befehlsform].
Imperfekt(um)
[Vergangenheit].
Impertinenz [Frechheit].
impfen.
inbrünstig.
indes, indessen.
Indikativ
[Wirklichkeitsform].
Individuum [Einzelwesen], Individuen;
individuell [persönlich].
Industrie; industriell.
Infanterie.
infizieren [anstecken].
Ingenieur.
Ingrediens das
[Zutat, Bestandteil];
Ingredienzien.
Ingwer.
Inhalt; inhalts.
inkognito
[unter Decknamen].
inkonsequent
[widerspruchsvoll];
Inkonsequenz.
Inland; Insasse.
Inlett das [Bettüberzug].
inmitten.
Innung.
Inquisition
[Ketzergericht].
insbesondere; insonder-
Insekt. [heit.
insgeheim; insgesamt.
insofern, insoweit.
Inspekteur; Inspektor.
inspizieren
[beaufsichtigen].
Instanz
[zuständige Stelle].
Instinkt [Naturtrieb].
Institut [Anstalt].
Instruktion [Anweisung].
Instrument.

Intellekt [Verstand];
intellektuell [geistig].
Intendant[Bühnenleiter].
Interesse, interessant.
Interjektion
[Ausrufewort].
Interpunktion
[Zeichensetzung].
Intervall
[Zwischenraum].
intim [vertraut].
intolerant [unduldsam].
Intoleranz.
intrigant [arglistig];
Intrige; intrigieren [hinterlistiges Spiel treiben].
Invalide.
Inventar; Inventur.
inwendig.
inwiefern, inwieweit.
irden; irdisch.
irrational [unberechen-
Irrtum; irrtümlich. [bar].
Islam.
isolieren [absondern].
Italiener; italienisch.

J (j).

jach, jäh(e).
Jacht.
Jagd; jagdbar.
jählings.
jahraus, jahrein; jahrelang; jährig, jährlich;
Jahrzehnt.
Jalousie [Rolladen].
Januar.
jäten.
Jauche.
jedermann; jederzeit;
jedesmal; jeglich.
jemand; jemand anders,
jemand Fremdes.
jenseit(s).
jetzt; jetzig.
Jockei.
Jod das.
johlen.
Joppe die.
Journal
[Tagebuch, Zeitung].

jovial [heiter, freundlich]
Jubel; jubeln; Jubiläum
Juli.
jung und alt; jüngst.
Jungfer.
Juni.
Jury [Preisgericht,
Schwurgericht].
Justiz [Rechtspflege].
Jute die.
Juwel; Juwelier.

K, vgl. auch C.

Kabel das.
Kabeljau der.
Kabine; Kabinett.
Kaffee der.
Käfig.
kahl.
Kahn; Kahnfahrt.
Kai der [Ufer, Uferstraße]
Kaiser.
Kajüte.
Kaktus, Kakteen.
Kalender.
Kaliber.
Kalkulator.
kalkulieren [berechnen].
Kalligrafie [Schön-
Kamel. [schreibkunst]
Kamerad.
Kamille.
Kamin.
Kamisol [Wams].
Kamm; Kammrad.
Kammacher.
Kampagne [Betriebsdauer, Feldzug].
Kämpe.
Kampf; Kämpfer.
Kampfer.
Kanal, Kanäle.
Kanapee [Sofa].
Kandidat [Prüfling,
Bewerber].
Kanevas [Stickleine-
Kaninchen. [wand]
Kannibale
[Menschenfresser].
Kanone; Kanonier.

Kantine.
Kanton [Landesbezirk], Kantone.
Kantor, Kantoren.
Kanzel.
Kanzlei; Kanzler.
Kap das [Vorgebirge].
Kapaun.
Kapelle.
Kaper; kapern.
Kapital; Kapitel; Kapitol; kapitulieren [sich ergeben], Kapitulation [Waffenstreckung].
Kapitän.
Kaplan [Hilfsgeistlicher].
Kapsel.
Kapuze [Regenhaube].
Karabiner.
Karaffe [Flaschenart].
Karat; karätig.
Karawane.
Karbonade.
Kardätsche.
Kardinal.
Karfreitag; Karwoche.
Karikatur; karikieren.
Karl.
Karmin [roter Farbstoff].
Karneval.
Karosserie.
Karre die u. Karren der; karren.
Karree [Viereck, Rippenstück]; Karrees.
Karriere [Laufbahn].
Kartätsche [Geschoß].
Karte.
Kartell [Zweckverband].
Kartoffel.
Karton; kartonieren.
Karussell.
Karzer.
Käse.
Kasematte [Festungsgewölbe].
Kaserne.
Kasino.
Kaskade [künstlicher Wasserfall].
Kaspar.
Kasse; Kassette; Kassier(er).
Kasserolle [Kochtopf].
Kastagnette [Tanzklapper].
Kastanie.
Kaste die.
kasteien [fasten].
Kastell; Kastellan [Hausmeister].
Kasus [Fall].
Katakombe [Grabkammer].
Katalog.
Katarakt [Wasserfall].
Katarrh; katarrhalisch.
Kataster [Grundbuch].
Katastrophe.
Katechismus.
Kategorie; kategorisch.
Katharina.
Katheder [Pult].
Kathedrale [Dom].
Kathete [Seite des rechtwinkligen Dreiecks].
Katholik; katholisch, Katholizismus.
Kattun [Baumwollstoff].
kauderwelsch.
Kauffahrteischiff.
Kaution [Sicherheit, Bürgschaft].
Kautschuk.
Kavalier; Kavallerie; Kavallerist.
Kaviar [Störrogen].
Kehle.
kehren; Kehricht.
Keiler [Eber].
Keller; Kellner.
kenntlich: Kenntnis.
kentern.
keuchen; Keuchhusten.
Keule.
keusch.
Kiebitz.
Kiefer der.
Kiefer die [Baum].
Kiel; kielholen.
Kieme.
Kien; Kienspan.
Kies; Kiesel.
Kilogramm, -meter.
Kirmes, Kirmesse.
Kissen; Kopfkissen.
Kiste; Kistchen.
kitzlig.
Kladde.
kläffen; Kläffer.
Klaps.
klar; im klaren sein, ins klare kommen.
Klara, Klärchen.
Klasse; Klassiker; klassisch; klassifizieren.
Klause; Klausner.
Klausel [Vorbehalt]; verklausulieren.
Klavier.
Klecks; klecksen.
Klee.
Kleid; kleidsam.
Kleie die.
klein; von klein auf; im kleinen, bis ins kleinste.
Kleinod, Kleinode und Kleinodien.
Klempner.
Klerus [katholische Geistlichkeit]; klerikal [kirchlich, geistlich].
Klima; klimatisch.
Klinik; klinisch.
Klistier [Spülung].
Klops.
Kloß, Klöße.
Kloster.
Klub.
Knäuel.
Knicks; knicksen.
Knie; knie(e)n.
knirschen: du knirschst.
Knoblauch.
Knorpel; knorplig.
Knüppel.
Knüttel; Knüttelverse.
Ko-, Koi-, Kom-, Kon-, Kor- in zusammengesetzten Fremdwörtern, z. B.;
Koeffizient [Verhältniszahl], koordiniert [gleichgestellt], Kosinus;
Kolleg [Vorlesung], Kollege, Kollegium

[Körperschaft], Kollekte [Geldsammlung], Kollision [Zusammenstoß], Kolportage [Hausierhandel], Kolporteur [Reisebuchhändler;
Kombination, Kommandant, Kommandeur, Kommando, Kommers, Kommissar, Kommission, Kommune, Komparativ [1. Steigerungsform des Eigenschaftswortes], kompetent [zuständig];
Komplement [Ergänzung], komplett [vollständig], Komplex [Ganzes, Gruppe], Kompliment [Gruß], Komplott [Verschwörung], komponieren, Kompott, Kompresse [Umschlag], Kompromiß [Vergleich];
Kondition [Bedingung], Konditor, Kondukteur [Schaffner], Konfekt, Konferenz, Konfession, Konfirmation, konfiszieren [beschlagnahmen], Konflikt, konfus [verwirrt], Konfusion, kongruent [völlig übereinstimmend], Kongruenz, Konjugation [Beugung des Zeitwortes], Konjunktion [Bindewort], Konjunktiv [Möglichkeitsform], konkav [hohl], konkret [wirklich], Konkurrent, Konkurrenz, Konkurs, Konnexion [Verbindung], konsequent [zielbewußt], Konsequenz, Konserve, Konsistorium, Konsole [Wandbrett, Stütze], Konsonant [Mitlaut], Konsorte, Konstitution [Verfassung, Gesundheitszustand], Konstruktion, Konsul, Konsum [Verbrauch], Kontinent, Kontrakt, Kontrast [Gegensatz], Kontrolle, Kontrolleur, Konvent [Versammlung], Konversation, konvex [gewölbt], konzentrisch, Konzept [Entwurf], Konzert, Konzession, Konzil [Kirchenversammlung];
Korporation [Körperschaft, Verband], korrekt [richtig], Korrektur [Fehlerberichtigung], korrigieren, Korrespondenz, korrespondieren.
Kobalt [Mineral].
Kobold [Berggeist].
Köcher.
Köder; ködern.
Kodex [Gesetzbuch].
Kognak.
Kohl; Kohlrabi.
Kohle; Köhler.
Koje die.
Kokarde.
kokett [gefallsüchtig]; kokettieren [liebäugeln].
Kokon [Seidenraupengespinst], Kokons.
Koks.
Kokosnuß.
Kolibri.
Kolik.
Kolon [Doppelpunkt]; Semikolon [Punktstrich].
Kolonie; Kolonist.
Kolonne; Kolonnade [Säulengang].
Koloß; kolossal [riesig].
Komet [Schweifstern].
Komfort [Behaglichkeit].
Komiker; komisch [sonderbar].
Komitee [Ausschuß].
Komma [Beistrich].
Kommis [Handlungsgehilfe].
Kommißbrot.
Kommode.
Komödie [Lustspiel]; Komödiant.
Kompagnon [Teilhaber].
Kompanie.
Kompaß, Kompasse.
Konrad.
Konto, Kontos.
Kontor.
Kontur [Umriß], Konturen.
kopfüber.
Kopie [Abschrift]; kopieren [abschreiben].
Koralle.
Koran [heilige Schrift der Mohammedaner].
Korps das [Truppenverband].
korpulent [dick]; Korpulenz.
Korridor.
Korsett.
Korvette [kleiner Kreuzer].
Koryphäe der [Geistesgröße].
Kosak.
Kosmopolit [Weltbürger]; kosmopolitisch [weltmännisch].
Kossat, Kossäte [Kleinbauer].
Kostüm.
Kot; kotig.
Kotelett.
Köter [Hund].
Krabbe die [Krebs].
krächzen.
kraft, z. B. meines Amtes
Krähe; krähen.
Kram; Krämer.
Kram(me)tsvogel.
Kran.
Kranich.
Kranz; kränzen.
Krater [Bergtrichter].
Krawall.
Krawatte.
Kreatur.
Krebs.

kredenzen [Getränk anbieten].
Kredit.
Kreis; kreisen; Kreisel.
kreischen; du kreischst.
Krempe; krempen.
krepieren [verenden, platzen].
Krepp.
Kresse.
Kreuz; kreuz und quer.
kriechen; kroch, gekrochen.
kriegen [bekommen und Krieg führen].
Kriminalist; kriminell.
Krise, Krisis [schwierige Lage].
Kristall.
Kritik; kritisch.
Krokodil.
Kröte.
Krücke.
Krume, Krümchen.
Kruppe.
Krüppel.
Krupphusten.
Kruste.
Kruzifix.
Kubikmaß; kubisch [würfelförmig].
Küchlein.
Kuckuck.
Kufe; Küfer.
Kugel; kug(e)lig.
kühn.
Kulisse [Seitenwand].
Kulmination [Höhepunkt].
Kult(us) [Pflege]; kultivieren [pflegen, anbauen]; Kultur.
Kum(me)t.
Kumpan [Genosse].
Kundschaft.
Kunst; Kunststück.
Kur; kurieren [heilen].
Kurhaus.
Kuratel [Vormundschaft].
Küraß [Brustpanzer].
Kurbel.
Kürbis, Kürbisse.
küren; Kürturnen.
Kurfürst.
Kurie [päpstlicher Hof].
Kurier [Eilbote, diplomat. Beamter], Kuriere.
kurios [merkwürdig].
Kurrende [Singschüler].
Kurs, Kurse; Kursus.
Kürschner.
Kurt.
Kurve.
kurz; in, seit, vor kurzem; aufs kürzeste; über kurz oder lang; den kürzeren ziehen; Kurzweil.
Kuß, küssen; du küßt.
Küste; Meeresküste.
Küster, Kustos [Aufseher].
Kutsche.
Kutter.
Kuvert, Kuverte [Gedeck und Briefumschlag].

L.

Laboratorium.
Labsal.
Labyrinth [Irrgarten].
Lachs, Lachse.
Lack; lackieren.
laden; lädst, lädt.
Lafette [Geschützgestell].
lahm; lähmen.
Lahn [Metalldraht].
Laib [Brot].
Laich; laichen.
Laie.
Lakai [Diener].
Lake; Salzlake.
Laken; Bettlaken.
Land; Landgericht, Landsknecht.
lang; seit langem, des längeren; tage-, jahrelang.
Lang(e)weile; langweilig.
längs [entlang].
längst [seit langer Zeit].
langwierig.
Lanze; Lanzette [Impfmesser].
Lärche [Baum].
Lärm; lärmen.
Larve; entlarven.
laß; lässig.
lassen; du läßt.
Last; lästig.
Lattich.
Lauch.
Lauge.
laut; läuten.
lauter; läutern.
Lava.
Lavendel.
lavieren.
Lawine.
Lazarett.
Leben; mein Leben lang; mein Lebtag; bei Lebzeiten; lebenslang; Lebehoch.
lechzen.
ledig; lediglich.
Lee [Gegenteil von Luv]; leewärts.
Legat das [Vermächtnis].
Legende [Sage].
Legion [Truppenteil].
legitim [gesetzlich]; Legitimation [Ausweis].
Leh(e)n; belehnen.
Lehm.
lehnen; Lehne.
lehren; Lehrer; Gelehrter.
Leib; beileibe nicht.
Leiche; Leichnam.
Leid; ein Leid(s) tun; zuleide.
leid sein, tun, werden.
leidig; leidlich.
leihen; leihst, lieh; Leihhaus.
Leinwand; Linnen.
leiten; Geleit(e); Leiter.
Lektion [Unterrichtsstunde]; Lektüre [Lesestoff].
Lenz.
Leopard.
Lerche [Vogel].
lesen; las.
letzt; am, zum letzten; zu guter Letzt.
leugnen.
Leumund; verleumden.
Leutnant.
leutselig.

Levante [Mittelmeergebiet].
Levkoie.
Lexikon [Wörterbuch], Lexika.
liberal [freisinnig].
Lid; Augenlid.
Liebe; zuliebe.
Lied; Liederbuch.
liederlich.
liefern; Lieferant.
Likör.
Lilie.
Limonade.
Linie; lin(i)ieren; Lineal.
links; von, nach links.
Linnen; Leinwand.
Linse.
lispeln.
Litanei [Bittgesang, Klagelied].
Liter das.
literarisch.
Literatur [Schrifttum].
Lithographie [Steindruck].
Liturgie [Gottesdienst-Ordnung].
Litze.
Livree [Dienertracht].
Lizentiat [akademischer Titel].
Lob; löblich; lobhudeln.
lodern.
Logarithmus.
Loge.
Logik [Folgerichtigkeit]; logisch [folgerichtig].
Logis [Zimmer, Wohnung]; logieren [wohnen, übernachten].
Lohe; lohen; lichterloh.
Lohn; lohnen; löhnen.
Lokal das.
Lokomobile; Lokomotive.
Lorbeer.
Lorgnon [Augenglas].
Los; losen; Losung.
los; lösen, löslich.
löschen, du löschst, erlöschen; das Licht erlischt.
Lot; loten; lotrecht; löten, -lötig.
Lothar.
Lotse.
Lotterbube; lotterig.
Lotterie.
loyal; Loyalität.
Luchs.
Ludwig.
Lug; Lügen.
lugen [spähen]; Luke.
Luise.
Lupe.
Lust; lüstern.
Luv [Windseite des Schiffes]; luvwärts.
Luxus.
Lymphe [Impfstoff].
lynchen [totschlagen].
Lyra [Leier]; Lyrik [Liederdichtung]; lyrisch.
Lyzeum.

M.

Maat der.
Macht; mächtig.
Magazin.
Magd, Mägdelein.
Magistrat [Stadtverwaltung].
Magnet.
mähen; Mäher.
Mahl; Mahlzeit.
mahlen, Mühle.
Mähne.
mahnen; Mahnung.
Mähre [Pferd].
Mai; die Maien.
Maid [Mädchen].
Mais.
Maische; maischen; du maischst.
Majestät, majestätisch
Major.
Majoran.
Majorat [Erbgut].
majorenn [mündig].
Makel; makellos; mäkeln.
Makkaroni die.
Makler.
Makulatur [Altpapier].
Mal; Malstein, Merkmal, Muttermal.
Mal; das erste Mal und das erstemal, zum zweiten Male und zum zweitenmal; ein anderes Mal und ein andermal, mehrere Male und mehrmals; zweimal, jedesmal, auf einmal, ein für allemal.
malen; gemalt; Maler.
Malheur [Unglück].
maliziös [boshaft].
Malve.
Malz.
Mammut.
man.
manche; mancherlei; manchmal.
Mandel die.
Mangel; mangels.
Manier [Art und Weise]; manierlich [artig].
mannigfach; mannigfaltig.
Manöver; manövrieren.
Manschette.
Mantel der.
Manuskript [handschriftliches Werk].
Mär(e), Märchen.
Margarete, Grete.
Margarine.
Marine.
Marketender [Feldkrämer].
Markise [Sonnendach].
Marsch; marschieren.
Marschall; Marstall.
Martha.
Märtyrer [Blutzeuge].
März.
Marzipan.
Maschine.
Masern.
Maske; Maskerade [Mummenschanz].
Maskulinum [männliches Hauptwort].
Maß; mit Maßen; ohne, über die Maßen; dermaßen, gewisser-, bekanntermaßen.

Masse; massiv.
massieren; Massage.
Mast der; Mastbaum.
Mast die.
Materie [Stoff, Sache].
Material; materiell.
Mathematik.
Mathilde.
Matratze.
Matrose.
Matthäus; Matthias.
Maus, Mäuse.
Mauser; mausern.
Mechanik; mechanisch
meckern.
Medaille [Denkmünze].
Medaillon.
Medizin.
Meer.
Meerrettich.
Mehl; mehlig.
mehr; mehrere.
Meier; Meierhof.
Meile; meilenweit.
Meineid.
Meise.
Meißel der; meißeln.
meist; meistens; die meisten, das meiste, am meisten.
Melancholie [Schwermut].
Melange [Mischung].
Melodie.
Melone.
Meltau.
Memoiren die [Lebenserinnerungen]
Menagerie [Tierschau].
Mengsel.
mengen.
Mennig.
Meridian [Mittagslinie].
merken; Vermerk.
Mesner [nicht zu Messe gehörig].
Messe; Meßbuch.
messen; du mißt; du maßt.
Messing.
Mestize [Mischling].
Met.
Metall.
Metamorphose [Verwandlung].
Metapher [bildlicher Ausdruck]; metaphorisch [bildlich].
Metaphysik [Übersinnlichkeitslehre].
Meteor das; Meteorologie [Wetterkunde].
Meter das.
Methode.
Mettwurst.
Metzger
Meuchelmord; meuchlings.
Meute; Meuterei.
Mieder das.
Miene [Gesichtsausdruck].
Miete; mieten, Mieter.
Migräne [Kopfschmerzen].
Mikroskop [Vergrößerungsinstrument]
mild; mildtätig.
Militär; militärisch.
Miliz [Volkswehr].
Milliarde; Millionär.
Milz.
Mime [Schauspieler].
Mimik [Gebärdenspiel].
mindestens; zum, nicht im mindesten; das mindeste.
Mine [unterirdischer Gang]; minieren.
Mineral [Steinart].
Minister.
minorenn [minderjährig].
Minze; Pfefferminze.
Misanthrop [Menschenfeind].
mischen; du mischst.
miß-, mißbrauchen, mißhandeln; mißhellig; mißlich; Mißmut; Mißton usw.
missen; du mißt.
Missetat; Missetäter.
Mission; Missionar und Missionär.
Mittag; des Mittags; mittags; heute mittag.
mittels.
mitternachts.
Mittwoch; Mittwochs.
Möbel; möblieren.
Mobiliar.
Mobilien [bewegliche Habe].
Mode; modern.
Modell; modellieren.
modeln [entwerfen].
Moder; moderig.
mögen; mag, möchte, gemocht.
möglich; sein möglichstes, alles mögliche tun; möglichenfalls, möglicherweise.
Mohammedaner.
Mohn; Mohnblume.
Mohr der; Mohrenland.
Möhre; Mohrrübe.
mokieren.
Mole die [Hafendamm].
Moment der [Augenblick].
Monarch; Monarchie.
Monat.
Mönch.
Mond; mondsüchtig.
Monolog [Selbstgespräch].
monoton [eintönig].
Montag; Montags.
Monteur und Montör; montieren [aufstellen].
Moor das; Moorland.
Moos, Moose; bemoost.
Mops, Möpse.
Moral.
Morast.
Morchel.
Morgen der; des Morgens; morgens; heute morgen.
morgen [am folgenden Tage]
Moritz.
morsch.
Mörtel.
Mosaik.
Moschee.
Most; Mostrich.

Motiv [Beweggrund].
Möwe.
Muff der und Muff(e) die.
Mühe; mühen; mühsam, Mühsal, mühselig.
multiplizieren [malnehmen]; Multiplikand.
Mund; mündlich.
Mündel; mündig.
munizipal [städtisch].
Münster das.
Münze [Geld].
mürbe.
Mus; Gemüse.
Muse; Museum.
Muselmanen und Muselmänner.
musizieren; Musikant.
Muskat.
Muskel; muskulös.
Muskete [alte Flinte].
Musketier [Fußsoldat].
Muße; müßig.
Musselin.
müssen; du mußt, mußtest.
Mut; mutig; zu Mute u. zumute sein; mutmaßen
Myrte.
Mystik; mysteriös [geheimnisvoll].
Mythe [Göttersage].
Mythologie [Götterlehre].

N.

Nabe [am Rade].
nachahmen.
Nachbar, Nachbarn.
Nachen.
nachgiebig.
Nachhut
Nachlaß; Nachlässigkeit
Nachmittag; des Nachmittags; nachmittags; heute nachmittag.
nachsichtig.
Nacht; des Nachts; nachts; heute nacht
Nachteil; nachteilig.
Nachtigall.
nackend, nackt.
nagen; Nagetier.
nah(e), des näheren, fürs nächste, von nah und fern; nähern.
nähen; Naht. Näherin; Nähmaschine.
nähern; Nahrung.
naiv [harmlos]; Naivität [Harmlosigkeit].
Name; namens [mit N. und im N.], namentlich.
nämlich; der nämliche.
Naphtha [Roh-Erdöl].
Narr; Narretei, närrisch, der närrischste.
Narzisse.
naschen; du naschst.
naseweis; Nashorn.
naß; Nässe.
Nation; national.
Natur; natürlich.
Nebel; neblig.
Nebenbuhler.
Necessaire [Reisebesteck].
Negation [Verneinung].
negativ [ergebnislos].
Neger.
Negligé [Morgenrock].
nehmen; nimmst, nahm
Nehrung [Landzunge].
Nerv; nervig; nervös.
neu; aufs neue, von neuem; etwas Neues.
Neutrum [sächliches Hauptwort]; neutral.
nicht; zunichte machen; mitnichten.
nichts; für, um nichts; nichts anderes; nichts Neues; nichtsdestoweniger; das Nichts.
nieder; niedrig.
niedlich.
Niednagel.
niemand; niemand anders, niemand Fremde.
Niere.
niesen; Nieswurz.
Nießbrauch; Nutznießer.
Niete.
nieten; niet- u. nagelfe
nirgend(s).
-nis, -nisse; Bildnis, Bi
Nische. [nisse us
Niveau [Höhe, Bildun stand]; nivellieren [Höhenunterschiede abmessen].
Nix, Nixe.
Nomade [Wandervolk]
Nominativ [Werfall].
Nord; nordwärts.
nörgeln [nergeln].
Norm [Regel]; normal.
Not; in Not, in Nöten se not sein, tun, werden vonnöten sein; notdürftig.
Notar; notariell.
Note; Notensystem.
nötig; nötigenfalls.
Notiz. [wei
notwendig; notwendig
Novelle [Erzählung].
November.
Nuance [feiner Unterschied].
numerieren [beziffern].
Nummer.
Nuß, Nüsse.
Nüster.
nutz(e), nütze; zunutz machen; zu Nutz un Frommen; Nutznieß
Nymphe [weibliche Naturgottheit].

O.

Oase [fruchtbare Stell in der Sandwüste].
Obacht; in Obacht.
Obelisk [Gedenksäule]
oberflächlich.
Oberst, Obersten.
Objekt [Gegenstand]; objektiv [sachlich].
Oblate [Abendmahlsbr
obligat [unerläßlich]; o gatorisch [verbindlic
Obrigkeit.

Obst.
obwohl.
Ochs und Ochse.
Ocker.
öde; Einöde.
offenbar; öffentlich.
offiziell [amtlich];
offiziös [halbamtlich]
Offizier.
oft; des öfter(e)n.
Oheim und Ohm
ohne; ohnedies; Ohnmacht.
Ohr; Ohrring.
Öhr; Nadelöhr.
Ökonom
[Landwirt, Verwalter].
Oktave
[8. Ton der Tonleiter].
Oktober.
oktroyieren [aufzwingen].
okulieren [veredeln].
Okzident [Abendland].
Öl; ölig.
Olive.
Omnibus, Omnibusse.
Operation
Optik; optisch.
Orakel [geheimnisvolle
Weissagung].
Orange [Apfelsine].
Orang-Utan.
Orchester.
ordentlich.
Order und Ordre [Befehl].
ordinär [gewöhnlich].
Ordonnanz
[Befehlsüberbringer].
Organ das [Werkzeug].
Orgel; Organist.
Orient [Morgenland].
Original [Urschrift,
Vorlage]; originell
Orkan der [Sturm].
Ort, Orte, Örter; höheren
Ort(e)s; allerorten.
Orthodoxie
[Strenggläubigkeit].
Orthographie [Rechtschreibung].
Öse.
Oskar.
Ouvertüre [Vorspiel].
oval [eirund].
Oxyd
[Sauerstoffverbindung];
oxydieren [beschlagen].
Oxygen [Sauerstoff].
Ozean.

P.

Paar das, Pärchen;
zu Paaren treiben; paarweise; ein Paar Schuhe.
ein paar [einige]; ein paar
Leute; ein paarmal.
Pack; packen.
Pädagog [Erzieher];
Pädagogik [Erziehungslehre].
Page.
Paket.
Pakt, Pakte.
Palais, Palast.
Paletot.
Palette [Farbenbrett].
Palisade [Pfahlzaun].
Pamphlet das
[Schmähschrift].
Paneel das [Holztäfelung].
Panier [Banner].
Pantine; Pantoffel.
Panzer.
Papagei.
Papier.
Papst; päpstlich.
Parabel [Gleichnis,
Kegelschnitt].
Parade.
Paradies.
Paragraph [Absatz].
parallel [gleichlaufend].
Parallelogramm [Viereck
mit je 2 gleichen Seiten].
Parasit [Schmarotzer].
Pardon der [Entschuldigung, Gnade].
Parenthese [Klammer].
Parfüm; parfümieren.
Parität [Gleichwertigkeit].
Park.
Parkett das.
Parlament; Parlamentär
[Unterhändler].
Parochie [Kirchspiel].
Parodie [Verzerrung].
Partei; parteiisch.
Parterre das [Erdgeschoß].
Partie.
Partikel
[Teilchen, Füllwort].
Partizip(ium)
[Mittelwort].
Parzelle.
Paß, Pässe.
Passage [Durchgang].
Passagier.
Passion [Leidenschaft,
Vorliebe].
Passiv(um) [Leideform].
Pastell [Farbstift].
Pastete.
Pastor, Pastoren.
Pate, Taufpate.
Patent; patentieren.
Pathos das [Leidenschaft];
pathetisch
[überschwenglich].
Patient [Kranker].
Patriot; patriotisch.
Patrizier.
Patron [Schutzherr].
Patrouille [Runde].
Pause; pausieren.
pausen [durchzeichnen]
Pauspapier.
Pavian.
Pavillon.
Pedal.
Pedant; pedantisch.
Pedell [Hausmeister].
Pelz.
Pension; Pensionär;
pensionieren.
Pensum
[Arbeitsmaß, Aufgabe].
Pensa und Pensen.
perennierend [winterhart].
Perfekt(um)
[vollendete Gegenwart].
Pergament.
Periode [Zeitraum].
Peripherie
[Grenze, Umkreis].
permanent [dauernd].
Perpendikel [Pendel].

perplex [verblüfft].
Persiflage [Verspottung].
Person; persönlich.
Perspektive [Ausblick].
Perücke.
Pestilenz [Pest].
Petersilie.
Petition [Gesuch, Ein-
Petroleum. [gabe].
Petschaft.
Pfad.
Pfahl; pfählen.
Pfalz.
Pfand, Pfänder.
Pfanne; Pfannkuchen.
Pfarre; Pfarrer.
Pfau.
Pfeffer; Pfefferminze.
pfeifen; Pfiff, pfiffig.
Pfeil; Pfeiler.
Pfennig.
Pferd
Pfingsten.
Pfirsich.
Pflanze.
Pflaster.
Pflaume; pflaumenweich.
Pflege.
Pflicht; pflichtwidrig;
Pflock. [Pflichtteil].
pflücken.
pflügen; Pflugschar.
Pforte; Pförtner.
Pfosten der.
Pfropfe(n); Pfropfreis.
Pfuhl der.
Pfund; sechspfündig.
pfuschen; du pfusch(e)st;
Pfütze. [Pfuscher.
Phänomen das [Wunder].
Phantasie und Fantasie.
Phantast. [ger].
Pharisäer [Scheinheili-
Pharmazeut [Apotheker].
Philanthrop [Menschen-
Philipp. [freund].
Philister [Spießbürger].
Philolog [Sprachlehrer].
Philosoph [Weltweiser].
Phlegma [Trägheit].
phlegmatisch.

Phonograph u. Fonograf.
Phosphor. [grafie.
Photographie u. Foto-
Phrase [Redensart].
Physik [Naturlehre].
physisch [körperlich].
Pianoforte.
Picke [Spitzhacke].
Pick(e)nick
[Frühstück im Freien].
Piedestal [Sockel].
pikant [scharf, gewürzt].
pikiert [gereizt].
Pilz.
Pinie [Kiefer].
Pinsel.
Pionier.
pirschen; du pirschst.
Pistole.
Plaid der und das [Um-
Plakat. [schlagtuch].
Plan, Pläne.
Plane die; Planwagen.
Planet.
Planimetrie [Flächen-
plänkeln. [lehre].
Plantage [Pflanzung].
Plastik; plastisch.
Plateau [Hochebene].
Platin.
plätten; Plätteisen.
Plattform.
Platz greifen, machen,
Plombe. [nehmen
plötzlich.
Plural(is) [Mehrzahl].
Plüsch.
Plusquamperfekt(um)
[vollendete Vergangen-
Pöbel. [heit].
Poesie [Dichtung]; Poet
[Dichter]; poetisch.
Pokal [Becher].
pökeln; Pökelfleisch.
Pol; Polarmeer.
Police
[Versicherungsschein].
Polier [Vorarbeiter];
Maurerpolier.
polieren; Politur.
Poliklinik.

Politik; politisch.
Polizei; Polizist.
Polyp.
Polytechnikum [technische Hochschule].
Pomade [Haarsalbe].
Pomeranze.
Pomp [Prunk]; pompös
[prunkvoll].
Ponton der [Brücken-
Pony, Ponys. [kahn].
populär [volkstümlich].
Popularität. [lässig].
Pore die; porös [durch-
Porree der [Lauch].
Portemonnaie
[Geldtäschchen].
Portepee [Säbeltroddel].
Portier [Hausmeister].
Portion.
Porträt [Bildnis], Por-
Porzellan. [träte.
positiv [bestimmt].
Posse die. [drollig].
Possen der; possierlich,
Postillion. [träglich].
postnumerando [nach-
Potentat [Machthaber].
Potenz [Leistungsfähig-
Potpourri. [keit].
Pottasche.
Prädikat [Satzaussage].
prädikativ [zeitwortverbindend].
Präfekt [Regierungspräsi-
prägen; Prägstock. [dent].
prahlen; Prahlerei.
Prahm der.
praktisch; praktizieren.
Praxis.
Prälat [geistlicher Wür-
Prämie. [denträger].
prangen; Gepränge.
Pranke.
pränumerando [im vor-
präparieren [vorbereiten]. [aus].
Präposition
[Verhältniswort].
Präsens [Gegenwart].
präsentieren.
Präsident.

prassen; du praßt.
Prasser.
prätentiös [anmaßend].
Präteritum [Vergangenheit].
Präzedenzfall [früherer Fall].
Präzision [Klarheit, Genauigkeit].
Predigt.
Preis; preisen; pries.
Preiselbeere.
preisgeben; er gab preis.
pressen; du preßt.
Priester.
Primel.
Primzahl [unmittelbare Zahl].
Prinz, Prinzessin.
Prinzip [Grundsatz].
Prinzipal [Brotherr].
prinzipiell [grundsätzlich].
Prise [Seebeute].
Prisma [Glaskörper], Prismen.
Pritsche.
privat; privatim [vertraulich].
Privileg [Vorrecht], Privilegien.
Probe: probieren.
Problem [ungelöste Frage]; problematisch.
Produkt; produzieren.
Produzent.
Professor.
Profil [Seitenansicht].
Profit [Nutzen].
Programm [Zeitplan].
Projekt [Plan,Vorhaben].
Prokurist [Geschäftsführer].
Prolog [Eröffnungsansprache].
Promenade[Spaziergang].
prompt [pünktlich, schnell].
Prophet; prophezeien.
Proportion [Verhältnis].
Propst, Pröpste.
Prosa [ungebundene Rede]; prosaisch.
Prospekt.
protegieren[begünstigen].
Protektor [Schirmherr, Gönner].
Protest; Protestant.
Protokoll [Sitzungsbericht].
Proviant [Mundvorrat].
Provinz; provinziell.
Prozent.
Prozeß [Rechtsstreit].
Prozession [Umzug].
prüfen; Prüfung.
Prügel; prügeln.
Prunk; Prunksucht.
Psalm, Psalmen.
pseudonym [unter Decknamen].
Psychologie [Seelenkunde].
Publikum; publizieren [veröffentlichen].
Pudding.
Puder.
Puls, Pulse; Pulsschlag.
Pult das.
Pulver; pulverisieren [zu Pulver zerreiben].
Pumpernickel.
Punkt; pünktlich.
Punsch.
Pupille.
Puppe, Püppchen.
Pute, Puter; Puthahn.
Putz.
Pyramide.

Q.

Quader, Quadern; Quaderstein.
Quadrat; Quadrant [Winkelmesser].
quaken.
Quäker.
Qual; quälen.
qualifizieren [für geeignet erklären].
Qualität [Güte].
Qualm; qualmen.
Quantität [Menge].
Quarantäne [Liegezeit].
Quark.
Quartal [Vierteljahr].
Quartett [Musikstück für 4 Personen].
Quartier [Wohnung].
Quarz.
Quaste.
Quästor [Schatzmeister]; die Quästur [Kasse].
Quecke.
Quecksilber.
Quelle.
quer; querfeldein.
querulieren [lästig fallen].
quetschen; du quetschst.
Queue das [Billardstock].
quieken; quietschen; du quietschst.
Quirl.
quitt [wett, einig]; Quittung [Empfangsbestätigung].
Quitte.
Quote [Anteil].
Quotient [Teilungsergebnis].

R.

Rabatt der [Preisnachlaß].
rächen; rachsüchtig.
Rad; Rädern.
radebrechen.
Rädelsführer.
radieren; Rasur.
Radieschen.
radikal [durchgreifend].
Radius [Halbmesser], Radien.
raffiniert [durchtrieben].
Rahe [Segelstange].
Rahm [Sahne].
Rahmen; einrahmen.
Rain [Ackergrenze].
Rakete.
Randglosse.
Rang; rangieren.
Ranke, Ranken.
Ränke schmieden; Ränkeschmied.
Ranzen, Ränzel.
Rapier [Schläger].
Rappe.
Rapport [Bericht, Meldung].
Raps.

rasen.
rasieren.
räsonieren [schimpfen].
Rasse; Menschenrasse.
rasten; Rasttag.
Rat; Rathaus; Stadtrat;
zu Rate ziehen,
um Rat fragen.
Rate die; ratenweise.
raten; rätst, rät, riet;
rätlich, ratsam; Rätsel.
Ration [Verpflegungs-
Ratte. [menge].
Raub; Räuber.
Rauchwaren, Rauchwerk
[Pelzwerk].
Räude; räudig.
rauh; Rauheit.
Raum; räumen.
raunen; zuraunen.
Raupe, Räupchen.
räuspern.
Rayon [Bezirk].
Reagens das [chemischer
Stoff]; Reagenzien.
reagieren; Reaktion.
real [wirklich]; Realität
Rebe. [Wirklichkeit].
Rebell [Aufrührer];
Rebellion [Aufruhr].
Rebhuhn.
Rechen der.
rechnen; Rechenbuch,
Rechenstunde.
Recht; mit Recht, ohne
Recht, im Recht sein;
Recht finden, sprechen;
ein Recht haben;
von Rechts wegen;
zu Recht bestehen.
recht sein, haben, tun;
zurechtmachen,
zurechtstellen.
rechts; von, nach rechts.
rechtwink(e)lig.
Redakteur [Schriftleiter].
Redaktion
[Schriftleitung].
Reden; Redner, Rederei;
redselig.
Reede, Reeder, Reederei.

reell [ehrlich].
Referendar.
reflektieren [nachgrübeln,
beanspruchen].
Reformation.
Refrain [Kehrreim].
Regal.
Regie [Spielleitung].
Regisseur [Spielleiter].
regieren; Regierung.
Regiment.
Register [Verzeichnis].
Registrator.
Reglement [Dienstvor-
regnerisch. [schrift].
Regreß [Ersatzanspruch];
regreßpflichtig
[ersatzpflichtig].
regulär [regelmäßig].
Reh; Rehbock.
Reigen und Reihen.
Reihe; reihen.
Reiher.
rein; im reinen sein; ins
reine bringen, kommen,
schreiben.
Reis der; Reisbrei.
Reis das; Pfropfreis.
reisen.
Reisig das.
Reißbrett; Reißzeug.
reißen; gerissen.
Reiz; reizen, gereizt.
rekeln.
reklamieren
[beanstanden].
rekognoszieren [erkun-
Rekonvaleszent [den].
[Genesender].
Rekrut. [toren.
Rektor [Schulleiter], Rek-
Relais [Umspannposten].
relativ [verhältnismäßig].
Relegation
[Ausschließung].
relegieren [ausschließen].
Relief [erhaben
gearbeitetes Bildwerk].
Religion; religiös.
Remise [Wagenschup-
Renette [Apfelart]. [pen].

Renntier das.
Renommee [Ruf, Anse-
Rentier, Rentner. [hen].
Reparatur
[Instandsetzung].
Repertoire das [Stück- u.
Rollenzahl]. [lung].
Repetition [Wiederho-
Repressalien [Ver-
geltungsmaßnahmen].
Reptil [Kriechtier].
Republik [Freistaat].
Requiem das
[Seelenmesse].
Requisiten [Gebrauchs-
gegenstände].
Reserve [Vorrat, Ersatz].
Residenz [Wohnsitz].
Resonanz [Widerhall].
Respekt [Achtung].
Respiration [Atmung].
Ressort [Amtsbereich,
Restaurant. [Fach].
Resultat [Ergebnis].
Rettich.
Retusche
[Überarbeitung].
retuschieren [überarbei-
Reuse; Fischreuse. [ten].
Revanche [Vergeltung];
sich revanchieren [sich
rächen, erkenntlich zei-
Reveille [Wecken]. [gen].
Revers [Aufschlag].
Revier [Bezirk].
Revision [Durchsicht].
Revisor
[Rechnungsprüfer].
Revolution [Umwälzung].
Revolver. [stück].
Revue [Ausstattungs-
Rezensent [Bücher-
Rezept. [besprecher].
Rhabarber.
Rhapsodie
[freies Musikstück].
Rhetorik [Redekunst].
rhetorisch [rednerisch].
Rheumatismus.
Rhombus [Raute].
rhythmisch [taktmäßig].

Rhythmus [Gleichmaß].
Ricke.
Ried; Riedgras.
Riege; Turnriege.
Riese, Riesin.
rigolen; Rigolpflug.
rigoros [rücksichtslos].
rings; ringsum.
Rinnsal.
Rippe.
Risiko [Wagnis]; riskieren [wagen].
Riß, Risse.
Rispe.
Ritt; rittlings.
Rival [Nebenbuhler].
Roastbeef [Rostbraten].
Robbe [Seehund].
Robe [Staatskleid].
röcheln.
Rocken; Spinnrocken.
Rogen; Fischrogen.
Roggen; Roggenmehl.
roh; Roheit.
Rohr, Rohre; Röhricht.
Röhre; Röhren.
Romanze [erzählendes Gedicht]; romantisch [malerisch, schwärmerisch].
Rose, Röschen, Röslein.
Rosine.
Rosmarin.
Roß, Rosse; Rößlein; Roßhaar.
Rost; rosten; verrostet.
Rost; rösten; Bratrost.
rot; Röte; röten; die Röteln; rötlich.
Rotte; zusammenrotten.
Rouleau [Rollvorhang]; Rouleaus.
Route [Reiseweg]; Marschroute.
Routine [Übung].
Rubrik [Abteilung].
Rückgrat; Rückhalt; Rückkauf; Rückkehr, Rückkunft; rücklings; in, mit Rücksicht auf.
Rüde der [Hund].
Rudolf.
Rüge; Rügen.
Ruhe; ruhen; ruhig.
Ruhm; rühmen.
Ruhr [Krankheit].
rühren; rührig.
Ruine [verfallenes Bauwerk].
Rum [Getränk].
Rumpf; rümpfen.
rundherum.
Rune [urgermanisches Schriftzeichen]; Runenschrift.
Runzel; runz(e)lig.
Rüpel.
Ruß; rußig.
Rüssel.
Rüster die [Baum].
Rute; Angelrute.
rütteln.

S.

Saal, Säle.
Saat; säen.
Sack; Säckel.
Saffian [feines Leder].
Safran [gelber Farbstoff].
Sage.
Säge; sägen.
Sahne.
Saite; Darmsaite.
Sakrament [Gnadenmittel].
Sakristei [Dienstzimmer des Geistlichen].
Salär das [Gehalt].
Salat.
Salbe; salben.
Salbei und Salvei.
Saline [Salzwerk].
Salmiak; Salpeter.
Salon der [Besuchszimmer].
Salve; Ehrensalve.
Salz.
Same.
sammeln; Sammlung.
Sam(me)t.
Samstag; Samstags.
samt; sämtlich.
Sandale.
sanft; Sänfte.
sanguinisch [heißblütig].
Sankt; St. Paulus.
Saphir.
Sardelle; Sardine.
Sarg; Sarkophag.
Satan [Teufel]; satanisch.
Satire die [Spottgedicht].
satirisch [spöttisch].
satt, sättigen; sattsam.
Satyr der [Waldgott]; Satyrn.
Satz, Sätze.
Sauce und Soße.
Säugetier.
Säugling.
Säule.
säumen; saumselig.
Säure.
sausen; in Saus und Braus.
schaben; schäbig.
Schablone [Vorlage].
Schabracke [Satteldecke].
Schächer.
schade; jammerschade sein; schade, daß.
Schädel.
Schaden; Schaden nehmen, tun; zu Schaden kommen; schädlich.
Schaf; Schaffell.
Schaffner.
Schafott [Blutgerüst].
Schaft; schäften.
Schakal [Raubtier].
Schäker; schäkern.
schal.
Schal der.
Schale; schälen.
Schalk; schalkhaft.
Schall; schallen; schallt.
Schalmei.
schalten; ein-, ausschalten.
Schalter.
Schaluppe [Hilfsboot, Küstenboot].
Scham; schamhaft.
Schande; schändlich; zu Schanden und zuschanden machen usw
Schank; Schankwirt.
Schanze.

Schar; scharen; Heer-
scharen; scharenweise.
Scharade [Silbenrätsel].
Schären die [Klippen].
scharf; Schärfe; schärfen.
Scharlach. [schreier].
Scharlatan [Markt-
scharmant [reizend].
Scharmützel [Geplänkel].
Scharnier [Gelenkband].
Schärpe.
scharren.
Scharte.
Scharwache; Scharwerk.
schattig; schattieren.
Schatulle [Geldkasten].
Schatz; schätzen.
Schau; zur Schau stellen.
Schaum; schäumen.
Scheck der [Zahlschein].
Schecke; scheckig.
Scheide; scheiden.
Scheit; Grab-, Holzscheit.
Scheitel; scheiteln.
scheitern.
Schellack [Harz].
Schellfisch.
Schelm.
schelten; schiltst; schalt.
Schema [Muster];
Schemel. [schematisch.
Schenk; Schenke.
schenken; Geschenk.
Scherbe.
Schere; scheren; schor.
Scherflein.
Scherge der.
Scherz; scherzhaft.
scheuchen.
Scheuer und Scheune.
scheuern.
Scheusal.
scheußlich.
Schiebkarre(n)
(vgl. Karre); Schieblade.
Schiedsrichter.
Schiefer.
schielen; schielt.
Schiene; Schienbein.
Schierling.
schießen; schoß.

Schiffahrt.
Schikane [Quälerei].
Schild der, Schilde.
Schild das, Schilder.
Schildkröte; Schildpatt.
Schimäre [Hirngespinst].
Schirrmeister.
schlachten; Schlächter.
Schlacke; Schlackwurst.
Schlaf; schläfrig.
Schläfe die.
schlaff; erschlafft.
schlagen; Schlägerei.
Schlagwort.
Schlamm; schlämmen.
Schlange; schlängeln.
schlecht; schlechterdings.
Schlechtigkeit.
Schlegel der.
Schlehe; Schlehdorn.
Schlei(e) [Fisch].
schleißen; Schleißerin.
schlemmen; Schlemmerei.
schlendern.
schleudern.
schleunig.
Schleuse.
Schlick der.
schließlich.
Schlittschuh.
Schloß, Schlösser.
Schloße, Schloßen.
Schlot; Schlotfeger.
schlott(e)rig.
schluchzen.
schlüpfrig.
Schlupfwinkel.
schlürfen.
Schluß; schlüssig.
Schlüssel.
Schmach; schmähen;
schmählich.
schmal; schmälern.
Schmaltier.
Schmalz.
schmarotzen.
Schmaus; schmausen.
Schmeißfliege.
Schmelz-, schmelzen;
schmilzt, geschmolzen.
Schmied.

schmiegen; schmiegsam.
schmieren.
Schmöker.
schmoren.
schmuggeln.
schmunzeln.
Schmutz; schmutzig.
Schnake [Mücke].
schnalzen.
Schnaps.
schnarchen.
Schnauze.
Schnee; schneien.
Schneise [Durchhau im
Schnelläufer. [Walde].
schneuzen. [pisch.
Schnippchen; schnip-
Schnitzel; Schnitzer.
schnöde.
Schnörkel.
schnüffeln; schnuppern.
Schnur; schnüren.
Schnurrbart.
Schnurre; schnurrig.
Schöffe.
Schokolade.
schonen; Schonung.
Schoner [Schiff].
Schöpfer; Geschöpf.
Schoß, des Schoßes,
Schöße; Schoßkind.
Schoß, des Schosses;
Schößling.
Schote, Schötchen.
schraffieren.
schräg.
Schrank; Schranke.
schröpfen.
Schrot, Schrote; schroten.
Schrubber.
Schubkarre(n)
(vgl. Karre); Schublade.
Schuh; Schuhmacher.
Schuld; zu Schulden und
zuschulden kommen
lassen.
schuld sein, haben, geben.
Schultheiß; Dorfschulze.
Schur; Schafschur.
schüren; Schüreisen.
schürfen.

schurigeln.
Schurz; Schürze.
Schuster.
Schwaden.
Schwadron.
Schwager.
Schwank, Schwänke.
Schwarte.
Schwefel.
schweißen;
zusammenschweißen.
Schweißhund.
schwelen; Teerschwelerei.
Schwemme; schwemmen.
Schwengel.
schwenken.
schwer; schwerfällig;
schwermütig.
Schwert.
Schwiegereltern, -sohn.
Schwiele; schwielig.
schwierig.
Schwimmeister.
schwindlig. [schwor.
schwören; schwur und
schwül; Schwüle.
Schwulst; schwülstig.
Schwur, Schwüre.
sechs; sechster; ein Sech-
stel; sechzehn, sechzig.
See der; Landsee.
See die [Meer].
Seele; seelisch.
Segel.
Segen; segnen.
sehen; siehst, sieht, sah,
sieh! siehe!
Sehne; sehnig.
sehnen; sehnsüchtig.
seicht.
Seide; seiden.
Seidel das.
seihen.
Seil; Seiler.
sein; jedem das Seine.
sein; ihr seid, seiet,
sie seien.
seit; seitdem, seither.
Seite; aller-, meinerseits;
seitens, beiseite;
väterlicherseits.

Sekretär.
Sekt [Schaumwein].
Sekte [Religionsgemein-
schaft]; Sektierer [An-
hänger einer Sekte].
Sektion [Abteilung].
Sektor [Kreisausschnitt].
Sekunde. [stützen].
sekundieren [unter-
Sekundant [Beistand].
selbständig.
selig; Seligkeit.
Sellerie. [jahr].
Semester [Studienhalb-
Semikolon [Punktstrich].
senden; sandte, gesandt.
Senf.
sengen; versengt.
senken; versenkt;
Senkblei.
Senne; Sennhütte.
Sentenz [Ausspruch],
Sentenzen.
sentimental [rührselig].
September. [webel].
Sergeant [Unterfeld-
Service das [Geschirr].
Serviette [Mundtuch].
servil [unterwürfig].
Servis der [Quartiergeld].
Sessel; Session
[Tagung, Sitzung].
seßhaft.
Seuche; verseuchen.
seufzen; Seufzer.
Sextant [Winkelmesser],
Sextett [sechsstimmiges
[Musikstück].
Sibylle.
Sicht; in Sicht kommen.
sickern.
Sieb; sieben.
sieben; siebenter; ein
Siebentel, sieb(en)zehn,
sieb(en)zig.
siechen; siech; hinsiechen;
Siechenhaus; Siechtum.
sieden; gesotten.
Sieg; siegen; siegreich.
Siegfried.
Siegel; Siegellack.

Signal [Zeichen]
Signalement [Personen-
beschreibung].
Silbe.
Silhouette [Schattenriß].
Sims; Gesims.
Sinfonie und Symphonie
[Tonwerk].
singen; singt, sang.
Singular(is) [Einzahl].
sinken; sinkt, sank.
sinnig; sinnlich.
Sintflut und Sündflut.
Sippe; Sippschaft.
Sirene [Alarmapparat].
Sirup [Fruchtsaft].
Sittich [Papagei].
sittig; sittlich; sittsam.
Situation
[Sachlage, Stellung].
sitzen; du saßest, gesessen.
Skala [Stufenleiter].
Skandal [Ärgernis, Lärm].
Skelett [Knochengerüst].
skeptisch
[bedenklich, zweifelnd].
Skizze [Entwurf].
Sklave; Sklaverei.
Skorbut [Scharbock].
Skorpion.
skrofulös [drüsenkrank].
Skulptur
[Bildhauerarbeit].
Slawe [Slave].
Smaragd [Edelstein].
Sofa das.
Sohle; Fuß-, Talsohle.
Sold; Söldner; Soldat.
Sole [Salzwasser].
Sonett [Gedichtform].
Sonntag; Sonntags.
Sophie.
Sopran [Oberstimme].
Sortiment [Auswahl].
Souffleur [Einhelfer].
Souper [Abendessen].
Souterrain
[Kellergeschoß].
Souverän [Herrscher].
Souveränität [Staats-
unabhängigkeit].

sozial [fürsorglich].
Sozietät [Genossen-
spähen; Späher. [schaft].
Spalier.
Span, Späne.
Spanferkel.
Spanne; spannen; Ein-
spänner, zweispännig.
sparen; spärlich; Spar-
Spargel. [büchse.
Sparren; Sparr(en)werk.
Spaß; spaßen; du spaßt.
Spat; Feldspat.
spät, spätestens.
Spaten.
Spatz; Spätzlein.
spazieren.
Speck: spicken.
Spediteur und Speditör
[Güterverfrachter].
Speer.
Spektakel [Lärm].
Spektrum [durch Zer-
legung des Sonnenlichts
entstandenes Farben-
bild]; spektral.
spekulieren [gewagte Ge-
schäfte machen].
Spende; spenden.
Sperber; Sperling.
Sperre; sperren.
Spesen die [Unkosten].
Spezerei [Gewürzware].
speziell [besonders].
spezifisch [eigentümlich].
Sphäre [Bereich].
Sphinx [ägyptisches
Spiegel. [Steinbild].
Spiel; spielen.
Spiere die [Segelstange].
Spieß; Spießruten.
Spinat.
Spind das [Schrank].
Spindel; spinnen; spinnt.
Spion; Spionage.
Spirale; spiralförmig.
Spiritus, Sprit.
Spital.
spitzfindig; Spitzname.
splendid
[freigebig, üppig].

Splint der [weiches Holz
unter der Rinde].
Splitter.
Sporn, Sporen;
spornstreichs.
spreizen; gespreizt.
Sprenkel; gesprenkelt.
Sprichwort.
sprießen.
Spritze; spritzen.
spröde; Sprödigkeit.
Sproß; Sprößling,
Sprosse.
sprühen; Sprühregen.
spucken [speien].
Spuk [Gespenst]; spuken.
Spule; Spulwurm.
spülen.
Spund.
Spur; spüren.
sputen.
Staat, Staaten; staatlich;
Staatsrat; Hofstaat;
Staat machen.
stachlich.
Stadt, Städte; städtisch;
Stadtteil, Stadttor
Stafette [Eilbote].
Staffage [Schmuckbild].
Staffelei [Bildständer].
Stahl; stählern.
Staken [Stange]; Staket.
Stamm; stämmig.
Stand; Ständer; Ständ-
Standarte. [chen.
standhalten, er hält stand;
zustande kommen,
imstande, außerstande
sein, instand setzen.
Stanniol [Blattzinn].
Star [Vogel
und Augenkrankheit].
stark; Stärke.
Station [Haltestelle].
Statt, Stätte; Statthalter,
an Kindes Statt; statt;
anstatt; stattlich.
stattfinden, es findet statt;
stattgeben; statthaben;
zustatten kommen,
vonstatten geh(e)n.

Statue [Standbild],
Statuen.
Statuten [Satzungen].
Staub; Staubbesen.
Steg; Stegreif
[Steigbügel].
steh(e)n; steht.
Stehlen; stiehlt, stahl.
Stein; steinig; steinicht.
Steinmetz.
Stelze; Stelzfuß.
stemmen; Stemmeisen.
Stempel.
Stengel.
Stenographie und Steno-
grafie [Kurzschrift].
Stephan und Stefan.
Stereometrie [Lehre von
der Körperinhalts-
berechnung].
Stereoskop [Vergröße-
rungsapparat].
stereotyp [feststehend].
Sterke [junge Kuh].
stetig.
stets.
Steven der [am Schiff].
Stich; im Stich(e) lassen
stieben; stob.
Stiefel.
Stiefeltern, -kinder.
Stiege.
Stieglitz.
Stiel [Griff und Stengel]
Stier.
Stil; Brief-, Baustil.
stilistisch.
still; im stillen, in der Stille
stillschweigend.
Stilleben.
Stipendium
[Geldbeihilfe].
stöbern; Gestöber.
stöhnen; Gestöhne.
stolpern; stolp(e)rig.
stolz; stolzieren.
Stöpsel.
Stör [Fisch].
stören; Störenfried.
störrig; störrisch.
stoßen; stieß

BANGES UNTERRICHTSHILFEN

Gerd Eversberg

Wie verfasse ich ein Referat?

Hinweise für die Planung, Erarbeitung und Gestaltung eines Referates (Facharbeit) auf der gymnasialen Oberstufe.
Planung – Materialsammlung und -aufbereitung – Materialbearbeitung – Niederschrift – Vortrag u. a. DM 9,80

Dr. Robert Hippe

Interpretationen zu 62 ausgewählten motivgleichen Gedichten

4. erweiterte Auflage
Deutungsversuche die in Diskussionen und Gesprächen mit Primanern entstanden sind.
Aus dem Inhalt: Themen wie Frühling-Herbst-Abend und Nacht-Brunnen – Liebe – Tod – Dichtung u. v. a. DM 7,80

Dr. Robert Hippe

Interpretationen zu 50 modernen Gedichten

2. Auflage
Interpretationen und Deutungsversuche in unterschiedlicher Dichte und Ausführlichkeit.
Aus dem Inhalt: Lasker-Schüler – Hesse – Carossa – Benn – Britting – Brecht – Eich – Kaschnitz – Huchel – Bachmann – Celan – Grass – Enzensberger – Reinig – Härtling u. v. a. DM 5,50

Dr. Edgar Neis

Wie interpretiere ich Gedichte und Kurzgeschichten?

10. erweiterte Auflage
Ein Grundkurs, die Kunst der Interpretation zu erlernen und zu verstehen. Die tabellarischen Leitlinien führen den Benutzer des Buches zum Verständnis für diese Gattung der Poesie.
Anhand von zahlreichen durchgeführten Interpretationen ein unentbehrliches Hilfsmittel für Lehrer und Schüler DM 13,80

Dr. Robert Hippe

Gliederungsvorschläge und -entwürfe zum deutschen Aufsatz der Oberstufe

I. Facharbeit: Themen aus der Geschichte – Philosophie – Antike Literatur – Deutsche Literatur
II. Besinnungsaufsatz: Die echte Frage – Die rhetorische Frage – Die verdeckte Frage
Die Gliederungen sind ausgearbeitet. Im Anhang vollkommen ausgearbeitete Beispielaufsätze. DM 10,80

C. Bange Verlag 8601 Hollfeld/Ofr.

BANGES UNTERRICHTSHILFEN

Methoden und Beispiele der Kurzgeschichten-interpretation

DM 7,80

Herausgegeben von einem Arbeitskreis der Päd. Akad. Zams

Methoden: Werkimmanente, existentielle, grammatikalische, stilistische, strukturelle, kommunikative, soziologische, geistesgeschichtliche, historisch/biographische/symbolische Methode.

Beispiele: Eisenreich — Cortázar — Dürrenmatt — Brecht — Horvath — Bichsel — Kaschnitz — Lenz — Weißenborn — Rinser — Borchert — Nöstlinger — Wölfel — Langgässer.

An Beispielen ausgewählter Kurzgeschichten werden die einzelnen Methoden der Interpretation demonstriert und erläutert.

Dr. Robert Hippe

Deutsch auf der Neugestalteten Gymnasialen Oberstufe — Reifeprüfungsvorbereitungen

Band 1: **Mündliche und schriftliche Kommunikation**

Inhalt: Sprache und Verständigung — Diskussion — Protokoll — Inhaltsangabe — Erörterung — Referat- und Redegestaltung u. v. a. DM 9,80

Band 2: **Umgang mit Literatur**

Inhalt: Definition von Literatur — Merkmale der Lyrik, Epik und Dramatik, Arten der Interpretation — Was ist Interpretation — Warum Interpretation u. v. a. DM 10,80

Band 3: **Sprach- und Textbetrachtung**

Definition von Texten — Textsorten — historischer Aspekt / systematischer Aspekt der Textbetrachtung — Textanalysen — Sprachanalysen und -variationen u. v. a. DM 12,80

Band 4: **Textanalyse**

Fiktionale Texte: Lyrik-Epik-Dramatik-Unterhaltungs- und Trivialliteratur
Nicht-fiktionale Texte: Werbetext-Gesetzestext-Kochrezept-Redetext (rhetorischer Text) DM 9,80

Unentbehrliche Ratgeber und Nachschlagewerke für den Deutschunterricht der Oberstufe. Für Lehrer und Schüler gleichermaßen geeignet. Hilfen für Grund- und Leistungskurse Literatur (Sekundarstufe II) und Deutsch.

C. Bange Verlag 8601 Hollfeld/Ofr.

Strafe; straffällig.
straff.
Strahl; strahlen.
Strähne.
Strang, Stränge;
an-, absträngen.
Strapaze [Anstrengung].
Straße.
Stratege [Feldherr].
sträuben.
Strauß; Sträuße.
Strauß, Strauße [Vogel].
Streik; streiken.
streitig und strittig.
streng; Strenge;
sich anstrengen.
Streu; streuen.
Striegel; striegeln.
Strieme; striemig.
Strippe.
strittig und streitig.
Stroh; Strohhut.
Strom;
stromab, stromauf.
Strophe.
Strumpf, Strümpfe.
struppig.
Stuck der.
Student; studieren.
Stuhl.
Stulpe; stülpen.
Stümper; stümpern.
Sturz; stürzen.
Stute; Gestüt.
Stütze; stützen.
Subjekt.
subskribieren
[vorausbestellen].
Subskription
[Vorausbestellung].
Substantiv
[Hauptwort].
Substanz [Masse].
subtrahieren [abziehen].
Subtrahend
[abzuziehende Zahl],
Subtraktion [Abziehen].
Süd; südwärts.
Sühne; sühnen.
Sülze.
Sündflut und Sintflut.
Superintendent
[Oberpfarrer].
Superlativ [Höchststufe].
Suppe, Süppchen.
suspendieren [zeitweilig
aufheben, entlassen].
Suspension
[Amtsenthebung].
süß; am süßesten; süßlich.
Symbol [Sinnbild].
Symmetrie [Gleichmaß].
Sympathie [Zuneigung].
Symphonie s. Sinfonie.
Symptom [Anzeichen].
symptomatisch
[bezeichnend].
Syndikus
[Rechtsbeistand
eines Unternehmens].
Synode
[Kirchenversammlung].
Syntax [Satzlehre];
syntaktisch
[Satzlehre betreffend].
System; systematisch.
Szene [Auftritt]; Szenerie
[Bühnenausstattung].

T.

Tabak.
Tabelle.
Tablett [Auftragbrett].
Tadel; tadellos.
Taf(fe)t.
Tag; eines Tages, zu Tage
und zutage fördern, treten; Tags u. tags darauf,
zuvor; tagelang,
tagtäglich; Tagelöhner.
Taille.
takeln; Takelwerk.
Takt; taktlos.
Taktik; taktisch.
Tal; Talfahrt; talwärts.
Talar [Amtstracht].
Talent.
Taler.
Talg.
Talisman [Glücksbringer]
Tambour [Trommler].
Tand; tändeln.
Tang; Seetang.
Tapete; Tapezier(er).
Tarif.
Tat; Täter, tätig, tätlich;
betätigen.
tätowieren
[Haut farbig bemalen].
Tau der; tauen;
Tauwetter.
Tau das; Schiffstau.
taub; taubstumm.
tauchen; Taucher.
taufen; Täufling.
taugen; Taugenichts.
tauschen; du tauschst.
täuschen; du täuschst.
Täuschung.
tausend; zweitausend;
viele Tausende;
ein Tausendstel.
Taxe
[festgesetzter Preis].
Technik; technisch.
Tee.
Teer; Teerschwelerei.
Teich [Gewässer].
Teig; Brotteig.
Teil; zum Teil; zuteil
werden; teilnehmen, er
nimmt teil; Teilnahme;
teilhaben, er hat teil;
Teilhaber.
teils; eines-, meines-,
andern-, größtenteils.
Telephon und Telefon
[Fernsprecher].
Telegramm.
Telegraph und Telegraf.
Teleskop [Fernrohr].
Temperatur.
Tempo
[Geschwindigkeit].
Tendenz
[bestimmte Absicht];
tendenziös [entstellt].
Tender [Kohlenwagen].
Tenne.
Tenor
[hohe Männerstimme].
Teppich.
Termin [Zeitpunkt].

Terpentin.
Terrain [Gelände].
Terrasse.
Terrine [Schüssel].
Terzett [dreistimmiges Musikstück].
teuer; Teuerung.
Theater; theatralisch [schauspielerisch].
Thema [Gegenstand], Themata und Themen.
Theobald; Theoderich.
Theodor.
Theologie [Religionswissenschaft].
Theorie [Schulweisheit].
theoretisch.
Therese.
Therme [Heilbrunnen].
Thermometer das.
These [Leitsatz].
Thron.
Thunfisch.
Thüringen.
Thymian.
Tiegel.
Tier; tierisch.
Tiger.
Tinte.
Titel; titulieren [betiteln].
Toast [Trinkspruch, Röstbrot].
Tod; Todesangst, Todfeind, -sünde, todbringend, -krank, -müde; tödlich.
Toilette [Kleid, Waschraum].
tolerant [duldsam]; Toleranz [Duldsamkeit].
Tolpatsch, Tölpel.
Tombak [Metallmischung].
Ton, Töne; tönen, betonen; eintönig. hochtonig u. hochtönig.
Ton; tönern; Töpferton.
Topographie und Topografie.
Tor der; die Toren; Torheit, töricht; betören.
Tor das; die Tore; Stadttor.
Torf; Torfstich.
Torte.
Tortur [Folter, Qual].
tosen.
tot; töten; totschlagen; Totschlag; der Tote; Totenbett, -gräber, -schein; totenbleich, -still; das Tote Meer.
total [gänzlich, völlig].
Tour [Ausflug, Umlauf]; Tourist [Vergnügungsreisender].
Trab; traben.
Trabant [Gefolge].
Tracht; trächtig.
Tradition [Überlieferung].
träge; Trägheit.
tragisch [traurig]; Tragödie [erschütterndes Ereignis].
Train; Trainsoldat.
Traktat [Vertrag].
Tran; tranig.
tranchieren [zerlegen].
Träne.
transitiv [geradzielend].
transpirieren [schwitzen].
transportieren [befördern]; Transporteur und Transportör.
Trapez [Schwebereck].
Traufe; träufeln.
Treber die.
treffen; triffst, traf.
Trense.
Tresse.
treten; trittst, tritt, trat.
treu, getreu.
Triangel [Schlagzeug].
Tribüne.
triefen, troff; triefäugig.
Trift die.
triftig.
Trigonometrie [Dreiecksrechnung].
Trikot, Trikots.
Triumph.
trivial [nichtssagend].
Troddel.
Trödel; trödeln.
Trog, Tröge.
Trommel; Trommler.
Trompete.
Tropen die; tropisch.
Tropf.
tropfen; tröpfeln.
Trophäe [Beutestück].
Troß; Troßknecht.
Trottoir [Bürgersteig].
Trotz; Trotz bieten; aus zum Trotz.
trotz; trotzdem.
trüb; Trübsal, trübselig
Trubel.
Truchseß.
Trüffel.
Trug; trügen.
Truhe.
Trümmer.
Trumpf, Trümpfe.
Trupp der; Truppe die.
Tschako [Kopfbedeckung].
tüchtig.
Tücke, tückisch.
Tuff; Tuffstein.
tüfteln.
Tugend; tugendhaft.
Tüll der [Gewebe].
Tülle die.
Tümpel.
Tumult.
tun, tust, tut; tu(n)lich
Tünche; tünchen.
Tunnel.
tupfen; tüpfeln.
Tür.
Turm; Türmer.
turnen; Turnwart.
Turnier.
Tusche [schwarze Farbe tuschen; du tuschst.
Tüte.
Type [Urbild, Bauart].
typisch [kennzeichnend
Typhus.
Tyrann [rücksichtsloser Mensch]; tyrannisch [herrschsüchtig].

U.

Überdruß; überdrüssig.
Überfluß; überflüssig.
überhandnehmen,
es nimmt überhand.
überhaupt.
Überschuß; überschüssig.
überschwenglich.
üblich.
übrigens; im übrigen.
Uhr, Uhren.
Uhu.
Ulan.
umzingeln.
Unbedeutenheit.
Unbill, die Unbilden;
unbillig.
unentgeltlich
[ohne Entgelt].
unflätig.
ungebärdig.
ungefähr; von ungefähr.
Ungeheuer das.
ungestalt(et).
ungestüm.
Ungetüm.
Ungeziefer.
unglimpflich.
Ungunst (vgl. Gunst).
ungut; nichts für ungut.
Uniform.
Universität.
Universum [Weltall].
unklar; im unklaren sein.
unleugbar.
unparteiisch.
unpäßlich.
Unrat.
unratsam.
Unrecht; mit, zu Unrecht;
im Unrecht sein,
ein Unrecht begehen;
unrecht sein, haben, tun.
unredlich.
unsäglich.
unselig.
unstet.
untad(e)lig.
unterdes, unterdessen.
untertan; der Untertan.
unterwegs.
unverbrüchlich.
unverdientermaßen.
unverhohlen.
unversehens.
unversehrt.
unverzüglich.
unwiderstehlich.
unwiederbringlich.
unwirsch.
unwirtlich.
unwissentlich.
unzählig.
Ur [Auerochs].
Urahn.
uralt; urbar.
Urfehde.
Urkunde; Urlaub.
Urteil; urteilen.
Utensilien [Gebrauchsgegenstände].

V.

Vagabund
[Landstreicher].
vakant [frei];
Vakanz [freie Stelle]
Vampir [Blutsauger].
Vanille.
Variation [Abwechslung].
Vasall [Untertan].
Vase.
Vaterunser.
Vegetabilien [Pflanzenstoffe]; Vegetation
[Pflanzenwelt].
Veilchen.
Vene [Ader].
Ventil [Auslaß];
Ventilation [Lüftung].
Verb, Verben u. Verbum,
Verba [Zeitwort].
verblüffen; verblüfft.
verbrämen.
verdauen.
verderben; Verderbnis.
verdientermaßen.
verdrießen; verdrossen;
verdrießlich; Verdruß.
verdutzt.
verfemen.
vergällen.
vergeuden.
Vergnügen; vergnügt.
Verhältnis.
Verhängnis.
verharschen.
verheeren.
verhehlen.
verhunzen.
verjähren.
verkümmern.
verleugnen.
verleumden.
verlieren; Verlust.
Verlies.
vermählen.
vermieten.
vermittels.
vermöge
vermuten.
Vernunft; vernünftig.
verpönen.
verquicken.
Verrat; verraten, verrät,
verriet; Verräter.
verrottet.
verrucht.
verrückt.
Vers, Verse.
Versand der.
versanden; versandet.
Verschleiß der.
verschmitzt.
verschränken.
verschroben.
verschwenden.
versehren.
versenden; versandt.
verseuchen; verseucht.
versiegen [vertrocknen]
versöhnen.
Verständnis.
verteidigen.
verteilen.
vertikal [senkrecht].
vervollkommnen.
verwahren.
verwahrlosen;
verwahrlost.

verwaisen; **verwaist.**
verwandt;
Verwandtschaft.
verwegen.
verwehren.
verweisen; Verweis.
verwesen; verweslich.
verwitwet.
verwogen.
verzeihen; verzeihlich.
verzichten.
Vesper
[Abendgottesdienst].
Vestibül [Vorhalle].
Veteran
[Kriegsteilnehmer].
Vetter.
vexieren [necken].
Viadukt [Überbrückung].
vibrieren [schwingen].
Vieh; Viehhof.
viel; in vielem; um vieles;
viele; vielerlei;
vielleicht
vier; mit, zu vieren;
vierter; ein Viertel;
vierzehn, vierzig;
vierteilen; vierschrötig.
Vikar [Stellvertreter].
Vikariat [Amt
eines Stellvertreters].
Viktualien
[Lebensmittel].
Villa.
violett.
Violine [Geige].
Violoncell(o) [Kniegeige].
Viper [Giftschlange].
virtuos [meisterhaft].
Visier [Zielvorrichtung].
Visite [Besuch].
Vitriol
Vize-, z. B. Vizekönig.
Vlies [Fell].
Vogel; Vogelbauer.
Vogt; Vogtei; Vogtland
Vokabel [Wort].
Vokal [Selbstlaut].
voll; eine Handvoll,
ein Mundvoll; vollauf;
vollends.
vollkommen.
Volontär [Freiwilliger].
voltigieren [Reitsport].
voraus; im voraus.
Vorderfuß, -grund, -rad.
vorderhand.
Vorfahr, Vorfahren.
Vorhut.
vorig,
Vorkommnis.
vorlieb und fürlieb.
Vormittag; des Vormittags; heute vormittag;
vormittags.
vorn(e); vornweg,
von vorn(e),
von vornherein.
Vornahme die.
Vorname der.
vornehm; vornehmlich
Vorrat; vorrätig.
Vorsatz; vorsätzlich.
Vorschuß
vorstehendes;
im vorstehenden.
Vorteil; vorteilhaft.
Vortrab.
Vorwand, Vorwände.
vorweg; vorwegnehmen.
vorzüglich.
Votum [Stimme].
vulgär [gewöhnlich].
Vulkan
[feuerspeiender Berg].

W.

Waage.
Wabe.
Wache; wachen.
Wacholder.
Wachs das; wächsern
wachsen; du wächst,
er wächst; Wachstum
Wacht; Wachtmeister.
wack(e)lig.
Wade.
Wagen der.
wagen; Wag(e)hals.
Wagnis.
Waggon [Wagen].
Wahl; wählen;
wählerisch
Wahn; wähnen;
Wahnsinn
wahr; wahrhaft, wahrlich;
wahrsagen; bewähren.
wahren; bewahren.
währen; während.
wahrnehmen.
Währung
Wahrzeichen.
Waid der [Pflanze].
Waise; Waisenhaus.
Wal;
Walfisch, -roß, -rat.
Walhalla, -küre, -statt.
Wall, Wälle.
wallen; Wallfahrt.
Walnuß.
walten; Sachwalter.
Walter.
Walze; wälzen.
Wams.
Wanst.
Wappen; wappnen.
Warte; Wärter;
Wartturm.
-wärtig; auswärtig,
gegenwärtig.
-wärts; ander-, heim-,
vorwärts usw.
Warze.
Wäsche.
waschen; du wäschst.
Wasser;
wässerig und wäßrig.
waten; watscheln.
Watt das [Untiefe].
Watte die.
wechseln; Wechsler.
Wedel; wedeln.
Weg; gerade-, halb-,
unterwegs; allewege;
zuwege bringen;
durchweg, frischweg.
wegen; meinet-, unsertwegen; von Amts.
Rechts-, Staats wegen
Wegerich.
Wegweiser.

Weh das; Kopfweh.
weh(e) tun.
wehen; Schneewehe.
Wehmut.
Wehr die; wehren, wehrlos; Landwehr.
Wehr das; Mühlenwehr.
Weichbild.
Weide [Baum, Futterplatz].
weidlich.
Weidmann; Weidwerk.
Weihe die; weihen; geweiht.
Weih der [Vogel].
Weiher.
Weihnachten.
Weihrauch.
weiland.
Weise [Art und Melodie].
-weise; ausnahmsweise, möglicherweise, stoßweise.
weise; weislich, wohlweislich; Weisheit; weismachen, weissagen, Weissager.
weisen; be-, erweisen.
weiß; weißlich; weißen.
weit; bei weitem, des weiteren, im weiteren; ohne, bis auf weiteres, meilenweit.
weitläufig.
Weizen.
Welle; wellig.
Wels der [Fisch].
welsch; Welschland.
wenden, wandte, gewandt.
wenig; ein wenig, zum wenigsten; wenige.
werden; wirst, wird, wurde, geworden.
Werder der [Insel].
Werft die [Schiffbauplatz].
Werg [Flachs, Hanf].
Werk; Werkstatt, -stätte: ans Werk, zu Werke geh(e)n.

Wermut.
Wert; wert; wertschätzen.
Werwolf.
wes; weshalb, -wegen; wessen.
wesentlich; im wesentlichen.
Wesir [orientalischer Ministertitel].
Wespe.
West.
Westfalen.
wetterleuchten.
Wetturnen.
Whist [Kartenspiel].
Wichse.
wichtig.
Widder.
wider [gegen]; widerfahren, Widerhall, widerlegen, widerlich, widrig, widerrechtlich, widerrufen, Widersacher, Widerschein, widerspenstig, Widerspruch, -rede, widersteh(e)n, widerwärtig, widerwillig, widrigenfalls.
widmen; Widmung.
Wiedehopf [Vogel].
wieder [nochmals]; wiederbringen, wiedergeben, Wiedergeburt, wiederholen, wiederkäuen, wiederkehren, Wiederkunft, wiedersehen, Wiedertäufer, Wiedervergeltung.
wiehern.
Wildbret.
Wilhelm, Wilhelmine.
Wille; willens sein.

willen; um Gottes willen; um derent-, seinet-, unsertwillen.
willfahren; willfährig.
willig.
willkommen.
Willkür; willkürlich.
Wimpel.
Wimper.
winklig.
winseln.
Winzer.
winzig.
Wipfel.
wirken; wirklich.
Wirrsal.
Wirrwarr.
Wirsing.
Wirt; Wirtschaft; Wirtshaus.
Wismut.
Wispel.
wissen; du weißt, wußtest; wissentlich; Wißbegier.
Witwe, Witwer.
Witfrau.
Woge.
wohl; das Wohl; wohl sein, tun; wohlgemut; Wohlfahrt, Wohltat; Wohlgeboren; gleichwohl, sowohl.
wohnen; Wohnung.
wölben; Gewölbe.
Wolle; wollig.
wollen, du willst.
Wollust; wollüstig.
Wrack das; wrack werden.
Wuchs.
Wucht.
wühlen; Gewühl.
Wulst.
Wunder; wundernehmen es nimmt mich wunder.
Würde; würdig.
Würfel.
würgen.
Wurz; Würze; Wurzel.
wüst; Wüste, Wüstenei; Wüstling.
Wut; wüten, Wüterich.

Z, vgl. auch C.

zagen; zaghaft.
zäh(e); Zähigkeit.
Zahl; zählen.
zahm; zähmen.
Zahn, Zähne; Zahnweh.
Zähre.
Zar.
zart; zärtlich.
Zäsur [Einschnitt].
zaudern.
Zaum; zäumen; Zaumzeug.
Zaun; einzäunen; Zaunkönig.
zausen.
Zeder.
zedieren [abtreten]; Zession [Abtretung].
Zehe, Zehen.
zehn; zehnter, zehntens; ein Zehntel; den Zehnten geben.
zehren; Zehrpfennig.
Zeichen; zeichnen; Zeichenheft, -lehrer, -stunde.
zeigen; Zeiger.
zeihen; zieh, geziehen.
Zeisig.
Zeit; zur Zeit und zurzeit, eineZeitlang; bei-, vor-, zuzeiten; derzeit, jederzeit, seinerzeit; zeitweise; zeitlebens, zeit meines Lebens; Zeitläufe.
Zelebrität [Berühmtheit].
Zelle.
Zelt.
Zelter.
Zement.
Zenit [Scheitelpunkt, Gipfel].
Zensur [Prüfung, Beurteilung].
Zentigramm, -meter.
Zentner.
Zentrum [Mittelpunkt].
Zephir.
Zepter [Szepter].
Zeremonie[Feierlichkeit].
Zervelatwurst.
zetern; Zetergeschrei.
Zettel.
Zeug; Zeughaus.
Zeuge; Zeugnis.
Zichorie [Pflanze].
Zickzack der.
Zider [Apfelwein].
Zieche die [Überzug].
Ziege; Zicklein.
Ziegel.
ziehen.
ziemen; ziemlich.
Ziemer; Rehziemer.
Zier; zieren; zierlich; Zierat, Zierate(n); Zierde.
Ziffer.
Zigarre; Zigarette.
Zigeuner.
Zim(me)t.
zimperlich.
Zink.
Zinn.
Zinnober.
Zins, Zinsen.
Zipfel, zipf(e)lig.
Zirkel.
Zirkular. [Rundschreiben].
zirkulieren [umlaufen]
Zirkumflex. [Längezeichen].
Zirkus.
ziselieren. [Metall verzieren].
Zisterne [Brunnen].
Zitadelle [Burg].
Zitat [wörtliche Anführung]; zitieren[wörtlich anführen, vorladen].
Zither.
Zitrone.
zittern.
Zivil [Bürgertracht].
Zober und Zuber.
Zofe.
zögern.
Zögling.
Zölibat [Ehelosigkeit].
Zoll; Zöllner; Zollinie.
Zone.
Zoologie [Tierkunde].
Zorn; zürnen.
Zubehör.
Zuber und Zober.
Zucht; züchtigen.
zucken; zücken.
Zug; Züge.
Zügel; zügeln.
Zunahme die.
Zuname der.
zünden; Zunder.
Zunft; zünftig.
Zunge; züngeln.
zurechtweisen; ich weise zurecht.
zusehends.
zutu(n)lich.
Zuversicht.
zuvörderst.
Zuvorkommenheit.
zuwider.
zwanzig.
zweifelsohne.
Zwerchfell.
Zwerg;Zwergbaum,-volk.
Zwetsch(g)e.
Zwieback.
Zwiebel.
zwiefach; zwiefältig.
Zwielicht.
Zwil(li)ch.
zwingen; Zwinger.
zwinke(r)n.
Zwirn.
Zwist.
zwistig.
zwitschern.
Zwitter.
zwölf,zwölfter,zwölftens; ein Zwölftel.
Zyklus [Folge].
Zylinder.
Zypresse.